那是谁

探险家和发现家

［德］克里斯汀·舒尔茨·赖斯 著

王翠华 陈萌萌 译

科学普及出版社
·北京·

图书在版编目(CIP)数据

那是谁——探险家和发现家/[德]赖斯著；王翠华，陈萌萌译. —北京：科学普及出版社，2013.1
ISBN 978-7-110-08015-3

Ⅰ.那... Ⅱ.①赖...②王...③陈... Ⅲ.①探险—名人—生平事迹—世界—青年读物②探索—名人—生平事迹—世界—少年读物③发明家—生平事迹—世界—青年读物④发明家—生平事迹—世界—少年读物 Ⅳ.①K811-49

中国版本图书馆CIP数据核字（2013）第001727号

Title of the original German edition: Wer war das?–Forscher und Erfinder
© 2008 Loewe Verlag GmbH, Bindlach

本书中文版由Loewe Verlag Gmbh授权科学普及出版社出版，未经出版社许可不得以任何方式抄袭、复制或节录任何部分。
版权所有　侵权必究
著作权合同登记号：01-2012-9203

责任编辑　鲍黎钧
封面设计　大象设计
责任校对　刘洪岩
责任印制　张建农

科学普及出版社出版
北京市海淀区中关村南大街16号　邮政编码：100081
电话：010-62103123　传真：010-62183872
科学普及出版社发行部发行
北京九歌天成彩色印刷有限公司印刷
*
开本:710毫米×1000毫米 1/16 印张:15 字数:229千字
2013年1月第1版　2013年1月第1次印刷
ISBN 978-7-110-08015-3/K・117
印数：1-5000册　定价：36.00元

（凡购买本社的图书，如有缺页、倒页、
脱页者，本社发行部负责调换）

引 言

白令海峡(Bering-Straie),洪堡河(Humboldt-Strom)……当你用手指在世界地图上轻轻划过,总是会遇到一些伟大发现者的名字。对于那些你在这本书中所读到的其他名字,或许你已经在学校或者其他某个地方听过了。他们因其冒险经历或发现之旅而闻名。关于他们却仍然有很多值得讲述的地方:他们到底是谁?他们出生在哪里?他们如何长大成人?他们的生活是什么样子的?他们生来就是冒险家吗?或者,是什么促使他们成为冒险家的?他们变成了怎样的人?

在这本书当中,你将会找到这些问题或者其他问题的答案。在这些人当中,任何一个人的生活本身就是一次冒险。如果人们再一次以不同的视角了解更多的人类身后的事情,便会有很多新的发现。有些冒险家曾经拥有明确的目标,并且他们也已经实现了这些目标。还有一些人发现了一些与他们所一直探寻的完全不同的事物。有些人尽管失败了却最终一举成名天下知。许多人是自愿处身险境之中,而也有的人是被他人所利用。这本书中介绍的这些人物都有一个共同点:他们到达了他们那个时代的人所认为的极致,或者甚至超越了这一极致。

在这本书当中你将读到一些人的生活经历,这些人是人们认识的或者是大人们认为你应该了解的一些人。但是你或许也会读到一些之前从未听说过的名字,比如郑和以及伊本·白图泰(Ibn

Battuta）。这两个人分别来自亚洲和非洲，至今为止，我们对他们都不是很熟悉。这是因为他们生活在其他的文化圈子里。直到20世纪，历史学家和科学家们才开始对他们产生兴趣。对于那些发现者而言，这就好像克里斯托弗·哥伦布（Christoph Kolumbus）的大发现一样：他遇上的那些国家、那个大陆以及那些人在他到达之前就已经存在了。哥伦布仅仅是第一个把"古老的"欧洲世界的目光吸引到那里的人。哥伦布的统治者们把这个"新世界"想当然地据为己有，对于这样的大发现而言，这是一个黑暗的篇章。对此，从这本书中你所读到的人物传记中你将了解得更多。

女性呢？为什么这本书中谈到的女性那么少？直到20世纪，对于女性而言，旅行，至少是独自旅行，一直被认为是太危险的活动。此外，女性旅行也是不合时宜的。因此，只有极少数的女冒险家。从前，即使存在敢于尝试这种生活的女性，也没有人会对她们感兴趣的。因此，关于她们，我们一无所知。

本书中所介绍的人物的生活经历是按照编年体的形式排列的。本书讲述了从公元1000年到现代的人物故事。阅读时，你可以选择那些感兴趣的人物故事来读。你也可以挨个读这些人物传记。这样，你可以在阅读的同时，追踪着人类历史上这些发现者和冒险家的故事作一次旅行。同样，你也可以理解，在数百年的时间里，人类及其看待世界的视角是如何改变的：我们的祖先是怎样的？对今天的我们而言，什么是重要的？读完每一个人的生活故事之后你将会了解到，一个冒险家或者他的发现改变了什么。

在每一篇人物传记的开头都有一个关于这个人或者他的冒险活动的小谜语。在这个谜语中，人物的名字不会透露出来。通过问"那是谁？"这样一个问题，你可以自己或者是和朋友、父母以及老师一起来检测所猜的谜底是否正确。

目 录

戴着皮革帽、用角状酒杯喝酒、长着大胡子的人 …………… 001
莱夫·埃里克森：美洲大陆的第一位发现者 …………… 002
来自威尼斯的说大话的人 …………… 009
马可·波罗：中国皇帝的臣仆 …………… 010
来自丹吉尔的做梦者 …………… 018
伊本·白图泰：行走在真主阿拉的地毯上 …………… 019
游动之城的领导者 …………… 028
郑和：皇帝的总管太监 …………… 029
错误的时间来到错误的地点 …………… 034
克里斯托弗·哥伦布："印第安人"的发现者 …………… 035
卢西塔尼亚人的英雄 …………… 041
瓦斯科·达·伽马：通往印度的海上航路的发现者 …………… 042
太平洋的致命毒药 …………… 050
费迪南德·麦哲伦：环球航行的第一人 …………… 051
对黄金的极端贪欲 …………… 057
埃尔南多·科尔特斯：阿兹台克人的毁灭者 …………… 058
勘察加半岛上的冰冷尸体 …………… 066
维图斯·白令：沙皇的哥伦布 …………… 067
沿着野人的幸福足迹 …………… 072
詹姆斯·库克：环绕南极一圈，环行地球三圈 …………… 073

一个身材高大、魅力迷人、独具天赋的人 …………… 080
亚历山大·冯·洪堡和科学探险 …………… 081
有一颗心留在了非洲 …………… 089
大卫·利文斯敦：黑色大陆的痴迷者 …………… 090
海伦的复活 …………… 97
海因里希·施里曼：关于特洛伊古城的第二次战争 …………… 98
乘船滑过冰面，穿越永恒的冰川 …………… 106
弗里乔夫·南森：从北极研究者变身为和平之友 …………… 107
带着星条旗走向永恒的冰川 …………… 115
罗伯特·E·佩里：第一个踏上北极的人 …………… 116
当曾经的英雄变成阴郁的老头 …………… 124
罗阿尔德·阿蒙森：南极的胜者 …………… 125
世界上最贵的饼干 …………… 133
罗伯特·法尔肯·斯科特：悲壮的南极英雄 …………… 134
只身走近食人族 …………… 141
玛丽·金斯利：手杖、礼帽、长裙，就能穿越原始森林 …………… 142
法老王的诅咒 …………… 149
霍华德·卡特和图坦卡蒙王的陵墓 …………… 150
寻找骑士的足迹 …………… 156
托马斯·爱德华·劳伦斯：不幸的沙漠之子 …………… 157
寻找吸大麻者 …………… 163
弗莱娅·斯塔克：杀手谷 …………… 164
粗心大意的狂热登山爱好者 …………… 170
乔治·雷·马洛里：珠穆朗玛峰的真人冰雕 …………… 171
幸运林迪的谜团人生 …………… 177
查尔斯·奥古斯图斯·林德伯格：单人直飞大西洋 …………… 178
和地球船长一起去探索海底世界 …………… 184
雅克-伊夫·库斯托：潜水运动论 …………… 185
从小怕水的航海家 …………… 191

托尔·海尔达尔：孤筏重洋 ………………………………… 192
有个胆小鬼叫帕西法尔 ……………………………………… 199
埃德蒙·帕西法尔·希拉里：珠穆朗玛峰的征服者 ……… 200
放牛娃的梦想 ………………………………………………… 207
丹增·诺尔盖：登上珠穆朗玛峰顶的雪山之虎 …………… 208
懂规矩的小伙子 ……………………………………………… 212
尤里·阿列克谢耶维奇·加加林：太空第一人 …………… 213
骑铁皮大鸟的孩子 …………………………………………… 216
尼尔·奥尔登·阿姆斯特朗：登月第一人 ………………… 217
孤独的森林女人 ……………………………………………… 224
戴安·弗西：与山地大猩猩在一起的生活 ………………… 225

戴着皮革帽、用角状酒杯喝酒、长着大胡子的人

这群集会的人激动地向海平面上观望着。共有一万六千人聚集在北美洲最北端的海湾，他们其中的很多人都留着大胡子，戴着皮革帽，用角状酒杯喝酒。终于，远处传来了马达发动的声音。渐渐地，声音越来越近。他们来了！来自冰岛的十三艘船到达这里，这些船看起来就像维京时代（Wikingerzeit，即北欧海盗时期——译者注）长长的战船一样。帆降下来了。为了防止风把他们的船猛烈地吹向海岸，他们在船上安装了发动机。从冰岛启程到达这里，到达了位于纽芬兰的蓝赛奥兹牧草地（即"水母湾"——译者注），他们总共航行了2200海里。他们乘坐着木质小船沿着先前水手们的航线航行到了这里。他们沿着历史上水手们的航线航行：风为他们的船只提供唯一的推动力。

6月份，贡纳尔·马瑞尔·艾格森（Gunnar Marel Eggertsson）在冰岛带领他的船队启程。今天，2000年7月28日，他再一次踏上了坚实的陆地。就像他1000年前的祖先一样，他凭借观测星星确定方向。足以令祖先们骄傲的是，此刻，他成功横渡欧洲北海。

即使贡纳尔·马瑞尔·艾格森的祖先也不能完全仅仅凭借几艘帆船到达当时尚不为欧洲人所知的美洲大陆。最后，他带领的35个人不得不把桅杆缠上皮带，这样就没有人会听到他们的声音了。但今天，这一切根本就不是悄无声息地进行的：因纽特的女人们（Inuit-Frauen）敲打着锣鼓，唱着歌曲等待着来访的欧洲人。米克马克族的印第安酋长时夫米·瑟尔·乔（Chief Misel Joe）为艾格森举行了最高规格的接待仪式。2000年以前，情况完全是另外一番样子：最初来到这片大陆的欧洲人是不受任何人欢迎的。

莱夫·埃里克森：美洲大陆的第一位发现者

生于约公元970年埃里克斯斯达第（Eriksstadir）/冰岛（Island）
卒于约1025年布拉特阿里德（Brattahlid）/格陵兰岛（Grönland）

这个人怎么了？这名水手跌跌撞撞地从灌木丛走出来，踉跄着朝海滩走去。他看起来像是喝了太多的酒，或者他干脆掉进一整桶蜂蜜酒里了？蓬乱的胡子下他绯红的脸颊由于兴奋而熠熠闪光。这位醉醺醺的侦查员冲着他那群在海上背着枪支的同伴微笑。他摇晃着胳膊，仿佛在说：看那边，看我发现了什么！

"他的手里究竟拿着什么？"当这位侦查员走近了，莱夫·埃里克森发现，那是葡萄。这些葡萄看上去圆滚滚的，埃里克森觉得仿佛舌尖已经感觉到了它们的甘甜。他旁边的其他34个人开始尖声怪叫，捧腹大笑。这家伙完全醉了！这里有美酒或者其他醉人的水果。难道这还算不上是好消息吗？

莱夫·埃里克森太高兴了：他们找到了博雅尼（Bjarni）的绿海滩，就是格陵兰岛的那个商人跟他说过的那个海滩。有一回，由于航线错误，博雅尼·海尤福森（Bjarni Herjulfsson）隔着晨雾远远地看到过这个海滩。一次，从冰岛航行前往埃里克斯福德（Eriksfjord）时，博雅尼·海尤福森驶错了航线。他以为，这个海滩是由于自己头脑混乱而产生的幻觉。因此，他没敢驶近这片陌生的陆地。他并不清楚，这片绿海滩是不是真的只是幻觉。这并不是幻觉，此刻，莱夫·埃里克森可以证明这一点。他把这片绿海滩称作"文兰"（Vinland）或者"酒之地"（Weinland）。埃里克森不得不笑了。此后，每当他想要说出这个名字的时候，那个醉醺醺的侦查员幸福的脸庞就浮现在他的眼前，仿佛看到他正捧着葡萄跟跟跄跄地返回到小船上。

或许事情就是这样的。这就是欧洲人第一次真正发现美洲。对于此次发现以及这位发现者，我们只有通过两个传说来了解，没有其他的报道。这两个传说也是在这位维京人死后很久以后才书写下来的。但是，直到今天，挪威、冰岛以及格陵兰岛的每个孩子都知道格陵兰岛的传说（Greenländer-Saga）以及维京人莱夫·埃里克森的父亲埃里克·雷德（Erik dem Roten）的传说。

在穿越北海寻找这片肥沃的土地时，埃里克森与35个同伴站在他的木船上来回航行了好久。他把这艘船，这艘维京人的商船，称作龙舟（Drachenboot）。比起那些让人害怕的在船头安装着龙头的船只，这艘船可以装载更多的食物以及有望获得的战利品。

公元1世纪末，在埃里克森所生活的格陵兰岛上，牧场很短缺。因此，埃里克森希望可以找到一片冬季不那么寒冷同时夏季又比他贫瘠的故乡更肥沃多产的土地。在穿越北海的漫长旅途中，航行了320千米之后，他们遇到了一片陌生的海滩。埃里克森称这片海滩为"荷卢兰德"（Helluland）或者"石头之地"（Steinland）。在那里，巨大的岩石耸立着延伸进海里。这使得这片土地不利于农耕。或许，那里就是今天加拿大巴芬岛（Baffin Island）的南端。

此后他们继续向南航行并到达了"森林岛"（Waldland）——传说中，这座岛也叫做"马克岛"（Markland）。研究者猜测，"森林岛"指的是今天的拉布拉多半岛（Labrador）（拉布拉多半岛位于加拿大——译者注）。虽然那里森林翠绿，盛产木材，但是，莱夫·埃里克森发现那里的气候太恶劣了，不适宜居住。因此，莱夫·埃里克森——埃里克·雷德（Eriks des Roten）的儿子——继续向南航行直到他遇到这片绿色的海滩。这里有广阔的捕鱼区域。此外，内陆上草地茂盛。当时，埃里克森的侦查员就是从这片草地上兴冲冲地跑回来的。或许这里就是纽芬兰（Neufundland）。这片位于海边的土地或许恰恰是令艾格森（Egertsson）船长感觉如此亲切的那个地方。1000年前，他的祖先就生活在这里。

某些研究者认为，埃里克森是在更南端的地方靠岸的，在今天的波士顿周边的"科德角"（Cap Cod，美国南部——译者注），或者，甚至是在纽约附近开始登陆的。格陵兰岛的传说（Greenländer-Sage）中名为"霍普"（hop）的一个地方的地理方位与如今这个坐落着美国百万人口大都市的海湾十分吻合。就是在这儿！更令人惊讶的是，在世界最北端环境恶劣的海洋中，埃里克森竟能航行如此之远。他没有使用地图和指南针，而是根据星象确定方位，孤独地航行在一片陌生的海洋中。在这片海域里他们或许会翻船，并且毫无获救的希望。

> 维京人根据星象确定船的方位，那时候还没有指南针。据猜测，指南针大约于公元2世纪初由中国人发明。

对于公元1世纪时的维京人而言，寻找一片新的大陆是生活所迫。从小时候起，莱夫·埃里克森就习惯了作为一名水手的儿子窘迫地生活。那时候，他的父亲是个特别粗鲁的人。我们根本就不知道，对维京人而言，幸福的童年到底是什么样子的。可以肯定的是，它与我们今天所能理解的童年完全不一样。如果一个孩子成为父母的累赘，他们会干脆把他丢掉。

虽然，幼小的埃里克森并没有经历这样的遭遇，但是他却渐渐感觉到，周围的人都害怕自己的父亲。埃里克·雷德（Erik der Rote）因为其火爆脾气臭名昭著。人们害怕他，因为他是一个恶名远播的杀人犯。此外，埃里克·雷德也因为其一头火红的头发而妇孺皆知。所以，他不得不在青年时代就离开祖先的故土——挪威。迫不得已，他在"冰之地"，即今天的冰岛，定居。

> 埃里克森一家被从挪威放逐出去，因为他父亲是个杀人犯。

公元970年左右，埃里克森出生于冰岛。当他的父亲到达冰岛时，尽管当地肥沃的土地都已经分配出去了，但他还是在岛的西北部找到了一个地方，他把这个地方命名为埃里克斯斯达第（Eriksstadir）。雷德的妻子特尤德铎继莱夫之后又生了3个孩子。四个孩子都存活下来是个特例：在那个艰苦的年代，这片贫瘠的土地上只有三分之一的孩子能够活到十岁。尤其是漫长的冬季带来的只有饥饿和死亡。据说，是一个维京人在极度贫困之下发明了松脆的面包片：他用碾压的树皮烘烤一片硬邦邦的薄薄的干面包……

特尤德铎不仅苦恼着如何喂饱孩子，丈夫也给她制造了新的烦恼：他再一次成为杀人犯。这一次，又有两个人没能活着从雷德的拳头下逃脱。人们绝不能跟维京人开玩笑。他们的领袖有像埃里克·血斧头（Erik Blutaxt）、伊瓦·无骨头（Ivar der Knochenlose）或盖孟德·地狱皮肤（Geirmundr H·llenhaut）一类的名字并不是偶然的。赶走外来的敌人并打破他们的头颅并不是什么有损名誉的坏事。但是，如果面对自己的同胞也不能克制拳头的话，就要受到严酷的惩罚！这次雷德在冰岛也太过分了。这一次，他被放逐离开新的故乡达三年之久。这意味着，要重新寻找一个落脚地。对他而言，此生重回挪威的道路永远堵死了。也就是说，他需要再一次漂洋过海，继续向西航行。

那儿应该还有一座岛。没有人知道那座岛究竟在哪里，更没有人知道人们是否能在岛上生存以及怎样生存。据说，一些爱尔兰的僧侣从维京人那里逃跑时发现了那座岛。雷德发现了那座岛并与特尤德铎、莱夫、陶瓦德、陶施泰恩以及小弗莱蒂斯一起定居了下来。他把这座岛命名为"格林岛"（Greenland），即绿岛。当时这位维京人并没有意识到：他发现了地球上最大的一座岛，格陵兰岛（Greenland）。幸亏被放逐，埃里克·雷德得以载入史册。或许这样的生活经历也唤起了埃里克森发现的勇气，使他成为挪威的民族英雄。

这一次再也没有人可以与埃里克森的父亲争夺，因为这座岛还不属于任何人。即使维京时代格陵兰岛的气候还没有像今天那样恶劣，但"绿岛"这一名字也过分夸张了。雷德想用这座岛来吸引其他的维京人。他把一个海湾和一座小岛用自己的名字命名，以此来展示谁才是这片土地的主人。三年放逐之后，雷德回

埃里克·雷德发现了地球上最大的一座岛，格陵兰岛。

到冰岛招募拓荒者。他们驾驶着25艘船出发了，其中只有14艘真正到达了格陵兰岛，其他的船翻到冰冷的海水中去了。这些迁入者在埃里克海湾建立了两个村庄：外斯特彼得（Vestbygd）和奥斯特彼得（Austbygd）。此后，定居者达到了4000人。

埃里克森的家在布拉德阿里德（Brattahlid），奥斯特彼得（Austbygd）附近的一个院子。今天还能看见院子的遗址。对于雷德的儿子埃里克森而言，是时候成为一个"真正的"维京人了。其实，莱夫必须为此承受"维京"（Viking），即强盗行径这样的称谓。每个男孩子从12岁起必须向他人证明自己是个男人，从而使自己成为本社会具有同等价值的成员。但埃里克森要比父亲性情温和得多。他更喜欢拯救生命，而不是强行登船。有一次，他把14名翻船的人从冰冷的潮水中救了出来。从此，他被人称为"莱夫·亨·嗨皮尼"（Leif hinn heppni），即幸运的莱夫。莱夫真正证明了一个男人的勇气：他独自乘船找到了重回老家，即返回祖先那片土地——挪威的路线。

这是一次漫长的旅行。海浪推着埃里克森的龙舟偏离了航线，远远地向南行驶。最后，他在苏格兰（Schottland）西部的赫布里底群岛（Hebriden，位于英国——译者注）登陆。整个冬天，他在那里坚持下来。并不是一次强盗式的冒险，而是美丽的托尔古娜（Thorgunna，当地领主的女儿——译者注）使埃里克森成为了一个真正的男人：她生下一个孩子作为爱的记忆……

当埃里克森来到挪威时，欧拉夫·图瓦森（Olaf Trygvasson）担任当地的首领。这位国王无法接受维京人崇拜独眼战神奥丁（Odin）和其令人害怕的儿子索尔（Thor，雷神——译者注）这种残暴的思想，成为了一名基督徒。现在，他想使所有的民众皈依基督。埃里克森成为他的朋友，并接受洗礼。国王派埃里克森回到格陵兰岛，委任他教化当地群众并使其成为基督徒。在"红发埃里克"（roten Erich，指莱夫父亲——译者注）那里埃里克森没有取得成功。但母亲却违背父亲的意愿命人在布拉德阿里德（Brattahlid）修建了一座小教堂。20世纪，考古学家发现了该教堂的遗址。在接下来的几年里，格陵兰岛的人陆续成为了基督徒。莱夫·埃里克森也因为这一功绩而为人所熟知。

此后雷德的儿子埃里克森就踏上了前往美州的漫漫旅途。可以肯定的一点是，埃里克森曾与他所带领的一行人一起在美洲过冬。他们把一个地方命名为"莱夫布蒂"（Leifsbudir），并在那里修建教堂中厅。此后，研究者在纽芬兰的兰塞奥兹牧草地（L'Anse aux Meadows）挖掘出了某处这类建筑物的遗址。或许，埃里克森在第二年夏天就回到格陵兰岛了。

在此期间，埃里克森的父亲去世了。埃里克森作为长子接管了布拉德阿里德（Brattalid）。直到公元1025年左右埃里克森去世时，他一直管理着整个庄园。

莱夫的弟弟陶瓦德与美洲最原始的土著居民因纽特人（Inuit）和爱斯基摩人（Eskimos）（500年后，哥伦布这样称呼那些土著居民）发生了冲突，结局惨烈。这些北方人（指维京人——译者注）搜寻出隐藏在翻过来的皮艇里的土著人，杀害了其中的八个人。第九个人逃跑后带领援兵返回来，与这些维京人对抗，维京人丝毫没有任何胜利的机会：这群来自格陵兰岛的野蛮人用其笨重的斧头和长矛根本无法与机智的印第安人的制造的箭对抗。至今还流传着一个谜语：尽管如此，为什么维京人称这些土著人"Skrälinger"，即瘦削的人？

大约40年之后，这些北方人放弃了向美洲移民的计划。

● 一无所知的发现者

莱夫·埃里克森发现美洲一事在西欧很久都不为人所知。因此，克里斯托弗·哥伦布被看做是我们这个地区（即欧洲——译者注）踏上那片遥远的大陆的第一人。这两位发现者都有一个共同点：他们在其一生中都不曾知道，当时自己究竟遇到了什么。

莱夫·埃里克森把基督教传播到格陵兰岛。

埃里克森认为文兰（Vinland）只是一座大的岛屿。他并没有注意到，他登上了一片在他那个时代仍不为人所知的大陆。维京人与"Skrälinger"人进行了长时间的贸易往来。在那里，考古学家发现了一些来自挪威的古老钱币。

19世纪时，"白印第安人"令亚历山大·冯·洪堡（Alexander von Humboldt）感到惊讶，这些人身材高大，眼睛蔚蓝。在陆地上，他们把船只从一个水流系统运到另一个水流系统。这种方法与维京人在严酷的年代里所用的方法完全一致。

来自威尼斯的说大话的人

"我儿子,您忠实的追随者!",这位来自威尼斯的商人向中国的皇帝这样介绍他21岁的儿子。他与叔叔一起跪倒在蒙古可汗在上都(Xanadu,忽必烈大汗的避暑行宫——译者注)大理石宫殿内的黄金宝座前。

我们在此谈到的是公元1275年。这三个欧洲人进行了长达4年的旅行。他们或步行或骑马,经过7000多千米来到遥远的中国。他们跨越顶峰海拔7000米的帕米尔山脉(Pamir-Gebirge)。他们艰难渡过塔克拉玛干沙漠(Takla Makan)。在他们到达之前的17年里,忽必烈大汗(Kublai Khan)巨大而陌生的王国里,他们身后有无数冒险者。这位年轻人很受大汗喜欢,尤其是因为他的求知欲和毫不畏惧。

这位威尼斯商人的儿子担任杭州总督,对他而言,杭州是"世界上最光辉的城市",也是上海以南太平洋沿岸最重要的贸易中心。

直到公元1295年这三位冒险家才最终再次回到他们深爱的威尼斯。我们的这位英雄向一位作家讲述这次旅行。由于这位作家的记载,这位英雄被冠以"百万先生"(Il Millione,也指《马可·波罗游记》一书——译者注)、"说大话的人"这样的绰号。对于听众们来说,他的描述简直太美妙了。他赋予世界的东方一副全新的面孔。人们重画了世界地图,开辟了新的旅行路线。直到今天,他的《奇迹之书》(Buch der Wunder,即《马可·波罗游记》——译者注)为他带来的世界声誉还在流传。

马可·波罗：中国皇帝的臣仆

生于公元1254年，威尼斯。
卒于公元1324年1月8日，威尼斯。

简直跟做梦一样！如此狂热！这一切就仿佛马可·波罗（Marco Polo）亲手抓住了神灵！后来，每次生病之后，他仍能够听到神灵的声音。几周以来，滚滚热浪吹打在这个年轻人身上，然而接下来，仍然浑身是汗的他开始冷得发抖。至少，曾经与他分别很久的父亲这次不会再让他独自前行了……

那是在公元1260年，尼哥罗·波罗（Niccolo Polo）和他的兄弟马窦（Maffeo）离开威尼斯的家人去康士坦丁堡（Konstantinopel），即今天的伊斯坦布尔（Istanbul）旅行。那时候，马可·波罗刚刚六岁。在地中海（Mittelmeer）和黑海（Schwarzen Meer）之间的水路两岸，优质的商品等待着威尼斯商人们的到来，那些来自遥远东方的令人渴望的商品，比如像胡椒粉和桂皮一样的调味品、昂贵的纺织品、宝石以及颜料，被运送到这里。他们二人穿越分隔欧亚大陆的海峡，驶进黑海，直到到达克里米亚半岛（Krim，位于乌克兰南部——译者注）。一个偶然的机会，他们在克里米亚半岛认识了蒙古大汗的一位使者：他兴奋地诉说着在中国皇帝的国度仍有许多更好的买卖。此外，他的主人很久以来就有结识欧洲人并了解其信仰的愿望。并且，主人的母亲是一名基督徒。不知他们是否愿意一同前往？

波罗兄弟简直太愿意了！这份邀请就像是一份上帝的礼物。听起来仿佛是要得到稀有的物品，一笔好买卖，或许甚至有可能是黄金？波罗兄弟与蒙古人一起结伴同行。他们到达了中国，拜

那时马可·波罗的父亲已经是忽必烈大汗的宾客了。

谒当时世界上最强大的统治者——忽必烈大汗。当他们回到威尼斯的时候应该是9年之后了。他们口袋里装着可汗的一份给教皇的紧急公函,并受命带着100名学者以及在耶路撒冷的耶稣圣墓里的油重回中国(当时的中国被称为"契丹"〈Cathay〉)。皇帝赏赐给他们刻有文字的小金块,命其挂在脖子上。每个人都能凭借这小金块辨认出,他们正奔波在执行皇帝派遣的任务的途中。戴上这个小金块,他们便受到皇帝的保护,每个人都有义务在他们需要时提供帮助。

公元1269年,兄弟二人回到威尼斯。那时,教皇克莱门特四世(Clemens Ⅳ.)刚刚去世。他们白白等了两年,新任教皇也没有被选举出来,他们再次出发了。这一次,当时已经17岁的年轻的马可·波罗可以与父亲和叔叔同行,这也可能是因为不久前他的母亲刚刚去世了。还没等他们启程,红衣主教(天主教——译者注)就找到了另一位上帝的代表(即教皇——译者注)。波罗一家在前巴勒斯坦(Palästina)的阿康(Akkon)等待教皇格里高尔十世(Gregors X.)的一位使节,这位使节要向他们转交这位新教皇写给他们的一封信以及给蒙古统治者们的礼物。他们没有找到可汗要求带往可汗巴路(Kambaluc)(即今天的北京(Peking))的一百名科学家和神学家。只有两名多米尼加人修道士(Dominikanermönche)与该谈判代表团同行。在走到亚美尼亚(Armenien,位于亚洲——译者注)的时候,这两位虔诚的修道士掉头回去了。因为,走到那儿他们就已经觉得这趟旅行太辛苦了。

公元1271年,这三个人最终开始向东行驶。这次冒险经历持续了24年,为此,他们中最年轻的马可·波罗赢得了世界声誉。直到近800年后的今天,仍然有很多公司用马可·波罗这一名字装饰自己。因此,很多21世纪去远东旅行的旅行者都乐于承认:"我是沿着马可·波罗的足迹旅行的。"

我们接着讲述这位振奋人心的年轻人。对他而言,这是他第一次能够真正掌控疾病。他落在这两个剃发秃顶的僧侣的手里是多么幸运的一件事啊！他们熟悉医道。他们给他喂食掺入耗牛黄油（Yak——Butter）的大麦粉以及一些其他陌生的食物。他们在高耸的帕米尔山脉（Pamir-Gebirges）脚下的佛教寺庙里这样用流食细心地喂养他。就这样，他战胜了严重的疟疾。父亲和叔叔不得不等了近一年，直到马可·波罗最终痊愈。

或者，事实上还有另外一个原因：出于这个原因，只有那些来自一个全由男人组成的旅行者的社会里的人才能够在那里耐心等待那么长的时间。尽管当时年届18岁的马可·波罗生病了，但是他在以后的日子里经常回忆起那段在西藏的时光。在西藏有这样一个习俗：没有男人自愿与一个处女结婚。与此相反：如果未来的妻子在婚前情人越多，那么她就越受欢迎。"对于16到24岁的年轻人来说，这是一片美丽的土地。"，后来马可·波罗在他的《奇迹之书》（Buch der Wunder，即《马可·波罗游记》——译者注）中热情地写道。或许，他是在后来的几年里才有了这次发现：当他作为中国皇帝的使节再次回到西藏时才有了这次的发现。

起初，他们还在前往忽必烈大汗所在地的路上。这才遇到了本次旅行中最艰难的部分：帕米尔山脉的最顶峰海拔高达6000到7000米。他们骑着负重累累的马匹，牵着牦牛前行。在夜里，用马和牦牛的粪便作燃料取暖，在极度寒冷的高处，火是生存下来的必需品。这时候，动物的奶水是人类宝贵的食物。

在世界屋脊上所度过的40天里，马可·波罗发现了一件在几百年以后才找到科学解释的怪事：在这样海拔高的地方食物不容易煮熟。波罗把这归因于严寒。今天我们更清楚地了解到：在山上低气压的环境里，水不到100摄氏度就开始沸腾。因此，想要煮熟食物需要更长的时间。对于中世纪时期的人们来说，这样的经历是十分神秘的。

这三个威尼斯人走过了黑海（Schwarz Meer）、亚美尼亚（Armenien），高加索山脉（Kaukasus）、波斯（Persien）以及乌兹别克斯坦（Usbekistan），最终跨越了帕米尔山脉（Pamir）。现在，这支荒漠考察队不得不休息一周来恢复体力。因为正如险峻的帕米尔山脉一样，塔克拉玛干沙漠（Takla Makan）也等待着这群旅行者艰难穿越。对他们而言，这意味着要多储备给养，因为此次穿越要持续一个月。虽然蒙古同伴能够辨认出与他们相隔一天路程处的水源，但是整个沙漠中却没有能吃的东西。他们能够在不迷路的情况下穿越这个沙漠吗？与可能把他们引入歧途的海市蜃楼相比，更令探险家们害怕的是风吹过漫无边际的沙丘时所发出的恐怖的声音：这声音听起来就像令人毛骨悚然的动物的叫声，有时候就像"弦乐器发出的声音，鼓发出的声音或者武器的噪音"。他们在动物的脖子上挂上铃铛，以此转移它们的注意力，同时"也能够避免动物们偏离正确的道路而走丢。"

这一切，马可·波罗都认真地记载下来。正如他所记载的那样，在沿途经过的国家里生活着异域民族的百姓，从他们身上，可以观察到他们的风俗习惯、语言和饮食习惯——所有这些都是全新而又美妙的。

后来，马可·波罗担任中国皇帝的使节时，他一直保留了记录写作的习惯。经常，皇帝需要阅读这位威尼斯人的报告才能了解到，在他巨大的国度中最偏僻的地方的大臣们是如何生活的。或许正因为如此，忽必烈大汗17年来一直拒绝让这位来自欧洲的友人重返故土。马可·波罗成为了皇帝在某些事情上最重要的侦探。

还有40天他们就能到达目的地可汗巴路（Kambaluc，即北京——译者注）了，这时候，大汗的一队信使们遇到了这群旅行者。他们负责把这群旅行者安全带到大汗那里——但并不是带往首都，而是继续向北带往皇帝的避暑行宫。避暑行宫位于传说中的Xanadu，今天称为上都（Shangtu）。富丽堂皇的房屋和宫殿

马可·波罗比皇帝更了解中国。

对于这些家乡富有的威尼斯人来说或许并不陌生。但上都的一切与他们之前所想象中的样子相比也太夸张了：宫殿的大厅和房屋金碧辉煌。屋顶由几根大柱子支撑着，每根柱子的上端都镶嵌着一条龙。伸长的龙爪由表层镀漆的竹子覆盖着。由这些材料组成的宫殿一个套着一个，这样，皇帝可以随时把宫殿带到任何地方。然后在皇帝到达的地方再用200跟绳索像搭建帐篷一样把宫殿搭建起来——后来，马可·波罗这样描述他在上都所看到的一切。

蒙古大汗忽必烈立刻接受了尼哥罗·波罗关于让他的儿子做其臣仆的提议：马可·波罗成了大汗最重要的亲信之一。两年之后，他甚至成为大汗宫邸私人顾问团的成员。在中国的17年间，马可·波罗受大汗的派遣游历了整个中国。后来，马可·波罗报道了朝鲜、西伯利亚、缅甸、孟加拉湾、亚美尼亚、西藏以及印度，甚至也记载了日本。他是否真正到达过传说中的Cipangu（即日本——译者注）这一点受到了质疑：因为，企图侵略与他们的隔海相望的这座岛国的蒙古人最终失败了。

后来，15世纪时，马可·波罗关于中国几乎遍地是黄金的描述令另外一位发现家深深着迷，这位发现家一生的时间里都在寻找一条向西通往Cipangu（即日本——译者注）的道路：他在克里斯托弗·哥伦布的遗物中发现了一本马可·波罗的《奇迹之书》。在书中谈到日本的地方，他做了大量的标注。

克里斯托弗·哥伦布也想到日本去。

"上天之城"（Stadt der Himmel），即港口城市杭州，给马可·波罗留下了更为深刻的印象：在杭州，有大运河以及富丽堂皇的贸易商行，这让他想起了威尼斯。但杭州的富有和舒适却远远超过了威尼斯。马可·波罗热情地描述道：在杭州，甚至有一个专门的污水排放系统。这里共有"160万个家用炉灶"——这里指的是杭州的家庭。他引人入胜地描写了由石头垒成的巨大房屋，来自所有国家的商人的货物都储存在这所房屋里。此外，他兴奋地写道："这里甚至有公用浴室，浴室里提供热水和冷水以供客人自由选择使用。"

马可·波罗不知疲倦地赞美着他的主人——这位中国的统治者。后来，他在书中写道："世界上所有的国王和皇帝以及所有基督徒和撒拉逊人（Sarazenen，泛指伊斯兰教教徒——译者注）的国王加在一起，也不能完成忽必烈大汗所完成的丰功伟绩。"马可·波罗在中国认识了纸币。他惊叹于中国的邮政行业，该行业管理如此完美，以至于一封信由交替的骑马信使寄送，一天之内就能到达500多千米远的地方。

尽管有冒险的兴趣，但是波罗一家人还是想回家了。尼哥罗·波罗和马窦都老了。甚至，忽必烈大汗也已经70岁了。如果大汗突然驾崩的话，没有人知道，他的继承人是否会像他一样那么喜欢欧洲人。然而大汗不想听到关于让这些威尼斯人回国的任何消息。直到有一天，一次偶然的机会帮助了他们：公元1292年，蒙古国公主阔阔真（Kokachin）要与一位波斯侯爵结婚。这几个威尼斯人请求担任公主的随从，大汗应允了。

送亲的队伍是不会走艰难的陆路的。带领着一支由14艘四桅帆船组成的巨大的随行队伍，公主航行前往波斯：从杭州出发，穿越中国南海，经过今天的越南，绕过马来西亚南端，到达苏门答腊岛。由于风暴天气，他们在苏门答腊岛滞留了5个月。为了不致于落入在岛上生活的食人肉的野蛮人手里，他们甚至搭建起了一个巨大的营地，并在四周建立起一队用于日夜监视的固定岗哨（岗哨位于他们自己所建的钟楼上）。

队伍再次在海上航行时到达了尼科巴群岛（Nikobaren）和安达曼群岛（Andamanen），该岛屿群位于锡兰（Ceylon，即今天的斯里兰卡——译者注）和印度南部。所有这些国家都是当时为止没有任何欧洲人曾到达过的地方。马可·波罗尽可能详尽地描述那里所拥有的一切：宝石、价值连城的织物以及刺绣品。这次，他们可以省去跨越沙漠和山峰的辛劳——但在此次漫长的旅行中，公主的随行队伍中有600人丧命。

在霍尔木兹（Hormus），他们终于再次踏上陆地。波罗一家把阔阔真公主（Kokachin）转交给波斯侯爵以后开始准备返回家乡去。经过克尔曼（Kerman，位于波斯——译者注）、大不里士（T·bris，位于波斯——译者注）、埃尔祖鲁姆（Erzurum，位于土耳其——译者注），到达了土耳其的特拉布松（Trapezunt，即今天土耳其的特拉布松省——译者注）。从特拉布松出发，他们穿越黑海航行到康士坦丁堡（Konnstantinopel），最终回到了家乡所在地——地中海（Mittelmeer）。最后，当马可·波罗于公元1295年再次踏上威尼斯的土地的时候，这次回家之旅已经持续了3年之久。带着皇帝的丰厚馈赠，他成为了当地富有的人，成为了一名像父亲一样的商人。否则的话，这位沿着后来的人生轨迹生活的41岁的威尼斯人不会如此出名。

后世对于马可·波罗此次神秘旅行了解得如此详尽，这要归功于他的故乡威尼斯与另外一个意大利北部的贸易大都市热那亚之间的竞争。当两个城市在今天的克罗地亚港口（Kroatien）展开一场海战的时候，马可·波罗率领一艘海上战船。热那亚人胜利了，马可·波罗被判刑3年。在那里，他与另一位名叫鲁思梯谦（Rustichello）的囚犯同住一个牢房，鲁思梯谦是一位作家。马可·波罗向他讲述了自己的旅行经历。据此，鲁思梯谦写出了《奇迹之书》这本书。此书出版以后得到畅销。

截至到15世纪，"Il Millione"（百万先生——译者注）一书几乎被翻译成了所有的欧洲语言：马可·波罗以及他的《奇迹之书》被称为"Il Millione"。100多名修道士和翻译者都参与到此书的翻译中来，以致于后来人们都很难弄清楚，书中所述的哪些是虚构的，哪些又是真实的。

被监禁后，马可·波罗于公元1299年结婚，并且有了三个女儿。70岁时，他的生命走到了尽头。公元1324年，据说马可·波罗临终前躺在病床上，他的神父曾经说服他，至少发誓他像人们所假定的那样"说谎"了。然而，根据传说，马可·波罗临终前

历时25年，马可·波罗走过了5万千米的路程。

说出了这样的话："我所讲述的还不到我所见到的一半,因为我知道,人们是不会相信我的。"

◐ 这是虚构,还是事实?

大约在马可·波罗去世700年之后,两座城市还在就哪里是他的出生地而争论。无论如何,他肯定是威尼斯人。但这只能说明,他是威尼斯共和国的成员。当时的威尼斯共和国从意大利,经过达尔马提亚的亚德里亚(Adria),直到拉古萨(Ragusa)共和国,也就是今天的杜布罗尼克(Dubrovnik,位于克罗地亚——译者注)。威尼斯人指的不一定是与之同名的来自威尼斯这座城市的人。

直到今天,威尼斯和克罗地亚的考库拉岛(Korcula)都声称自己是世界旅行家马可·波罗的故乡:在这两座岛上人们都能够惊奇地发现马可·波罗的"出生屋"。

同时,他的旅行报道也受到了质疑:马可·波罗不可能亲身经历过他所讲述的一切。在他的报道中也记载了一些传说,在这些传说中他是不可能在场的。至少,他曾经有卓越的知情人向他讲述。另一方面,在《奇迹之书》一书中,他所"亲眼见到的"某些事情是错误的:比如说"白色的墙"(Jagan Kerme,蒙古人称长城为"Jagan Kerme",即"白色的墙"——译者注),即中国的长城,长城早在13世纪就已经绵延数千千米。根据马可·波罗对旅行路线的描述,他应该两次跨越长城。可以肯定的一点是:马可·波罗的旅行路线中的某一段途径过所谓的"丝绸之路"。"丝绸之路"早在公元前2世纪就是穿越沙漠的商队常走的一条贸易路线。

来自丹吉尔的做梦者

"我梦见自己骑在一只大鸟的翅膀上,它首先带我飞往麦加(Mekka,伊斯兰教圣地——译者注),然后又去了也门(Jemen)。最后,它一直向遥远的东方飞去,落在一片昏暗的墨绿色的大地上,然后把我放了下来。"第二天早晨,当这位满脸胡须的年轻人向亚历山德里亚(Alexandria,位于罗马尼亚——译者注)的伊斯兰教教长讲述这个梦境的时候,他仍没能从昨夜的惊奇中清醒过来:因为阿布·阿布杜拉·阿尔·莫士迪(Abu Abdullah al-Murschidi)这个人不仅能够天衣无缝地继续讲述昨夜的幻境是如何继续进展的,而且他也预言了一次东方之旅。

这位伊斯兰教教长是否预料到了这位来自丹吉尔(Tanger)的来访者在长达29年的时间里跨越12万千米,走过了(根据今天的地理界限)地球上40多个国家?他所走过的路程是他的先行者马可·波罗所走路程的三倍。这位摩洛哥商人的儿子秉承了阿布·阿布杜拉·阿·莫士迪家族(Abu Abdullah al-Murschidi)好客的传统,他在丹吉尔启程时本想只是履行作为一名穆斯林的义务。他想到麦加去,去先知穆罕默德所在的城市朝圣。这样的"Hadsch",即"朝圣之旅",是14世纪时最漫长的旅行。

当时的伊斯兰世界从西班牙南部延伸到中国,从里海延伸到东太平洋的坦桑尼亚。因此,这位冒险家比以往任何一个人对世界的了解都要多。他所到过的那些国家,他基本上都涉足过了。他所描述的每一位穆斯林都在他的报道中有所记载。与此相反,在伊斯兰之外的世界,他的书直到19世纪时才被人所熟知。

伊本·白图泰：行走在真主阿拉的地毯上

生于公元1304年2月24日，丹吉尔／摩洛哥
卒于约公元1369年，丹吉尔

这是怎样的一次旅行啊！苏丹的1000名骑士参与了这次光辉的旅程。从印度到中国的漫长旅途中，100名妻妾为这位新任的使者服务。为了让使者路上打发时间，另外有100名丹吉尔女人作为储备为他服务。20位厨师为使者的身体健康负责。100匹纯种马伴随着这支旅行队伍。同时还有满载锦缎、镶嵌宝石的宝剑、金质的枝形烛台以及其他昂贵礼品的车队。

伊本·白图泰简直无法相信眼前的这一切。就在几周以前，他还坐在德里昏暗的监狱内，担心着自己是否能够活下来。他因拜访一位神秘教徒惹怒了位高权重的印度苏丹穆罕默德·伊本·图格鲁克（Mohammad Ibn Tughluq），他必须做好最坏的打算。伊本·白图泰这位虔诚的信徒，苏菲教派（Sufi-Sekte，伊斯兰神秘教派——译者注）的追随者，没能逃过苏丹的勃然大怒。现在，伊本·白图泰恰恰是在这位统治者的任命下去他梦寐已久的地方旅行：他要到中国去了！他将成为印度派往中国的大使。

幸运再次降临到伊本·白图泰身上！难道是因为《古兰经》里的词句特别适用于他？这也就是说："真主阿拉把地球像一张宽阔的地毯一样为你展开，你可以在这张地毯上永无止境的道路上行走。"

伊本·白图泰原名叫阿布·阿布达拉·穆罕默德·本·阿布达拉·本·穆罕默德·本·伊布哈伊姆·阿尔·拉瓦蒂（Abu

Abdallah Mohammed bin Abdallah bin Mohammed bin Ibrahim al-Lawati），他也已经经历了一些其他的事情。此前的旅途并不是都像此次去往印度港口城市卡利卡特（Calicut）一样舒适安逸。从印度出发，他们需要跨越阿拉伯海，穿越印度洋，最后到达中国。在俄罗斯的大草原上他几乎要被冻僵了！沿着结冰的伏尔加河河岸骑马行走时，他不得不咀嚼冰块来获得饮用水。后来他回忆道："我穿了三层裘皮大衣，套着四层裤子。脚上穿着用夹棉的亚麻布做的羊皮靴子，外层又套了一双由熊皮做衬里的马皮靴子。"这样，他虽然不再感到寒冷，但是在没有人帮助的情况下他却不能一下子骑上马背。那时候，他也有一队随从，随从中强壮的人必须把他扶上马背。然而，携带妻妾以供娱乐消遣在当时是想都不敢想的事情。或许，只是独自想一想这样的事情，就会令他不寒而栗……但是，在此次前往中国的考察旅行中，情况就跟伊本·白图泰一生中所有的旅行完全不一样了。

开始此次旅行时，伊本·白图泰21岁，他是一位富裕的摩洛哥贵族的儿子。他想要履行自己的义务，作为一名穆斯林，这些义务是他的信仰所规定的。"我于公元1325年7月13日离开我的家乡丹吉尔（Tanger），走上徒步朝圣之路。"伊本·白图泰所述的报道由这几句话开头。当伊本·白图泰结束其对伊斯兰世界进行的长达近30年的探索时，在菲斯（Fez，位于摩洛哥——译者注）的苏丹的请求下，他向安达卢西亚（andalusisch，位于西班牙——译者注）的诗人伊本·尤塞（Ibn Jusayy）口述了这份报道。

圣城麦加是宗教创始人穆罕默德先知的出生地，每一位穆斯林在其一生中必须要去一次麦加，去触摸天房克尔白圣堂（Kaaba，位于麦加大清真寺内——译者注）墙上的黑石（即伊斯兰教的第一圣物）。伊本·白图泰甚至亲吻了黑石，并把这种感觉描述为"嘴唇觉得格外舒适"。

像许多穆斯林一样，伊本·白图泰在此次去麦加朝圣的旅途

伊本·白图泰是一位伊斯兰教的法学家。

每一位穆斯林在其一生中必须要去一次麦加进行朝圣。

中也跟着穿越沙漠的车队行走。作为一名贵族的儿子、一名法学家，伊本·白图泰可以享受到这样的优待：独自前往遥远国度的旅途中，每一位富有的伊斯兰教教派的信徒都有义务帮助他。因此，伊本·白图泰在异国他乡总能担任向导、管理官员或者商人一类的职位。因为父亲给的钱总是不够用，而且，他有几次因为偶然事故或者遭到抢劫丢失了全部家当。

从丹吉尔到麦加全程五千千米。伊本·白图泰历时十个月，跟着不同的沙漠车队穿越阿尔及利亚、突尼斯、利比亚，然后进入埃及的亚历山德里亚。在亚历山德里亚，他见到了世界第七大奇迹，传说中的法罗斯岛（Pharos）上的灯塔（即亚历山大灯塔——译者注）。这座灯塔之所以被看作是世界奇迹，是因为没有人知道，这样一座雄伟的灯塔究竟是怎样建成的。

摩洛哥人伊本·白图泰在亚历山德里亚停留了几周。正是在亚历山德里亚，他梦见了那只大鸟。大鸟把他驮在背上，一起飞往遥远的东方。这位神秘教徒——伊斯兰神秘教派的追随者——阿布·阿布杜拉·阿尔·莫士迪（Abu Abdullah al-Murschidi）教长告诉他这次梦境是他将要进行一次漫长的东方之旅的征兆。此外，教长也对朝圣者伊本·白图泰预言道：旅途中他将会遇到另外的苏菲教派的信徒，在他们当中，有两个人要到印度去，一个人要到中国去。很可能的是，他们中有一位正是这位神秘教徒，因为这位神秘教徒的缘故，印度德里的苏丹要把伊本·白图泰送进监狱。

后来，伊本·白图泰称，与阿尔·莫士迪（al-Murschidi）的相遇是他一生中最重要的经历：于是，他在地球上的旅行如此之久，如此之远，为的就是找到三个苏菲。更有可能的是，对异地的向往一直督促着伊本·白图泰。这一点，早在自己还是一个小孩子时他就已经意识到了。他的家乡丹吉尔是坐落在西班牙的直布罗陀海峡对面的一个港口城市，这里是来自世界各地的商人们非常活跃的聚集地。

无论如何，早在埃及时人们就已经知道，伊本·白图泰并不仅仅是为了履行去麦加朝圣的义务：他游历了尼罗河三角洲（Nildelta），继续向开罗旅行。像开罗这样的城市，他之前从没见过。后来，伊本·白图泰对于开罗的印象仍旧很深刻：那里有那么多人，人们"就像海浪一样在街头涌动"。在尼罗河上，他数了一下，共有一万两千名挑水工、三万名挑夫、三万六千艘船只。伊本·白图泰记录说：这座城市有一家公共医院，这家医院为病人提供免费的治疗服务和药品。

伊本·白图泰很喜欢了解当地的风土人情。于是他决定，在接下来的路程中不与其他朝圣者结伴，而是独自前往麦加朝圣。他没有选择经过大马士革和麦地那的常规路线，而是沿着尼罗河向上而行，前往卢克苏尔（Luxor，位于埃及——译者注）。直到今天还流传着这样的谜语："为什么后来伊本·白图泰把埃及法老的金字塔描述为圆锥体？"或许他压根就没有见过金字塔？最后，在阿伊扎布（Aidhab）他想登上一艘船，然后从那里穿越红海，航行前往吉达。

吉达是一个重要的港口城市，也是来自印度和远东的丝绸和香料的水路转运地。从这里到麦加只有320千米的路程。在吉达刚刚发生了一次暴乱，伊本·白图泰没能找到愿意运送乘客的船只。他不得不重新返回开罗，选择从开罗出发，经过西奈半岛，前往巴勒斯坦的那条道路。这样的话，他就到达了伯利恒。伯利恒是基督教的先知耶稣的诞生地。

此外，他也参观了位于希伯伦的亚伯拉罕（Abraham）、伊萨克（Isaak）以及雅各布（Jakob）的坟墓，拜访了耶路撒冷以及坐落在耶路撒冷的圆顶清真寺（Felsendom）。圆顶清真寺是当时世界上最大的清真寺。

在大马士革，伊本·白图泰与一支沙漠商队结伴而行。公元1326年10月，继续行走55天之后，伊本·白图泰终于成功到达麦加。从现在开始，他可以自称为"Hadschi"——像每一位穆斯林一样，只要他完成了朝圣之旅，就会成为"hadschi"。这不是他最后一次拜访这座伊斯兰的神圣殿堂。冒险家伊本·白图泰回来过三次。

然而，对异地的向往继续督促着伊本·白图泰前行：在麦加，他又加入了一群波斯朝圣者的队伍，这些朝圣者要返回到今天的伊朗和伊拉克。伊本·白图泰拜访了伊斯兰的文化圣城巴士拉和纳杰夫，同时拜访了位于纳杰夫省的金色的阿里陵墓（阿里是穆罕默德的侄子）。阿里的信徒称自己为"什叶派穆斯林"，阿里被看作是正统的先知继承人。从这里，伊本·白图泰继续前往巴格达，并从巴格达再次去往麦加。这一次，由于身患疾病，他在圣城麦加停留了足足有一年的时间。

公元1328年，据说伊本·白图泰踏上了去红海的旅途：他在吉达登上船，航行前往也门，然后穿越亚丁湾海域，最后，沿着南半球非洲东部的海岸线航行一千千米。旅途中，他到访了摩加迪沙、蒙巴萨以及最南端的穆斯林世界的基尔瓦等地。伊本·白图泰又沿着海路回到阿拉伯半岛：经过阿曼，穿越波斯湾和巴林。从巴林开始，伊本·白图泰再次从陆路向他的第二故乡麦加走去。

然而，这还没有结束。印度朝圣者的讲述令伊本·白图泰很好奇，于是，他前往印度。因为总是选错路线，所以，这次他首先到了安纳托利亚和俄罗斯，直到进入金帐汗国，即蒙古帝国。在安纳托利亚，伊本·白图泰认识了第二位苏菲教派的学者莎拉尔·阿德·定·阿尔·鲁米——他在科尼亚建立了"跳舞的伊斯兰教苦行僧修教会"。我们所说的"他跳起舞来就像一个苦行僧"这句谚语就是源自于莎拉尔·阿德·定·阿尔·鲁米的追随者在祈祷时非常精确的旋转脚步。

伊本·白图泰在各地都受到了友好接待，在金帐汗国同样如此。这个巨大的蒙古帝国在其统治者穆罕默德·约兹·柏格可汗的带领下几年前就皈依了伊斯兰教。帝国的疆域从咸海延伸到波罗的海，从高加索山脉延伸到诺夫哥罗德。这样的话，伊本·白图泰这样来自摩洛哥的学者来到这里恰恰是受欢迎的。

伊本·白图泰得到可汗的高度评价。这一点已经表明，他可以在这个国家进行一次多么舒服的旅行。如果可汗自己出行的话，一个由清真寺和集贸市场组成的旅行城市会跟着移动。可汗也给伊本·白图泰配备了一个相似的移动的"储备仓"：这支不断壮大的旅行团队拉着四辆大车，车上载着毛毡帐篷。帐篷里面是多么令人舒服啊！伊本·白图泰这样描述道："车停下来时人可以在帐篷里休息、睡觉、吃饭、读书或者写作。"在一个奴隶女仆的服侍下，他在帐篷里过得很舒服。

可汗很信任伊本·白图泰这位来自丹吉尔的贵族，因此请求伊本·白图泰陪同自己的四位妻子中的一位到她的故乡康士坦丁堡去。他的这位妻子是拜占庭国王安兹罗尼克斯三世的女儿。对于想要去印度的伊本·白图泰而言，这是一个大弯路。当时，对一位穆斯林而言，到位于地中海和黑海中间这条狭窄通道旁边的基督教城市去并不是一件简单的事情。因此，他很高兴地接受了这次邀请，并且忍受了长达四千千米的绕行。

安兹罗尼克斯三世挽留女儿的随从伊本·白图泰待了五周，因为他可以讲述很多关于基督教圣地伯利恒和耶路撒冷的事情，这些地方，国王自己都还没有拜访过。

接下来就是穿越俄罗斯草原——这次，伊本·白图泰是沿着结冰的伏尔加河行走的。紧接着，他骑着骆驼穿越了乌兹别克斯坦的沙漠前往布哈拉和撒马尔罕，越过兴都库什山脉的山口，穿越荒芜的阿富汗，最终于公元1333年到达印度河沿岸。在木尔坦，伊本·白图泰派信使给德里的苏丹送信，通知他的到访。苏丹在建有一千根圆柱的大厅内隆重欢迎了伊本·白图泰。

穆罕默德·伊本·图格鲁克对伊本·白图泰很有好感。他任命伊本·白图泰为卡迪，即伊斯兰法官。出于这个原因，远道而来的旅行家伊本·白图泰在这里待了7年，直到苏菲神秘教徒的

印度苏丹把伊本·白图泰派到中国去。

拜访导致了他在伊本·图格鲁克那里失宠并且因神秘教徒的拜访而入狱。但是苏丹的怒火很快就消散了。公元1341年，入狱仅仅5个月之后，伊本·白图泰就作为苏丹的使者进行一次文章开始所谈到的去往中国的考察旅行。

然而，这次从卡利卡特向东航行的旅行很快就结束了：早在印度东南部海岸，伊本·白图泰与他的随从所一起登上的三艘中国式帆船就倾覆了。摩洛哥人伊本·白图泰丢失了他的全部家当。只有他祈祷时用的跪毯保留了下来。在其中的一艘帆船上，他的妻子和孩子都淹死了。

他该怎么办呢？作为明智之举，苏丹的使者伊本·白图泰不愿意再回到德里去，他已经逃脱过一次惹怒这位印度统治者的恶果了。自己到中国去是更好的选择！但是，首先他想先到马尔代夫群岛去，马尔代夫群岛是印度以南650千米处的一片岛屿。群岛的女王卡迪雅把他留在岛上，并让他在马累担任法官。后来，伊本·白图泰报道称，他在马尔代夫群岛上结过六次婚。但是，他却总是一再离婚，直到他在这个梦幻般的岛屿世界停留了九个月后离开。

接下来讲述的是锡兰，即今天的斯里兰卡，伊本·白图泰来这里的亚当峰朝圣。在亚当峰上可以看到印在岩壁上的一个脚印，据说这个脚印是人类的始祖亚当留下的。公元1345年，伊本·白图泰游历了孟加拉湾和缅甸，最后到达了苏门答腊岛。直到今天，他所讲述的一个名为穆尔爪哇的岛仍是一个谜团。目前为止，没有哪个研究者能够探究出，世界旅行家伊本·白图泰所讲的到达中国之前的最后一站指的到底是哪里。

伊本·白图泰在广州登陆。他在这座城市中的清真寺里祈祷，这座清真寺是中国最早建立的一座清真寺。伊本·白图泰很兴奋，这里的人们多好啊！他写道："穷苦的和尚和乞丐都可以用丝绸做衣服。"优质的瓷器令伊本·白图泰印象深刻，他甚至觉得中国的母鸡也"比我们国家的母鸡个头大"。对于伊本·白图泰这样的旅行者而言，中国是一个非常令人舒适的国家："一个人可以独自开始长达九个月的旅行，不用担心随身携带了大量钱财。"但是，这个非洲人并不仅仅是兴奋。他同样感到震惊："比如印度教徒会焚烧尸体"，他们吃猪肉，甚至吃狗肉。伊本·白图泰从广州继续向北京走去。

公元1346年，伊本·白图泰终于踏上回家的路。他在广州登上一艘船，经过苏门答腊岛沿着印度海岸航行，最后前往波斯湾的霍尔木兹海峡。他去了巴格达，并且再次去了麦加。又过了三年，伊本·白图泰才再次回到摩洛哥。他已经24年没有见过他的父母了——就在他回来前的几个月，他的母亲患黑死病去世了。

伊本·白图泰没有在丹吉尔待很久。他去了西班牙的格拉纳达，当时，那里是伊斯兰的统治区。在格拉纳达，伊本·白图泰认识了伊本·尤塞，据说，后来是伊本·尤塞把他的旅行和生活经历记载了下来。但是，在此之前，伊本·白图泰也游览了自己的国家摩洛哥。公元1352年，菲斯的苏丹阿布·伊南·法里斯把伊本·白图泰派往非洲的"黑人的土地"。伊本·白图泰把撒哈拉沙漠称作"黑人的土地"，他骑着骆驼穿越了这片沙漠。在他公元1355年再次回到摩洛哥之前，他到达了马里和廷巴克图，此次旅行长达2400千米。公元1369年，66岁的伊本·白图泰在丹吉尔逝世。

● 东方的马可·波罗

在伊本·白图泰的故乡丹吉尔，人们可以在许多地方看到这位伊斯兰世界最著名的环球旅行者。这座城市有一个以他的名字命名的酒店，一艘开往西班牙的轮渡也是以他的名字命名的。与此相反，在我们这里，伊本·白图泰一直不怎么出名。毫无疑问：当马可·波罗的《奇迹之书》（即《马可·波罗游记》——译者注）在他生前就已经为他赢得了巨大知名度的时候，伊本·白图泰的《东方的马可·波罗》这本书直到公元1853年才被第一次翻译成法语。德国的读者甚至必须要等到公元1911年，他的《Rihla》（即旅行——译者注）这本书才第一次有了德译本（德国人称伊本·白图泰的旅行报道为"Rihla"）。然而，对于欧洲人而言，伊本·白图泰所描述的事物是格外令人兴奋和新奇的。伊本·白图泰所描述的是一些地区的风土人情，这些地区往往是基督徒不可能到过的一些地方。比如说，对于异教信仰的基督徒而言，进入穆斯林的圣城麦加是严厉禁止的。

游动之城的领导者

这是多么壮观的一番景象啊！仅仅修造这些巨船中的一艘船，一整片森林中的木材都不可能够用。但是，迎面驶来的并不仅仅是一艘船！而是数百座这样游动的房屋——近乎是一个完整的海上城市！

甚至，这支大型舰队的"海军上将"也有一副惊人的魁梧身材。他应该有两米多高。当他发出声音的时候，听上去就像是有人在敲一个大钟。两万八千名水手听从他的命令。他率领着他的宝船船队航行了六万多千米，在这些船中，有几艘一百三十多米长，五十米宽的巨船。这位冒险家在他的家乡命人立下石碑，石碑上刻有这样的碑文："我们在大洋里航行了十万多千米，战胜了像山一样耸入云霄的巨浪，把目光投向了未开化的蛮夷之地。"

据说早在六百年前，他从中国出发，甚至比哥伦布还要早70年发现了美洲大陆。在瓦斯科·达伽马出生之前他就已经航行绕过了好望角。就是他，帮助中国的皇帝成为世界海洋中最强大的人。皇帝此举并不是为了征服异域民族，而是为了与他们进行以进贡为目的的贸易。当然，一切遵照皇帝定的规则行事。因此，这支大型舰队也在甲板上安装了二十四门铜制大炮。但是这位海军上将却很少使用这些大炮，这些巨型船只已经足够让人畏惧了。

郑和：皇帝的总管太监

生于公元1371年，云南
卒于公元1433年，卡利卡特

皇帝永远都不会忘记这位总管太监给他的这份礼物：这只动物多么高大啊！仅是它的脖子就比中国人所见到的所有四条腿的动物的脖子都要长。这肯定预示着，永乐皇帝具有崇高的道德！古代神话中是怎么说的来着？如果麒麟出现在没某个国家，这就意味着，是一位真正伟大的皇帝在统治着这个国家。这只动物看起来就跟神话中的独角兽一样，独角兽是"伟大的和平时代"的象征。

在中国皇帝的宫廷内没有人知道，传说中的麒麟实际上指的就是长颈鹿。这只动物来自哪儿呢？它是郑和这位皇家舰队的"海军上将"从非洲带回来的。

这位向永乐皇帝进献这些礼物的人到底是谁呢？他的舰队代表了这位强大的明朝皇帝的所有骄傲。据说他的祖先是今天乌兹别克斯坦最早的国王。那是几百年前的事情了，他的家族的辉煌时代早就过去了。公元1371年，郑和出生在云南。他的穆斯林父母给他起名叫马和。

马和生长在中国发生政治变革的时代。明朝刚刚接任蒙古大汗的统治，在云南也发生了战争——当时年届10~12岁的马和被明代将军傅友德抓获。他被带到25岁的燕王——朱棣的宫中，经历了当时所有被捕的年轻小伙子身上都会发生的遭遇：他被阉割了。对于主人而言，这是他向主人表示忠诚的一份保证。在一个宦官身上不会存在这样的危险，即将来有一天为自己的儿子夺权,因为他永远都不会有儿子的。

在抗击蒙古人的远征中,马和成为一名被派往战场的士兵。这个年轻人的组织天赋让朱棣印象尤为深刻。从现在开始,他的名字叫郑和。当燕王于公元1402年继任明朝第三代皇帝时,他任命这位已经长到2米高的侍从担任总管太监。这样,郑和就成为了燕王最重要的亲信。

皇帝与郑和有个巨大的计划:他命人建造了一支巨大的宝船舰队,并把自己所执政的时期命名为"永乐",即永远的欢乐,同时也把自己称为永乐皇帝。皇帝想要用巨大的财富来渲染这份欢乐。这支舰队将在世界海洋上航行,以此把中国的贸易势力拓展到全世界去。郑和担任这支舰队的总指挥,被任命为皇家海军的最高将领。

这支舰队独一无二,前无古人,后无来者。在公元1405年至1433年间,郑和率领三百艘船只、28000名随从,在世界海洋中航行过7次。船队中最大的船只配有九根桅杆,长达135米,宽达50米。与此相比,70年后,克里斯托弗·哥伦布的旗舰"圣·玛利亚号"长27米,这看起来就有点可笑了……这些船只是由位于扬子江畔的南部都城——南京的一家造船厂建造的。数百年后,人们仍然在那里发现了一条11米长的木制船桨。这只宝船的水上部分有几层楼那么高。船上配有由丝绸和清漆装饰的豪华客舱。在这些客舱内,来自遥远国度的"大使"作为客人被运送到中国来。巨大的储物仓里堆积着献给外国贵族的礼物。他们想要用丝绸、锦缎、瓷器以及艺术品与这些贵族成功地进行贸易。

在这只游动的庞然大物的前端,剪裁而成的动物头部(通常是龙头)在风中飘动着。当这艘龙船扬起血一样鲜红的帆出现在地平线上的时候,一定是一番非常壮观的景象。龙船的后面还跟着250艘船队:有装载着饮用水的补给油轮;有来时装载着马匹,返回时装载着野象的八根桅杆式大船;也有配备五根桅杆的

医生和药剂师陪同着郑和,他们受命研究新的治疗方法。

战船；还有几艘追捕海盗用的小型战船。

能为这样一支巨型舰队进行导航实在是一项杰出的成就。虽然早在11世纪时中国人就已经熟悉使用指南针，他们也能用作有标记的线香来进行计时，但是，这数百艘巨船怎样才能彼此沟通信息呢？这支舰队肯定在海上全速行驶，绵延数千米。每一次改变路线必然都会引起一番令人眼花缭乱、震耳欲聋的骚动：因为人们会敲锣打鼓，摇动信号旗，竖起旗帜，并用航标灯和火炬发出光信号。据说郑和还使用了信鸽，这样的话，即使相隔甚远，船长之间也可以彼此沟通。

公元1405~1433年，郑和曾经7次出海。从越南经过爪哇岛，最后到达马鲁古群岛。他的船队在马六甲海峡追捕并消灭了一支大型海盗舰队。他航行至斯里兰卡，到达印度的卡利卡特，经过波斯湾，最后到达非洲。郑和每一次出海都会引领异国的大使去拜谒中国的皇帝，皇帝会与他们签署进贡条约。每当下次旅行时，郑和会再次把他们带回到家乡去。在波斯湾和霍尔木兹海峡，郑和命人在船上装载上蓝宝石、珍珠、珊瑚石和红宝石。这使得"宝船"这个名字汇集了所有的荣耀。

公元1417~1419年，郑和到达了东非。在马林迪，郑和把传说中的"麒麟"（即长颈鹿）装上船，也装载了狮子、河马以及斑马。在下次旅行时，郑和甚至到达了欧洲，最终到达了非洲。

然而局势却发生了变化：尽管收获颇丰，永乐皇帝的继承人仍不想继续进行这种昂贵的海上之旅。公元1477年，朝廷下令销毁郑和的航海日志。15世纪末，所有的船只都被焚毁了。因此，郑和渐渐被人们遗忘了。

但是，我们的这位英雄身上发生了什么呢？由于他的几次旅行，帮助中国展示出令人难以置信的实力，积蓄了前所未有的财富。他所开拓的经济区域包括：位于日本、朝鲜、东南亚以及南印度、波斯湾、东非沿岸和整个印度洋上的一些国家和贸易中心。公元1424年，郑和第六次出海后，永乐皇帝去世。他的继任者明仁宗朱高炽禁止宝船出海。新的统治集团皈依了孔子的思想。孔子主张仁爱比权势更重要，公正比黄金和财富更宝贵。

郑和被罢免了官职，但是仍允许他自称为"南京的军事指挥官"。他到南京城内的清真寺附近隐居。朱高炽在位仅仅几个月。下一位皇帝明宣宗朱瞻基很怀念其他国家的贡品。因此，他命郑和于公元1430年7月再次起航，以此充实国库。郑和航行到达了红海沿岸的吉达港。据说，从吉达开始，郑和履行他作为一名穆斯林的义务，去麦加朝圣。公元1433年，在返回的途中，郑和在印度的贸易都市卡利卡特去世。

在南京城附近，有一块郑和的墓碑。石碑上刻有阿拉伯文字："一切赞颂全归真主阿拉！"一只石头雕刻而成的海龟守护着他。

伟大的英雄是如何去世的

如果中国一直保持着15世纪中叶由郑和所开拓的海上实力和贸易实力的话，今天的世界会是另外一番样子。然而，作为殖民统治者，西班牙人和葡萄牙人，以及后来其他的欧洲人声称，他们所首先发现的那些陌生的土地属于他们的私有财产。与此相反，中国的目的在于，与异域人进行贸易，通过接受贡品的形式获得财富。

即便在郑和的故乡，他也很快被大家遗忘了。所保留下来的只有几个旅行故事，后来，这些故事被当做是传说流传下来。因为郑和有个绰号叫"三宝"，所以有人说，郑和是航海家辛德巴德故事中辛德巴德的原型。但是今天人们了解到，辛德巴德的故事早在10世纪时就已经存在了。

郑和什么都没留下来。甚至，他的墓碑也不见了。直到1985

年，距他第一次旅行回来580年之后，中国人再一次想起他们伟大的英雄，并为他树立起一块纪念碑。只有在印度尼西亚的三宝垄还有他的痕迹。在那里，郑和被奉为神灵，当地的寺庙也以他的名字命名。

错误的时间来到错误的地点

每个孩子都知道他的名字。在美国，有个日子甚至是以他的名字命名的。然而，他的生活其实是一段充满了失败的历史：人们尊敬他，是源于另外一个人早在半个世纪以前就已经完成的一件事。那里，他想要去的那个地方，他从没有到达过。同时，他所发现的那个地方是以在他之后到来的那个人的名字命名的。而且，由于他的缘故，他所"发现"的那些人一直背负着一个错误的名字。虽然这位冒险家把其任命者的势力拓展到新的国家，但是他所承诺的要带回来的黄金却没能兑现。

他自己也被镣铐锁着回来的。最后，西班牙国王甚至为了逃避所承诺的薪酬欺骗他。或许这就是命运的讽刺——几年前，他对一位单纯的水手也做过同样的事。据说，当时这位水手应该得到一笔发现他所寻找的陆地的酬金。最后，我们的英雄去世了，他根本不知道，他的四次旅行中究竟到达了什么地方。

尽管他犯了很多错误，但是每当有人听到"发现者"这个词语时都会首先想到他的名字。他的海上之旅开启了一个崭新的时代。他在陆地上去世。然而，他的骸骨在找到安息地之前却又在海洋上航行过多次。首先，他被葬在西班牙的塞维利亚。然后，从那里被带到加勒比海的圣多明各。接下来又被葬在古巴，据说从古巴他被再次葬到了西班牙。1492年，他在西班牙开始了伟大的冒险之旅。没有人知道，在塞维利亚主教座堂的豪华石棺里躺着的是否真的是他的骸骨。

克里斯托弗·哥伦布："印第安人"的发现者

生于公元1451年8月25日到1451年10月31日之间，热那亚
卒于公元1506年5月20日，巴利亚多利德

那是什么呀？那正朝岸边驶来的东西看起来就像三座会游动的房屋。这些赤身裸体的人们好奇地向海滩跑去。那些木制的庞然大物停了下来。现在，一些陌生人正沿着房屋的外墙爬下来。这些人登上像椰子皮一样在海浪间舞蹈着的小船，划动船桨，小船在剧烈的碰撞中向岸边靠近。几分钟以后，这些陌生人就站在了岛上的居民面前。他们中的一个人挥动着一块绑在棍子上的布。然后他把棍子插进了土里。其他的人单膝跪下来，低下头。他们用右手从额头滑到胸膛，然后，他们开始拍打肩膀。难道是这片海洋给这里的人们派遣了新的神灵？

瓜纳哈尼岛上的居民们小心翼翼地靠近这些外来者。一个穿着彩色衣服的男人向他们伸出手来。他给他们一些闪闪发光的珍珠。其他的人向这些土著居民挥动着红色的钱币。他们的手势似乎在说：拿着吧！拿着吧！一会儿，这些海岛居民们就收下了这些东西。这些陌生人是多么友好啊！

这些想法很可能是瓜纳哈尼岛上的土著居民在公元1492年10月12日那天所掠过脑海的一些念头。事情的表象是怎样欺骗了他们啊！他们高兴地大笑着跌跌撞撞地跑进水里，向那几座游动的房屋游去。事实上，所停靠在他们岛上的是西班牙的帆船。这些人是怀着强盗式的意图来到这里的。然而谁能注意到这一点呢？这些岛上居民好奇地围着这些游动的木盒子观看。他们向水手们献上鹦鹉、棉线球、标枪和许多其他物品，来交换水手们的玻璃

"圣·玛利亚号"是一艘卡拉克帆船（Karacke，一种多桅大型恒帆船——译者注），"妮娜号"（Nina）和"平塔号"（Pinta）是卡拉维尔帆船（KaraveIlen，一种两桅的小型轻快帆船——译者注）。这些船都可以逆风行驶。

珠和钟表一类的东西。

后来，克里斯托弗·哥伦布，即当时身穿彩色制服的那个人，像上述那样描述他与"印第安人"的第一次相遇。现在，他可以自称为汪洋大海上的海军上将！因为，正如他所认为的那样，他终于找到了印度。所以，他把巴哈马群岛的瓜纳哈尼岛上的土著居民称为"印度人"或"印第安人"。这些土著居民中的大多数人都没能在这些他们所认为的"神灵"到来之后存活下来。这些外来者把另外一座岛上的部落全部消灭。他们插入土里的杆子上所绑的那块布是西班牙国旗。就这样，他们声称，这些土著人的家乡归他们所有。此后不久，他们把1600名岛上居民收为奴隶，把550人运往西班牙。运往西班牙的这些人中，一半的人都没能在这次旅行中存活下来。

公元1492年10月12日是克里斯托弗·哥伦布发现美洲大陆的日子。他把自己所登上的那座岛命名为"圣萨尔瓦多"，意即神圣的救世主。因为，对于热那亚人哥伦布和这些挑选出来的西班牙人而言，此次发现就像是得到了拯救：他不得不每天都在担忧，他的三条船上会爆发叛乱。管理这90个人是一项艰巨的任务。其中的很多人都畏惧死亡，担心他们会在漫无边际的海洋中迷路。直到——终于！终于！在10月的某天早晨，"平塔"号船上的罗德里戈·德·德里阿纳发出一声宣泄式的呐喊："快看，那是大陆！"

哥伦布快速登到"圣·玛利亚"号的甲板上，他宣称："昨夜我就看见那边有火光！"据说，在泛白的月光下，哥伦布远远地看见了他所认为的印度大陆。就这样，哥伦布成为第一个看到这片土地的人。这并不是一个关乎荣耀的问题，而是金钱的问题。第一个看到"印度"的人将会得到国王10000个Maradevis的奖励（15世纪时的西班牙铜币称为"Maradevis"）。现在，这些钱，罗德里戈·德·德里阿纳1分都得不到了。

71天前，即公元1492年8月3日，"圣·玛利亚号"、"平塔号"和"妮娜号"在巴罗斯港启航，去寻找印度。印度是这支西班牙考察旅行队伍的目的地。自从奥斯曼人入侵欧洲，拜占庭帝国衰落，从欧洲前往印度和印度后方的中国的陆路被堵塞了。同时也阻断了运输昂贵香料、宝石、织物和黄金的通道。但是，那时候哥伦布就深信，地球是一个球体。他坚信，只要一路向西航行足够远，就一定能到达东方。

克里斯托弗·哥伦布，是一个经验丰富的水手。哥伦布生于公元1451年，是热那亚纺织工人多梅尼克·哥伦布与苏珊娜·芬塔罗沙的儿子。虽然学会了父亲的手艺，但是14岁的他更喜欢乘着商船在海上航行。他跟哥哥巴托洛梅奥学会了看地图。一段充满冒险的生活开始了：当25岁的哥伦布在一次贸易旅行中到达大西洋的时候，海盗摧毁了他的船只。他自己游到岸边，然后到达了葡萄牙。从那里开始，他在北大西洋上航行。也有迹象表明，他甚至到达了冰岛。在昔日的图勒岛上，他了解到：有时候，海水会把陌生的尸体冲到岸边。这些尸体是不是从西方来的呢？哥伦布这位热那亚人第一次在葡萄牙的派遣下沿着西大西洋海岸航行。

公元1479年，哥伦布与马德拉群岛上的波尔图·桑塔岛执政官的女儿菲利帕·佩雷斯特罗结婚。在岳父的遗物中，他找到了一些自己感兴趣的资料。这些资料激起了他的雄心壮志，即去寻找西方的印度。结婚后的第六年，妻子去世了。与儿子迭戈一起，哥伦布这位鳏夫踏上了前往西班牙的旅途。他打算向西班牙的国王夫妇报告自己的计划。

热那亚人哥伦布研究了马可·波罗的旅行故事。他熟悉那些谈论通往Cipangu（即坐落在中国对面的一个日本岛屿）的西行路线的学者们的报道。此外，他也熟知公元2世纪时的天文学家托勒密的计算和保罗·达尔·波佐·托斯卡内利所说的的地球圆周长。哥伦布所不知道的是："他的"地球太小了。马可·波罗的世界地图所绘的亚洲的范围要比这片大陆的实际范围大得多。

这样的话，托斯卡内利和哥伦布的计算都出现了误差。这样，加那利群岛与日本之间的距离不是人们本来认为的4000千米，而是这个距离的4倍。没有人注意到，在这两个地方之间还坐落着一整片大陆。

又过了8年，哥伦布才最终找到肯资助他实现自己冒险之旅计划的人。首先，他在葡萄牙宫廷请求时遭到拒绝。西班牙人也拒绝了他，因为他的计划太冒险了。此外，那时的西班牙宫廷正忙于解放本国南部的处于穆斯林统治之下的格拉纳达市。

最终，公元1492年1月，格拉纳达被敌人占领了。或许是出于对哥伦布所承诺的此行成功后的黄金的贪婪，也或许是源于虔诚的卡斯蒂利亚女王伊莎贝拉一世的追求，即使东方的人皈依基督教，女王和阿拉贡国王费迪南德二世同意了给予哥伦布资助的请求。意大利水手哥伦布被任命为"海洋舰队司令"，同时也被任命为即将征服的土地的总督。此外，他也能够得到此行所发现的财富的十分之一。

哥伦布匆忙雇佣了一支队伍。在公元1492年8月启航时，哥伦布许下承诺，三周之内就能到达目的地。实际上，这支船队在这片陌生的漫无边际的海洋中航行了两个多月。毋庸置疑，水手们都在发牢骚。船上的给养也不多了。如果这个海洋没有尽头该怎么办呢？哥伦布试图用一本假的航海日志拖住水手们，但是失败了。他把已经走过的路程比实际路程画得短很多。"就还有两天的路程了！"，这是他最后一次拖住船员们。直到最后，他们的救星出现在水平线上：圣萨尔瓦多岛。直到今天，哥伦布所说的圣萨尔瓦多到底是不是今天与之同名的那座岛，这一点还存在争议。可能的情况是，哥伦布和他的水手们是第一批到达今天的萨马纳礁岛的人。

哥伦布从圣萨尔瓦多岛继续向古巴和海地岛航行，哥伦布称海地岛为"伊斯帕尼奥拉岛"。"圣·玛利亚号"在伊斯帕尼奥拉岛触礁倾覆。哥伦布命人用损坏的船只的木头建了一个要塞。

因为马上就要过圣诞节了，他把要塞命名为"拉·纳威达德"（即圣诞节——译者注）。伊斯帕尼奥拉岛是西班牙的第一块殖民地，哥伦布成为这里的总督。他命令38个人留在伊斯帕尼奥拉岛，并给他们配备了武器。他们的任务是驱赶土著"印第安人"去淘金。哥伦布自己航行回到了令他欣喜若狂的西班牙。一幅油画描绘了凯旋而归的哥伦布参加国王夫妇在巴塞罗那为他举行的招待会的情景：他满脸自豪地展示着彩色鹦鹉、椰子、玉米、红薯以及身穿羽毛装饰品的印第安人。

> 哥伦布必须把这些印第安人带回去。女王伊莎贝拉（Isabella）不想要俘虏。

对于哥伦布而言，这是第一次也是最后一次作为英雄接受庆祝。哥伦布又去其所认为的印度旅行过三次，都没有为西班牙王室带回他们所期待的财富。此外，让他伤心的是，他也无法统治所定居的那座岛上的手下。第二次航行时，哥伦布招募了一支17艘船组成的巨型船队，载着1500人，其中有20个农民，于公元1493年9月25日从西班牙南部的加迪斯启航。这次，他们继续向南到达了多米尼加岛。这件事很出名，因为到达的日子是星期天。此后，哥伦布又把瓜德罗普岛、马提尼克岛、安提瓜岛和圣·尼维斯岛收为西班牙的领地。

哥伦布在伊斯帕尼奥拉岛建立的要塞纳威达德成为了废墟。他带去的人一个都没活下来。西班牙人该是多么愤怒啊！哥伦布所亲口描述的纯洁而又友好和平的"印第安人"把所有的外来者都杀害了。总督哥伦布命人在岛的北端建立了一个新的堡垒。为了向女王表示尊敬，这片殖民地被命名为"伊莎贝拉"。公元1494年，哥伦布到达古巴。他希望这一次到达的是印度大陆。然而，他不得不再次确认，这里仅仅是一个岛屿。他威胁手下人说将严厉惩罚他们，命令他们对此次失败只字不提。谁要违背了这一点，将被割掉舌头。

不久以后，西班牙皇室的使节们开始抱怨哥伦布这位"海洋舰队司令"：他既傲慢又没有能力管理殖民地。公元1496年哥伦布再次回到西班牙时，很显然，为他这位总督举行的招待会比上次冷清多了。尽管如此,国王夫妇还是再次资助他进行第三次航行。这一次,作为自己队伍的一名俘虏,哥伦布戴着镣铐,被遣送回西班牙。那里又发生了一次暴动。现在,他被免去了总督的头衔,西班牙派遣了另外一名总督前往伊斯帕尼奥拉岛任职。

公元1502年,费迪南德和伊莎贝拉派遣哥伦布这位世界海洋的海军上将进行第四次探险之旅。这一次,他终于到达了一片大陆。他的卡拉维尔帆船停泊在了洪都拉斯、尼加拉瓜以及哥斯达黎加。哥伦布一直以为,他所到达的就是印度。他没能找到恒河口。公元1504年,由于疾病和精疲力竭,哥伦布不得不中断了最后一次探险之旅。当哥伦布回到西班牙时,伊莎贝拉已经去世。国王拒绝支付这些印度之行失败者的养老金。公元1506年5月20日,55岁的哥伦布在巴利亚多利德去世。

● 一个葡萄牙人发现了哥伦布的土地

克里斯托弗·哥伦布从来就不知道,他发现了一片新的大陆。这片新世界,即美洲,于公元1507年以另外一位意大利航海家的名字命名,即佛罗伦萨人亚美利哥·韦斯普奇(Amerigo Vespucci)。亚美利哥·韦斯普奇早在哥伦布生前就曾沿着南美洲海岸航行过。

恰恰是一个葡萄牙人发现了那条哥伦布没能找到的前往印度的海上之路:即瓦斯科·达伽马(Vasco da Gama)。他的国家葡萄牙与西班牙争夺海上霸权。他航行绕过非洲南端的好望角,然后继续向东航行。公元1498年,瓦斯科·达伽马到达了印度的卡利卡特。

卢西塔尼亚人的英雄

他实现了哥伦布曾梦想完成的事情：经过漫长而艰难的海上航行之后，他真正到达了印度，帮助他的国王赢得了其竞争者西班牙所获得的实力。总之，我们的这位冒险家选取了与热那亚人哥伦布完全相反的一条道路，航行到达了东方。

他的发现不仅给葡萄牙国王带来了财富，而且使他的国家拥有了16世纪时世界上最强大的贸易实力。尽管许多人为此付出了生命的代价，但是直到500年后的今天，葡萄牙人仍把他尊崇为民族英雄。他的家乡最著名的那座桥是以他的名字命名的。位于里斯本市贝伦区的著名的杰洛尼莫修道院是为了纪念他才建立的。在他航行回来之后，国王伊曼努埃尔一世命人于公元1497年在矗立着一座教堂的那个位置修建了杰洛尼莫修道院。就是在这座教堂里，这位伟大的航海家曾于他启程的那一天，即公元1497年7月8日，向上帝祈求帮助。在他公元1524年逝世之后，他的骸骨也被带回到这里。

就连葡萄牙最伟大的诗人路易斯·瓦斯·德·卡蒙斯也向他表达了崇敬之情：在长达十个诗节的英雄史诗当中，即《卢西塔尼亚人之歌》，他为这位葡萄牙最著名的航海家树立起一座文学的丰碑。今天，人们如果沿着印度或东非的西海岸航行的话，就会在许多地方遇见关于他的遗迹：在位于当时的卡利卡特和孟买之间的果阿还存留着一个由他所建立的带有修道院和教堂的富丽堂皇的城市的遗址。肯尼亚古老的蒙巴萨耶稣堡博物馆还在诉说着这位葡萄牙人的故事。在马林迪矗立着一座巨大的纪念碑来纪念他。

瓦斯科·达·伽马：通往印度的海上航路的发现者

生于公元1468年，锡尼什
卒于公元1524年12月24日，柯钦

真是丢人，长成这模样！一个瘦小的家伙带着珠光宝气的手镯，脖子上挂着一串由华丽的珍珠和闪闪发光的红宝石串成的项链，轻蔑地盯着这位来访者。当这位头上戴着奇怪的硬币的来访者向其展示他那微不足道的礼物的时候，扎莫林傲慢地想道："你的主人一定是个很没用的国王！"。几串珊瑚项链、几个玻璃珠子、一盒糖和几块彩色的料子！难道这就是所有的东西吗？这简直就是一种侮辱！

他满脸懊恼地看着面前的这个人。瓦斯科·达·伽马压根就没有料到，会在印度遇到一位如此傲慢的统治者。当年哥伦布受西班牙皇室派遣到达所谓的"西方的印度岛"的时候情况是怎样的呢？据说，他用几个可笑的玻璃珠子、钟表以及红色的硬币就把印第安人驯服了。现在却是这种情况！这里肯定有什么地方不对劲……

葡萄牙人瓦斯科·达·伽马意识到：如果想要取得此次传教活动的成功的话，现在就需要发挥他的外交技巧。他必须尽快想出点法子！他一再向这位卡利卡特的满身珠光宝气的统治者道歉。他的国王的礼物实际上是非常丰富的，令人悲痛的是，在来的路上，载着礼物的那艘船由于一次巨大的风暴倾覆了。尽管如此，他还是想以国王伊曼努埃尔一世的名义询问一下，两国将来是否可以进行贸易。

扎莫林面带夸张的笑容倾听着瓦斯科·达·伽马的讲述。最后，他讲道："或许可以。我国富产肉桂、生姜、辣椒和宝石，但是却缺少黄金和白银。同时，我也很喜欢朱红色的布料。如果你们有这些东西的话，或许我们可以进行贸易。"用香料来换黄金？像扎莫林列举的那几种香料在16世纪初的时候的确像贵金属一样昂贵。

"寻找基督徒和香料！"基于这样的使命，公元1497年7月8日，葡萄牙国王伊曼努埃尔一世在里斯本命令瓦斯科·达·伽马启航。瓦斯科·达·伽马受命寻找通往印度的东行路线，而且要尽快找到！葡萄牙人总不能听任曾派遣哥伦布向西寻找印度的西班牙人与东方进行获益颇丰的黄金贸易。此外，人们在里斯本听说，热那亚人哥伦布的旅行并没有取得成功。无论如何，西班牙人并没有找到传说中的香料之国。

谁能够得到这些昂贵的草药、花卉和树根的话，谁就会变得富有。因为自从穆斯林阻塞了欧洲人通往东方的陆路之后，欧洲就一直缺少胡椒粉、丁香花和肉桂。现在，阿拉伯商人们把他们的商品从东方运到地中海，这样他们就取得了这些异国香料的垄断权。此外，他们也更喜欢与威尼斯商人们进行贸易。威尼斯商人们自然会再次抬高价钱。

基督徒们的情况是怎样的呢？葡萄牙统治者希望在瓦斯科·达·伽马的帮助下找到传说中的皇家祭司约翰尼斯。马可·波罗曾经报道过他，据猜测，他可能在非洲或亚洲。国王伊曼努埃尔一世承诺说：与约翰尼斯结盟，在他的的帮助下，向东方扩展自己的势力将会是轻而易举的一件事。

为什么国王偏偏选瓦斯科·达·伽马来进行这一次探索之旅呢？15世纪末，这位熟悉航海的葡萄牙人令人无法理解地摇了摇头。然而，还有更有经验的人来完成这样的传教活动：巴托洛梅·迪亚斯。他曾于公元1488年找到了非洲的最南端，并且第一个航行绕过了那个地方。每一个人都害怕托门托所岬角，即"风

香料是东方的黄金，因为他们是那么昂贵。

暴角"。因此，伊曼努埃尔的前任约翰二世把这个角更名为"好望角"。从此，在非洲的最南端矗立着一块牌子，一个刻有葡萄牙徽章和十字架的石头柱子，这是里斯本在地球的这个位置的权利的象征。在巴托洛梅乌·迪亚斯发现好望角回来之后，他命人绘制了直到当时还不为人知的长达2200千米的沿海地区的海岸线的地图。这一次，他只能为瓦斯科·达·伽马建造船只了。

或者是冒险家佩德罗·德·科威尔豪。他会说阿拉伯语，曾于10年前陪同麦加朝圣者跨越印度洋返回故里。此外，他发现了印度港口果阿。果阿是当时人们进行阿拉伯马贸易的中心。他经过埃及，带着有趣的新闻，从东方回到了家乡。

没有人能够解释清楚，红色脸庞的瓦斯科·达·伽马是如何被挑选出来完成此次任务的。有几个人认为，是他的父亲，民事总督埃斯特旺·达·伽马或者是他的哥哥保罗把这次任务让给了他。或许，伊曼努埃尔一世也在想，现在更需要一位外交官和士兵来担任能够挑战风暴的水手。总之，路线是熟悉的。

后来的事情证明，国王此次的决定是非常幸运的一次决断。达·伽马取得成功之后，他被人称为"幸运的伊曼努埃尔"。

但是，这位航海家很少使用外交技巧，而是更多地采用强权和残暴，他为葡萄牙打开了夺取海上霸权的通道，这一点又打扰到谁了呢？很多人丢失了性命吗？有一次，达·伽马甚至把一艘载有300名麦加朝圣者的船只淹没在印度洋里，其中有很多妇女和儿童。

当瓦斯科·达·伽马于公元1497年率领四艘船只启航的时候，他29岁。公元1468年，他生于葡萄牙大西洋南岸的港口城市锡尼什，然后在国王所在的城市埃武拉长大。他学习过天文学和航海学，并成为一名士兵。公元1492年，他被任命为海军军官。

关于达·伽马是如何生活的，以及他是否有自己的家庭这一点无人知晓。但是，可能的一点是，他把哥哥保罗在这次冒险之旅中一同带到了印度。达·伽马担任"圣·加布里埃尔号"的总船长。哥哥率领着"圣·拉斐尔号"。这两艘船都是吨位达100吨的三桅式卡拉维尔帆船。力量更小的是"贝里奥号",这艘船由经验丰富的船长尼古拉斯·科埃略率领。第四艘船是一艘重达200吨的补给船。船上储备着三年用的物资,为一切可能遇到的困境做好了准备。没有人知道,等待着这支四艘船只的载有近200人的队伍的到底将是怎样的冒险经历。

就在距今不久的过去,人们相信,在南部海域中有巨兽。令人恐怖的惊涛骇浪,和其他一些令人毛骨悚然的动物会消灭掉一切侵犯它们领域的生物。因此,人们计划要绕很长的路。针对一些其他的棘手问题,船上也预备了几个囚犯:如果已经可以很好地支配这些毫无价值的恶棍的话,为什么还要让自己的人在第一次登上异域土地的时候冒着生命危险呢?

但是,即使是原本的那些船员们也意识到:千万不要跟他们的总船长开玩笑。有一次,无情的风暴卷起巨浪使他们的船只像球一样在海上飘荡。水手们逃跑了,远离风暴转弯向南部航行。达·伽马威胁道:"我在里斯本发过誓,绝不离开航线半寸。下一个人如果胆敢再次向我提出这样的建议,我一手把他扔到海里去。"15年后,水手加斯帕尔·科雷亚在一份令人震惊的旅行记录中这样描述道。在其他地方加斯帕尔·科雷亚还讲到了当一些水手因为精疲力竭而死去,其他人抱怨说应该掉头返回的时候所发生的事:将军只是尖叫道:"即便是死了一百人,我宁愿沉没海底,也不要掉头回去!"

瓦斯科·达·伽马的暴怒情绪是反复无常的。有一次,在一次叛乱即将发生的时候,尽管海浪滔天,达·伽马把所有船的领队带上他的"圣·加布里埃尔号"保护起来。他假装说,他们需要在"圣·加布里埃尔号"上为日后向国王辩解签下姓名,即不可能继续前行了。当所有人都来到船舱里的时候,达·伽马却把他们都锁起来,把他们的导航仪全部扔进海里。巨大的恐慌蔓延开来。达·伽马狂妄地想:"我们为什么需要导航仪啊?上帝自

> 坏血病是一种严重的船员病。坏血病爆发，是因为船上没有水果和蔬菜。人体缺乏生命所必需的维他命C。

会引领我们到达印度海岸。"

两年以后，第一次印度探索之旅结束的时候，当时200名水手中，只有三分之一的人能够再次看到自己在葡萄牙的故乡。其他人由于精疲力竭和疾病都去世了，主要是坏血病折磨着船员们：数月之久缺少新鲜的蔬菜瓜果，这要了许多人的性命。尽管如此，公元1499年，达·伽马在回到葡萄牙的时候作为民族英雄接受了庆祝，并且，此后又被派遣进行第二次印度旅行。

接下来，他必须要战胜第一次冒险。这发生在他们冒着大雾启航不久。瓦斯科·达·伽马自己驾驶着"圣·加布里埃尔号"迷失了航线，与其他船只失去了联系。于是，他开始动身前往已经约定好的紧急汇合地。直到10天以后，船队才在佛得角群岛再次汇合。之后，船队沿着西南海岸线驶向大西洋。达·伽马想以此来躲避非洲西部沿岸的危险大风。据说达·伽马航行了600海里到达了南美沿岸，之后又转向东方航行。他们在海洋上航行了4个月。最后，船队终于可以在圣·海伦娜湾，即离今天的开普敦200千米的地方停泊。在这里，他们找到了向导，装载上新鲜的饮用水。当布须曼人好奇地跑向海滩的时候，达·伽马派遣一名水手去打探霍屯督人的村庄。接下来发生了争执，派去的那名水手不得不逃走了。接下来，在岸上打斗的时候，达·伽马的腿受了重伤。葡萄牙人迅速撤回到船上，匆忙地再次下海航行了。

11月22日，船队绕过好望角。那里有一块危险的礁石。在今天的莫塞尔湾，船队再一次来到陆地。因为莫塞尔湾有巨大的畜群，所以葡萄牙人把这里命名为"牧人湾"。达·伽马决定，只驾驶着三艘卡拉维尔帆船继续航行，把那艘沉重的补给船拆卸掉。水手们再次停靠在霍屯督人的领地，毫无疑问，他们缺少饮用水。达·伽马命人迅速地立起一块牌子，然后又继续向北航行。

在莫桑比克，这些入侵者遇见了阿拉伯人的一个重要的贸易中心。对于这些阿拉伯人而言，印度洋就像是欧洲人的地中海一样重要。达·伽马为他在这里看到的财富而兴奋："在克里马内港停泊着一些大型船只，船上载满了黄金、白银、丁香花、胡椒粉、生姜、银戒指、珍珠和红宝石。"，他在航海日志中这样记录道。看起来，似乎有一场友好的招待会在等待着他们。最后，一艘载有橙子的独木舟向葡萄牙人驶来。然而，当他们来到岸上取水的时候，阿拉伯人粗鲁地辱骂这群外来者。达·伽马毫不犹豫地命人向苏丹的士兵发射了几门大炮，然后继续航行。至少，此前他还把一名迷失者抓到了船上。"圣·加布里埃尔号"的船员们把这位迷失者扔在了莫桑比克的沙滩上。为了惩罚他，达·伽马命人把他绑起来拷打。

在他们所停泊的海岸上，他们再次感觉到这片土地很亲切。船员们夜间所看到的向"圣·加布里埃尔号"游来的金枪鱼群，实际上是牙齿间戴着刀具的人，他们想要登上船来。于是，船队立即启航，在半路上劫掠了一艘商船，最后，向马林迪驶去。可能那儿的苏丹听说了这次打劫事件，他自愿向达·伽马提供援助。他为达·伽马找来一名新的迷路人。七天以后，即4月24日，葡萄牙人向东在印度洋上行驶。5月20日，船队到达印度的马拉巴海岸，然后到了卡利卡特在那里，扎莫林为达·伽马举行了令人尴尬的招待会。

扎莫林并没有表示不愿与葡萄牙人进行贸易，但是他也不想损坏与阿拉伯伙伴的关系。最后，卡利卡特的统治者扎莫林交给达·伽马一封他写给葡萄牙国王的信件。但是，这些外来的船只只有缴纳了保护税他才会放行。达·伽马拒绝了。相反，他抓捕了几个印度人作为人质，逼迫扎莫林释放了他的船队。公元1498年8月29日，葡萄牙人再次踏上回家的旅途。

这一次，路途比来的时候更加艰难。他们逆风行驶，速度远比此前计划的要慢得多。船上的食物不多了，船员们像苍蝇一样死去。最后，根本没有足够的船员来操纵三艘船只。所以，他们把"圣·拉斐尔号"在肯尼亚海岸焚烧了。

然而，瓦斯科·达·伽马自己也付出了失去亲人的代价：在回来的旅程中，他的哥哥保罗身患重病，因此，他不得不向亚速尔群岛行驶。公元1499年7月10日，"贝里奥号"独自回到了葡萄牙。保罗·达·伽马去世了，瓦斯科·达·伽马把哥哥葬在了特塞拉岛。直到9月9日，"圣·加布里埃尔号"才载着它的总船长瓦斯科·达·伽马回到了里斯本。

这是怎样的一场招待会啊！国王伊曼努埃尔一世任命达·伽马为维第格拉的伯爵以及"印度洋上的海军上将"。从现在开始，这位冒险家可以自称为"多姆·瓦斯科·达·伽马"了。仅在一年之后，国王再次派遣13艘船只组成的船队前往印度，这支船队在卡利卡特南部的柯钦建立起了一个贸易站。

公元1502年，达·伽马才再次出海。这次，他率领一支巨型战舰，想要占领整个马拉巴海岸。他把卡利卡特夷为平地。他在沿海派遣了巡逻舰。这样，葡萄牙人统治了西印度洋，摧毁了一座数百年的阿拉伯贸易中心。在接下来的10年中，里斯本统治了整个东南亚地区：从锡兰，经过印度尼西亚、马来西亚以及摩鹿加群岛，直到北面的中国。

20年后，即公元1524年，达·伽马进行第三次也是最后一次东方之旅，在此期间，他被任命为葡萄牙属印度的总督。这一次，他自己在那里丢失了性命。公元1524年12月24日，在一次冲突中，柯钦州长开枪射死了达·伽马。直到今天，人们在圣佛朗西斯教堂仍然能够瞻仰他的墓碑。几年以后，他的骨灰被带回其大西洋彼岸的家乡，安葬在贝伦教堂。

● 殖民统治者的漫长阴影

由瓦斯科·达·伽马（Vasco da Gama）开启的葡萄牙殖民时代直到上世纪才结束。直到1976年，葡萄牙属东帝汶才得以解放。就在同一年，澳门也从殖民版图上脱离。但是，此后澳门仍被葡萄牙管理了23年。自1999年开始，澳门归中国所有。同样，直到上世纪70年代，葡萄牙属印度、几内亚、莫桑比克、安哥拉以及加那利群岛才获得了独立。由于饱受欧洲殖民统治者长达数百年的异域统治，这些国家中的许多国家直到今天都没能赶上时代的步伐。

太平洋的致命毒药

"太平洋"，即和平的海洋！这个人意识到，是什么在这里等待着他。他从来没有见过这片受诅咒的水域如此平静！但是，最后几个月的经历却如此可怕。当他一看到这片出现在眼前的大洋，他就充满幸福和感激地跪了下来，开始哭泣。他认为，现在，他和他的船队已经最终度过了此次探险之旅中最艰难的部分。由于饥饿，他们不得不吃船上的老鼠、皮革以及企鹅。现在有希望了：还有一个月的路程，他们此次远行的目的地就要到了。

这是多大的误会啊！事实上，摆在他们眼前的是三个月，情况更加糟糕。他的船员们由于饥饿和口渴精疲力竭，渐渐绝望了：四周弥漫着的是水，水，还是水。他们的船下潜伏着一个延伸到海底的深达11000米的深渊。如果水手们意识到，他们恰恰是在那个深渊，即在海洋的最深处的洋面上航行而过，可能就会产生恐慌。

在他们终于再次发现大陆的时候，我们这位冒险家的生命已经快要走到了尽头。当他们企图劝说今天菲律宾岛屿——马克坦岛上的居民皈依基督教的时候，他被毒箭射中，去世了。他永远不可能再知道，他的此次探索之旅证明了什么：地球真的是球形的。他再也没能回到西班牙的故乡。尽管如此，人们把他看作是第一个绕地球航行一圈的人。太平洋保留了他所命名的名字。

费迪南德·麦哲伦：环球航行的第一人

生于公元1480年，萨布罗萨市
卒于公元1521年4月27日，马克坦岛

他们还能奢望什么呢！牌子上写着"装载了家禽、红薯、许多菠萝、味道像牛肉一样的貂肉、甘蔗以及无数其他东西"！安东尼奥·皮加费塔如此醉心地在日记中谈到这次狂欢。为了此次宴会，这些东西是费迪南德·麦哲伦船长和他的船员们在里约热内卢装上船的。

但是此后不久，为了不至于饿死，他们就不得不吃"不会飞的鹅"以及"没有腿的海狼"了。安东尼奥·皮加费塔在这里指的是企鹅和海豹。然而情况还有更糟糕的呢：船上的老鼠也成为难得的美味佳肴。后来，木头的锯末粉也成为船员们填饱肚子的唯一食物。总要有点塞牙缝的东西吧。最后，他们甚至把船上套帆具的牛皮带泡在盐水里，拿来充饥。

安东尼奥·皮加费塔是一位意大利贵族。感谢他的记载，人类得以了解费迪南德·麦哲伦于公元1519~1522年举行的环球航行是如何进展的。安东尼奥·皮加费塔是当时234个人中成功活着回到西班牙出发地的18个人当中的一个，其他人都丢掉了性命。尽管如此，地球面积因为此次航行变得更大了：麦哲伦的此次冒险旅行没能为西班牙卡斯蒂利亚国王卡尔一世以及后来的德意志国王卡尔五世带来他们所期望的财富以及对于远东太平洋上令人向往的"香料群岛"的统治势力。

冒险家麦哲伦本想通过此次东方的海上航路到达香料群岛，以此为西班牙王室取得那里的统治权。葡萄牙人已经从印度出发到达了那里。而且，麦哲伦自己也是葡萄牙的子民。然而麦哲伦在自己的家乡受到了侮辱，所以他开始为西班牙效忠。因此他一直坚信，西班牙才真正应该成为这片群岛的所有者。

教会把当时已为人所知的世界从伊比利亚半岛的两个发现国（指西班牙和葡萄牙——译者注）中间划分开来：葡萄牙拥有所有通往东方的海上航路沿岸的土地，西班牙拥有通往西方的水路所能到达的一切土地。除了大西洋之外，地球的另一端还有一个巨大的海洋，这一点在当时还是不为人知的。同样，也没有人知道，人类可以一次性地绕地球航行一周。然而麦哲伦却相信，这一点是可以实现的。他关于天文学和航海学的知识带给他这样的念头，即要找到这样一条通路。他向西班牙皇室提出了该请求。

公元1480年，费迪南德·麦哲伦出生于特拉斯·奥斯·蒙特斯省的萨布罗萨市，他是市长的儿子。他的父母瑞·德·马加良斯和阿尔达·德·麦斯奎塔是葡萄牙北部没落的贵族。在他12岁的时候，他来到葡萄牙宫廷做了一名侍从，后来又成为了一名士兵。当时是瓦斯科·达伽马进行发现之旅的时代。因此，有些葡萄牙青年人也梦想着航行前往异国他乡。

费迪南德·麦哲伦25岁的时候有了这样的想法。当时，他有幸作为一名水手陪同葡萄牙属印度第一任总督弗朗西斯科·德·阿尔梅达前往印度。公元1509年，费迪南德·麦哲伦参加了第乌的海战。此次战争以后，里斯本赢得了印度洋的统治权。一年以后，麦哲伦陪同阿尔梅达前往马鲁古群岛。由于他的导航才能，他被任命为船长。此外，在他的领导下，因为他有一次用强硬的手段制服了一支叛变的队伍，给人留下深刻的印象。同时，后来麦哲伦一直使用残暴手段这一点也让他名声大振。

弗朗西斯科·德·阿尔梅达被免职了，但是费迪南德·麦哲伦却一直留在了宫廷里。现在，他的新上司是印度总督阿尔方索·德·阿尔布凯尔克。公元1511年，麦哲伦与他一起经过6周的交战占领了马六甲海峡。葡萄牙人把这个马来西亚半岛上香料贸易的中心地带夷为平地。

公元1513年，麦哲伦回到里斯本，迅速准备第二次征战。这一次的目的是要镇压摩洛哥的摩尔人的起义。费迪南德·麦哲伦一生都不会忘记这次战役：在这次战斗中，他的腿伤势严重，从那时起，他成了跛脚。由于他的勇敢，当时33岁的费迪南德·麦哲伦得到一份特别的报酬。此次战役胜利后，他没能得到梦寐以求的提拔，与此相反：人们指责他想要发起暴动。因此，国王伊曼努埃尔一世拒绝发给他额外的报酬。麦哲伦对此非常气愤，于是，他离开了自己的国家，并于公元1517年来到了西班牙。在西班牙，他在国王卡尔手下任职。

当时，西班牙负债累累，因此，抢夺葡萄牙人在远东香料贸易方面的霸权十分诱人。很可能的一点是，费迪南德·麦哲伦对于塞维利亚高官的女儿比阿特丽丝·巴尔博萨的爱意以及卡斯蒂利亚国王对费迪南德·麦哲伦这位葡萄牙船长的充分信任也起了推动作用。他们二人结了婚，并生下一个孩子，即罗德里戈。但是，并不是每一个西班牙宫廷的人都相信这位葡萄牙的外来人的此次旅行。后来，麦哲伦在海上航行时仍能感受到这种不信任。

公元1518年，麦哲伦成功说服西班牙国王为他的探险之旅配备了5艘船只。即麦哲伦所乘的旗舰"特立尼达号"，由胡安·德·卡塔赫纳担任船长的"圣安东尼奥号"，卡斯帕·德·克萨达率领的"康塞普西翁号"，路易斯·德·门多萨率领的"维多利亚号"以及麦哲伦的朋友若昂·赛劳率领的"圣地亚哥号"。麦哲伦与西班牙国王签订了一项利益丰厚的条约：他将会得到他此行所获得的财富的五分之一。在接下来的10年中，西班牙不准再向摩洛哥派遣其他人员。并且，他的儿子将会担任所发现的国家的总督。

公元1519年8月10日，载有234名船员的船队离开塞维利亚，沿着瓜达尔基维尔河行驶，于9月20日从圣卢卡德巴拉梅达出发驶进海洋。在船上，日记记录者安东尼奥·皮加费塔写道：麦哲伦是一个"小心谨慎的人",他可能是想通过谨慎行事,令他的船员们不至于由于震惊和害怕而不愿陪他进行如此漫长的旅行。

在加那利群岛停留了一会后,船队又沿着西非海岸航行。船队在几内亚湾掉转方向向西行驶,到达了巴西。12月13日,船队在里约热内卢的海湾停泊。他们到达时,里约热内卢两个月以来第一次下雨,所以当地土著居民把这些外来者奉为神灵,并为他们准备了文章开头所谈到的丰盛的餐饭。麦哲伦希望,可以在这里发现他们正寻找的海峡。该海峡引领他们到达那片能够从东方前往摩洛哥的水域。然而他所以为的海峡只不过是拉普拉塔河的河口。1月中旬,船队继续向南行驶。他们始终在寻找一条海峡,然而,却没能成功。

3月份,船队在圣胡安港停泊,因为寒冬提前到来了。此处一点都不迷人,而是十分阴暗荒凉。水手们开始抱怨,并且引发了叛乱。物资的储备不够用了,麦哲伦下令减少口粮。"维多利亚号"、"康塞普西翁号"以及"圣安东尼奥号"的西班牙船长们抗拒葡萄牙人麦哲伦的这一命令。麦哲伦用残酷的惩罚做了回应:他命人打死了"康塞普西翁号"的船长路易斯·德·门多萨,并将其分尸。卡斯帕·德·克萨达被处死,胡安·德·卡塔赫纳被带上岸去,独自留在了那里。

船队在圣胡安港停留了7个月,中间也进行过短暂的探索航行。"圣地亚哥号"搁浅,船员们逃亡内陆。麦哲伦派了一支搜寻队,最终找到了那些逃兵。接下来就是以他们的名字命名的南美洲的最南端,即"巴塔哥尼亚":水手们突然站到了一群巨人们面前。这些人是那么高,以至于欧洲人的身高只及他们的臀部。麦哲伦称这些土著居民为"大脚人",葡萄牙语中"大脚人"的发音听起来就像是"巴塔哥尼亚"。

终于,10月份,仅还有4艘船只的探险队再次出海并于10月21日到达了"处女角"。在那里,麦哲伦终于找到了巴塔哥尼亚和火地岛之间的海峡。火地岛也是麦哲伦命名的。船长麦哲伦以为，他在那里远远地看见了火光。

这条通道虽然只有600千米长，却很难通过：刺骨的寒风向水手们迎面吹来。这条海峡多岩石，而且十分狭窄，大雾弥漫。这支西班牙船队用了38天才穿越这条海峡。"圣安东尼奥号"没有通过这条海峡，而是悄悄掉头，从这条海峡转向回家去了。后来，第一次穿越这条海峡之后，南美洲最南端的这条海峡被命名为"麦哲伦海峡"。

公元1520年11月28日，当船队终于再次到达大洋的时候，欢呼声震天。这是因为，麦哲伦向水手们承诺，他们将会最迟一个月内到达陆地。他们相信，目的地就快到了。相反，接下来的路途却是预想的3倍之多。今天，我们知道，麦哲伦肯定非常倒霉：他带领他的船队航行经过了世界海洋上岛屿最富集的地区，却一座岛都没遇上。

公元1521年3月6日，又饥又渴的船员们看见了"强盗岛"。麦哲伦之所以这样命名，是因为岛上的土著居民企图盗窃他们的救生艇。这座岛屿群中，其中有一座是今天的关岛。西班牙人在关岛登陆。在他们前往菲律宾群岛之前，他们终于可以享用新鲜的淡水、水果以及其他的一些食物。他们在宿务岛再次停泊。麦哲伦命令当地的国王皈依基督教，国王却反抗西班牙人。现在，西班牙应该成为这片土地的主人。这惹恼了邻近的岛屿马克坦岛上的居民。他们发起了反对宿务岛和外来入侵者的起义。为了镇压此次起义，麦哲伦亲自前往马克坦岛。还没等到达的时候，他被一支染了毒液的箭射中。公元1521年4月27日，麦哲伦逝世。他手下的人用礼品引诱马克坦岛的居民，至少，也要得到总船长麦哲伦的尸体。但是，一切都是徒劳！

仅在几天之后，宿务岛的居民也起身抵抗西班牙人。其中，30名水手丢失了性命。幸存下来的人沉毁了"康塞普西翁号"，以使该船不致于落入起义者的手中。然后，他们乘着"维多利亚号"和"特立尼达号"逃走了。只有一艘船只，即"维多利亚

麦哲伦把巴塔哥尼亚和火地岛之间的这条海峡命名为"Estreito de todos os santos"，即"最神圣的海峡"。在穿越这条海峡的时候，船员们向所有的神灵祈求援助。

号",成功完成了环球航行。"维多利亚号"于公元1522年载着仅有的18名水手回到西班牙。"特立尼达号"试图沿着他们来时的路航行回家,但却被海盗劫掠。此后,又过了三年,"特立尼达号"才载着5个人回到家乡。

● 把"麦哲伦"发射到金星

险恶的浅谈、持续的风暴以及漫天大雾,此外还有很多宽度不到三米的危险窄湾——麦哲伦海峡极难通航。尽管如此,400年来,麦哲伦海峡一直是大西洋和太平洋之间唯一一个、也是最重要的一个海峡。今天,麦哲伦海峡属于智利。

直到1941年8月15日,中美洲的巴拿马运河通航时,在这两个大洋之间自东向西航行才容易起来。

在20世纪,麦哲伦依然受到尊敬:美国人把他们发射到金星的一颗空间探测器以麦哲伦的名字命名。1990年,"麦哲伦号"进入行星轨道。在"麦哲伦号"的帮助下,人们得以对金星的整个表面进行测绘。对于"麦哲伦号"而言,这是一次没有回程的旅行:1994年,"麦哲伦号"在大气层中烧毁了……

对黄金的极端贪欲

公元1502年,本来他应该陪同哥伦布进行第四次"西印度"之旅的。但是由于他的好色给他带来了厄运。在一所女生寄宿学校里,一夜,他企图通过梯子爬进意中人的房间。另一种说法是:他想要进入一位已婚女士的房间。然后,这个为爱痴狂的冒失鬼就被逮住了。他不得不逃走,从梯子上摔了下来,伤了腿。真倒霉!或者不算倒霉?要看人们怎么想了……

如果当初这个西班牙人陪同哥伦布进行航行,或许他自己就永远不会获得世界声誉。因为,17年后,这位冒险家自己从古巴出发前往墨西哥。由此,他成为西班牙最著名的征服者之一。这位征服者是位入侵者,是一个接受西班牙国王派遣、对美洲进行殖民统治的侵略者。我们这里所谈到的这个人是如此成功,以致于西班牙通过他在16世纪时对美洲的入侵成为当时世界上最富有的国家。由于西班牙人对黄金的贪婪,墨西哥阿兹台克人付出了生命的代价,因为西班牙人的入侵,一个有着数百年古老文化的高度发达的民族消失了。那些幸运地逃脱欧洲侵略者大屠杀的人都沦为了奴隶。

恰恰是一位来自于被征服的民族的女奴隶帮助这位英雄取得了成功。最初时,她是这位英雄的情人。后来,因为她会讲这里的语言,所以身为翻译者的她作为敌方最重要的顾问参与了攻打自己民族的战役,这次战争归根结底是为了争夺黄金和白银。

埃尔南多·科尔特斯：阿兹台克人的毁灭者

生于公元1485年，麦德林
卒于公元1547年12月2日，塞维利亚

什么？他把一切都准备好了。这是一艘有最完善装备的船。并挑选了100人作为船员。500名士兵佩戴了弓和箭，甲板上还安装着14门大炮以备使用。甚至，埃尔南多·科尔特斯也想到了如何迅速向岸上逃脱，他在甲板上装载了16匹马。现在，他必须留在这儿，把这次大有作为的探险旅行的总指挥权转交给另一个人？他从没想过会发生这样的事！他绝不愿意向指挥官所作出的决定屈服。最终抉择时，公元1519年2月18日，埃尔南多·科尔特斯登上甲板，交出了指挥权。

当这支大型舰队驶出圣地亚哥港的时候是多么壮观的景象啊！岸上的人是多么兴奋！这座岛的总督迭戈·贝拉斯克斯立刻命人开动另一艘船只，并且派遣他的士兵们跟在埃尔南多·科尔特斯后面。他的命令是：让他停下来！埃尔南多·科尔特斯被逮住拽了回来！已经太迟了，埃尔南多·科尔特斯再也不可能追上那支舰队了。

埃尔南多·科尔特斯一直是这样一个人：野心勃勃、脾气暴躁、顽固不化。这位来自卡斯蒂利亚的贵族是西班牙埃斯特雷马杜拉省一个没落伯爵的儿子。他于公元1485年生于麦德林。从最开始，他的父母就很担心这个行事鲁莽的孩子。早在青年时代，埃尔南多·科尔特斯就被看做是一个粗心大意的但却十分聪明的人。因此，他在格拉纳达学习了法律。此外，他就是个流氓：他从来都不是一个君子，任何女人在他面前都是不安全的。那么是什么给他带来了声誉和名望呢?图谋不轨失败后从梯子上摔下来对于这位当时17岁的莽汉来说只是一次普通的小事故。尽管埃尔南多·科尔特斯因此没能参加著名的哥伦布考察旅行。那又怎样呢?还会有其他的冒险活动等着他!谁能够阻止他呢?

埃尔南多·科尔特斯的一生都是成功的。如此放纵,如此迷人。他对那些想挡他去路的人那么残暴,那么血腥。对他而言,他的一生都是个人的成功。

公元1519年2月18日,在埃尔南多·科尔特斯从古巴启程去征服墨西哥的时候,情况同样如此。公元1511年,迭戈·贝拉斯克斯带领他的顾问和助理埃尔南多·科尔特斯从西班牙出发前往古巴,想把古巴岛侵吞为西班牙所有。埃尔南多·科尔特斯肯定为他的主人做了很多事情:主人赐予他一座属于自己的房屋,并且把新建的巴拉科亚的印第安奴隶赐给了他,甚至任命他为这座城市的首任市长。然而,迭戈·贝拉斯克斯的星星就要陨落了:古巴没能给西班牙王室带来他们所期待的财富。

西班牙人想要墨西哥的黄金。

因此,埃尔南多·科尔特斯的主人迭戈·贝拉斯克斯派他的侄子胡安去墨西哥沿岸打探,是否可以在那里找到黄金。胡安带回了一个好消息,据说,这片大陆的内部有一位富有的国王。在那儿可以找到点什么!埃尔南多·科尔特斯是最佳人选:仅在三个月之内,34岁的他就装备了11艘船只,准备征服墨西哥。他是如此激动奋发,野心勃勃。此后不久,二人就都不再忠于迭戈·贝拉斯克斯了。船队出发之前,迭戈·贝拉斯克斯任命埃尔南多·科尔特斯为这支队伍的指挥官。埃尔南多·科尔特斯求之不得!就在当天,他命令道:"解开绳子!",然后朝墨西哥的方向驶去。

船队首先航行绕过尤卡坦半岛。然后,埃尔南多·科尔特斯在格里哈尔瓦河的入河口处第一次停泊。他的船员们遇见了一个名叫塔巴斯科的印第安殖民地,并受到了热情接待:这些土著人送给埃尔南多·科尔特斯20名女奴隶,其中有一位对他非常有用：她名叫马丽娜，是阿兹台克人。在马丽娜还是一个孩子时，她就被卖到塔巴斯科的玛雅部落做奴隶。埃尔南多·科尔特斯把她收为自己的情人，她为其生下了一个儿子。埃尔南多·科尔特斯给儿子取名为马丁。

但是后来，马丽娜被墨西哥人称作"叛徒"。马丽娜不仅会讲玛雅人的语言，而且也会讲阿兹台克人和纳瓦特尔人的语言。她可以为埃尔南多·科尔特斯翻译。因此，在埃尔南多·科尔特斯侵略马丽娜祖国的时候，她担任其最重要的顾问。

埃尔南多·科尔特斯从马丽娜那里得知了塔巴斯科以及后来的其他城市的居民热情招待他们的真正原因：一方面，在特诺奇蒂特兰进行异域统治的阿兹台克人憎恨其他的墨西哥民族。另一方面，更重要的原因是，阿兹台克的国王蒙特苏马二世害怕他。根据他们民族的信仰，埃尔南多·科尔特斯来到这片土地恰恰是之前所预言的"羽蛇"重新归来的时刻：奎扎尔考赤（即羽蛇神——译者注）所称的这个神王曾于几百年前越过海洋离开了这里。公元1519年是预言中羽蛇从东方归来的时刻。对于阿兹台克国王而言，这也恰恰是他的国家没落的开始。

从塔巴斯科出发，埃尔南多·科尔特斯继续向北航行到达坎佩切湾。然后，他在维拉克鲁斯市登陆。随身携带着能够吐火的武器的"白人"到来的消息一直传到了特诺奇蒂特兰。为了能够使奎扎尔考赤远离自己的首都，蒙特苏马二世给这些外来者送了一封信：令他感到非常遗憾的是，他不能亲自在特诺奇蒂特兰欢迎客人们。穿越陆地，翻山越岭的旅途对他而言实在是太难了，所以他向客人们献上大量礼物、黄金以及白银以表达他的敬意。

蒙特苏马二世没有意识到，这样一来，他才真正激起了埃尔南多·科尔特斯对于阿兹台克人的财富的贪欲。现在，埃尔南多·科尔特斯熟练地准备好下一步的行动。西班牙人谨慎地与这些土著人交涉。埃尔南多·科尔特斯使所到之处的人激起对蒙特苏马二世的仇恨。阿兹台克人要向他们的神灵定期进献人祭。为了得到足够的给养，他们总是侵袭其他民族。然后这些人必须要作为贡品献给神灵。也就是说，阿兹台克人甚至屠杀孩童，以取悦他们的雨神流泪降雨。每年都要有好几千人牺牲于这样令人毛骨悚然的礼俗。埃尔南多·科尔特斯想要入侵蒙特苏马二世的国家，对其他家族而言，这恰恰是有利的。

但是，他们也害怕这些外来者：印第安人此前从没有见过马。埃尔南多·科尔特斯所带来的这些打着响鼻的庞然大物加深了他们这样的印象，即这些从海上来的白人一定具有特殊的力量。最好不要向他们挑衅。

西班牙入侵者埃尔南多·科尔特斯有这样的打算，即征服特诺奇蒂特兰。他不仅仅是想要为国王取得黄金，他自己也想拥有更多的势力。因此，他在维拉克鲁斯新建了一块属于自己的殖民地"新西班牙"，并且，他自命为该地的总督。对此，迭戈·贝拉斯克斯也没再说什么。此外，埃尔南多·科尔特斯派遣一艘船只，满载着阿兹台克统治者的礼物回到了欧洲。他命人递交了一封写给国王的关于对己方有利的占领殖民地的信件。

并不是所有的船员都同意埃尔南多·科尔特斯行径。他们始终是最初受迭戈·贝拉斯克斯的命令登船的。埃尔南多·科尔特斯识破了他们的诡计并向其展示了每一个将来反对他的人会遭遇的下场：他命人把起义者中的两个人吊起来，砍下其中一个人的双脚，当众鞭笞另一个人。然后，他点燃了剩下的10艘船只。这样，返回古巴的路就被切断了。现在，没有人再有机会逃脱，或者悄悄地把他的掠夺物送到迭戈·贝拉斯克斯手里。

8月16日，埃尔南多·科尔特斯带领500名士兵、16位骑士、6门大炮以及400名捆绑手脚的土著居民回到了特诺奇蒂特兰。在墨西哥高原，他征服了特拉斯卡拉。这又为他攻打蒙特苏马二世的战争增添了600人。

经过波波卡特佩特尔火山以后，埃尔南多·科尔特斯的军队临近特诺奇蒂特兰。当他的手下人看见海拔5000多米的燃烧着的山峰吐出火焰和灰烬的时候是多么震惊啊！更令人印象深刻的是西班牙人所看见的阿兹台克城的场景：它静卧在特斯科科湖中部无数岛屿中最大的一座岛上。富丽堂皇的塔楼高高耸入这座据说是当时世界上最大的城市的上空。公元1519年11月8日，埃尔南多·科尔特斯到达了这座城市的边境。水手们跨越大坝进入特诺奇蒂特兰城。好好歹歹，蒙特苏马二世还是友好地接待了他们。他仍然希望自己可以逃过这些"神人"到来就是自己的灭亡的预言。

阿兹台克国王送给埃尔南多·科尔特斯一座宫殿供他使用。并且，他允许这些外来者在城市内自由活动。西班牙人简直无法从震惊中摆脱出来：阿兹台克寺仅在黄金和白银的衬托下就熠熠闪光。特诺奇蒂特兰是一座金碧辉煌的城市，城市中间浸在水中，有运河横穿而过。到处都有花园，园中长满了茂盛的果树、蔬菜以及漂亮的花朵。这些名为Chihampas的游动花园躺在柳条上，通过这些柳条，植物的根可以一直生长进海底。尽管如此，它们看起来就像是在海上挪动。

到处都是友好的招待会——埃尔南多·科尔特斯命人在他的宫殿里安装了大炮。蒙特苏马二世手下的一位统帅没有简单地对此坐视不理：他逮捕了越来越多的埃尔南多·科尔特斯的士兵，砍下了他们的头颅。

于是，西班牙人埃尔南多·科尔特斯于11月7日在自己的宫殿里逮捕了蒙特苏马二世，同时逼迫他臣服于西班牙国王卡尔五世。在接下来的一个月，埃尔南多·科尔特斯命人搬走了特诺奇蒂特兰城里金碧辉煌的寺庙中的神像。同时，他竖立起十字架和基督教的神像。并不是所有的阿兹台克人都臣服了。为了威慑众人，埃尔南多·科尔特斯命人在大庭广众之下公开焚烧了几名反抗者。但是，官方而言，蒙特苏马二世仍然是阿兹台克人的国王。但实际上他是一个受埃尔南多·科尔特斯操控的傀儡。

然而，对这个国家的屠杀还没有开始。此外，5个月之后，

埃尔南多·科尔特斯：阿兹台克人的毁灭者　063

即公元1520年4月，其他方向又传来了新的令人气愤的事：从维拉克鲁斯市传来消息说，在那里，有18艘船只，承载着1000名士兵和两门大炮登陆了。这些人是迭戈·贝拉斯克斯从古巴调来的。这些士兵想要逮捕埃尔南多·科尔特斯，这样的话，古巴总督就能够获得"新西班牙"的统治权。

埃尔南多·科尔特斯迅速做出了应对。他把对特诺奇蒂特兰城的总指挥权转交给了西班牙人佩德罗·德·阿尔瓦拉多，并且给了他150名士兵。他立刻带领余下的部队向东行进。当日午夜，埃尔南多·科尔特斯突袭了迭戈·贝拉斯克斯的军队。迭戈·贝拉斯克斯的人虽然在数量上占优势，然而却不可能再有机会了。古巴来的那些备受打击的部队加入到埃尔南多·科尔特斯的行列。

西班牙人侮辱阿兹台克人的的神灵。

在此期间，佩德罗·德·阿尔瓦拉多再次挑起了阿兹台克人的反抗情绪。埃尔南多·科尔特斯的代理人佩德罗·德·阿尔瓦拉多突袭了一尊宗教火炬，该火炬表达了对古老神灵的尊敬。这令阿兹台克人很气愤。他们杀害了留在当地住处的西班牙人，选举蒙特苏马二世的弟弟奎特拉哈克为新国王。

当埃尔南多·科尔特斯的信使转告他这一消息的时候，他立刻返回了阿兹台克城。他也回到自己的宫殿，把蒙特苏马二世带到城门口，以使他呼吁其臣民冷静。然而，他们所等到的是一具四分五裂的尸体，丧失权力的国王被乱石砸死，倒在了地上。埃尔南多·科尔特斯不得不在夜里逃走了。对西班牙人以及捆绑住的特诺奇蒂特兰人而言，从这座城市的撤退以一场血腥屠杀结束：一些人死掉了，有的被阿兹台克人的箭射穿。其他人掉入海水中淹死了。许多人被逮捕了——这一次，终于为古老的阿兹台克的神灵献上了新鲜的血液。

后来，西班牙人称公元1520年7月1日到2日的这几个小时为"拉诺和特里斯特"，即"悲伤的夜晚"。

尽管累得要死，埃尔南多·科尔特斯还是逃跑了。即便损失惨重，西班牙人埃尔南多·科尔特斯一直都没有放弃。他带领残余的部队返回到特拉斯卡拉高原。在那里，他征集了新的士兵，做好了消灭特诺奇蒂特兰人的准备。从公元1521年5月开始，埃尔南多·科尔特斯的人包围了特诺奇蒂特兰城达四个月之久。他命人摧毁了阿兹台克人饮水用的导水管，切断了他们的食品供应道路，并向建筑物射击。被封锁的阿兹台克人由于饥饿和瘟疫体力消耗殆尽。8月中旬，他们投降了。

埃尔南多·科尔特斯下令拆毁整座特诺奇蒂特兰城。他命人在具有数百年历史的古老城墙的残垣断壁处，建立起新的墨西哥城：这座城市成为曾经如此强大的阿兹台克帝国的象征。

从阿兹台克出发，埃尔南多·科尔特斯占领了危地马拉、萨尔瓦多以及洪都拉斯。他从西班牙请来了传教士，使卡尔五世的"新西班牙"殖民地的印第安人都皈依了基督教。迭戈·贝拉斯克斯和他的追随者们永远都不会忘记，埃尔南多·科尔特斯曾镇压他们的运动。公元1528年，埃尔南多·科尔特斯被召回西班牙。他不得不去应对他人的指责，即不把新的殖民地交予皇室。他依然能够反驳这种怀疑。公元1540年，他终于再次回到古老的故乡。宫廷里的嫉妒者们阻止了他获得新西班牙总督的称号，只授予了他"瓦哈卡伯爵"的头衔。

因失望、忧愤而又饱受疾病的折磨，埃尔南多·科尔特斯，这位西班牙皇室最成功的占领者于公元1547年在其塞维利亚的家中逝世。

● 古墨西哥城遗留下什么

今天，墨西哥很少有印第安人了。印第安人与白人西班牙人的后裔被称为梅斯蒂索人。

即使埃尔南多·科尔特斯几乎灭绝了阿兹台克人，今天，我们在墨西哥各处仍能看见他们的痕迹。在他们衰落500年之后，还有近100万人仍在讲纳瓦特尔语，即他们祖先的语言。举世闻名的是这片土地上的金字塔。环绕着古老的特诺奇蒂特兰的特斯科科湖被泥沙淤积了。但是，位于墨西哥城的大教堂却一直矗立在原来古阿兹台克神的寺区所在的位置。今天的国家宫殿建立在科尔特斯官邸所在的位置，而当年科尔特斯的官邸是建立在蒙特苏马的宫殿的城墙上的。在墨西哥城，如果人们往深处挖掘，就总能碰到当年高度发展的古老的阿兹台克文明的遗迹。

墨西哥城门前游动的花园成为了最受欢迎的旅游景点：城市中的这几个区域被称为"霍奇米尔科"，在印第安语中，它的意思是"花之田园"。联合国科教文组织把这片区域认定为世界文化遗产。也就是说，即便是发生战争的话，人们也不能摧毁这些游动的花园，而是应该为后人将其保留下来。

仅在墨西哥高原上还有部分印第安人：近8000万墨西哥人中40万人还属于古老的部落，几百年来，他们没有与白人混血。

勘察加半岛上的冰冷尸体

他进行了当时世界上的人们所经历的最伟大的冒险之旅。18世纪时,这位丹麦人率领着10000人,其中有许多科学家,也有两个德国人,从圣波得堡出发,从那里探寻在北方高纬度的地方有没有通往世界另一端的通道。受俄罗斯沙皇的委任,他需要解释的是:亚洲的尽头在哪里?美洲的开端在哪里?因此,他后来被称为"俄罗斯的哥伦布"。

沙皇波得大帝两次派他穿越西伯利亚。这位丹麦人发现,一条海峡把亚洲和阿拉斯加分隔开来。后来,海峡又变得像海一样了,穿越这条海峡以后,海峡得以以他的名字命名。在极端的严寒中,他成为第一个驶进这个宽仅有80千米的西北通道的欧洲人。第一次到达时,由于大雾弥漫,他没能看见坐落在亚洲东部对面的海岸。所以,三年后,俄罗斯人再一次派遣他去旅行。这两次伟大的冒险之旅被称为"勘察加半岛探险之旅"。至少,他率领的人们取得了成功:他们在阿拉斯加登陆。

他自己则运气少了一点:在冰冷的海水中,他的船撞上了一座小岛,倾覆了。在那座岛上,那座离俄罗斯半岛勘察加半岛仅有几百千米的岛上,他试图与船员们一起过冬。为了不致于冻死,他们挖掘地洞。一切都没能帮上忙:寒冷夺走了这位丹麦人以及他的船员们的生命。因此,这座岛后来以他的名字命名。

维图斯·白令：沙皇的哥伦布

生于公元1681年，霍森斯
卒于公元1741年12月19日，白令岛

公元1718年，当维图斯·约纳森·白令在丹麦的维堡向安娜·克丽丝汀·普埃尔泽求婚时，他已不再年轻了。但是，这位37岁的水手可不是个普通人。商人普埃尔泽为什么把自己17岁的女儿嫁给他呢？尽管，新郎在婚后不得不再次参加为期三年的战争。但是，结婚以后，普埃尔泽的女儿至少有人照料了。18世纪时的情况是这样的：缔结婚姻不是出于爱情或者是亲密的夫妻生活，而是为了为后代赢得一份收入。很显然，这样也会有新的后代。拥有一个领取沙皇的军饷的丈夫是件有保障的事情。如果当时年老的普埃尔泽意识到，这位未来的女婿将会把他的女儿带到遥远的西伯利亚的话，他或许就会为女儿张罗另一个看护人了……

维图斯·白令，公元1681年生于丹麦的霍森斯，他青年时代就已经在海上航行了。他代表荷兰航行前往印度时还不到20岁。返回阿姆斯特丹时俄国沙皇刚好为应战大北战争（即北方战争——译者注）装备了一支舰队。沙皇与丹麦和波兰结成联盟想要结束瑞典在北欧的霸权地位。在组建军队时，这个披着黑色长发的胖乎乎的朱特人引起了海军军官的注意。因此，公元1703年，他录取了白令，与其签约，命其为彼得大帝效力。维图斯·白令一开始被任命为准尉，后来又担任沙皇舰队某艘船上的海军军官。战争赢得胜利以后，维图斯·白令又在目前所称的俄国"皇帝"的部队里服役了3年。公元1724年,他最终回到丹麦的妻子和孩子身边。

维图斯·白令留在家乡的好运早就没有了。彼得大帝想派遣一支探险队前往俄国的东方。对面就是美洲。直到那时候,还没有人知道人们怎样以及是否能够从俄国到达美洲。维图斯·白令因为自己出色的导航才能令他的上司印象深刻。或许他能找到通往阿拉斯加的路?沙皇授予维图斯·白令这位丹麦人船长头衔,并且派给他1000名水手。白令同意了,但是,这一次他不愿意在没有家人陪同的情况下启程,他的妻子安娜·克丽丝汀和他的孩子也将一同前往。

这是一支由士兵、手工业者、医生、植物学家、画家、木匠以及土地测量员组成的巨型队伍。公元1725年,这支队伍在维图斯·白令的率领下从圣彼得堡出发向东驶去。这是一次多么宏大的计划啊!这支队伍就像一座在旅行的城市,连同一些生产车间一起前往西伯利亚。他们攀越山峰,跨过海洋,走过草地和沼泽。如果这些还不足以令人疲惫的话,严酷的冬天也足以令这支旅行的队伍更加难挨。负重累累的660匹马中,只有一半的马存活了下来。其余的马都在冰雪中冻死了。在长达7000千米的旅途结束时,他们不得不用雪橇犬来运载东西。直到三年以后,这支探险的队伍才最终到达了鄂霍茨克海沿岸的鄂霍茨克地区。维图斯·白令的妻子和孩子,以及他的大部分随从在鄂霍茨克地区定居下来。他自己则不得不继续驶向陌生的太平洋,然后向北航行。航行所用的船是在鄂霍茨克地区修造的。这些人自己携带了造船的木材。

直到公元1728年7月,维图斯·白令才最终与40名船员登陆。从鄂霍茨克地区出发,他向鄂霍茨克地区对面的勘察加半岛航行,勘察加半岛看起来就像一条伸向印度洋的长长的舌头。在这里,他们享受到了比在西伯利亚更好的待遇:就算是夏天,温度也不会超过15摄氏度。维图斯·白令的军队步行穿越这座半岛，最终，探险队到达了他们此次阿拉斯加探险之旅的目的地，即位于太平洋沿岸的勘察加半岛的东部海岸。同时，队伍再次建造了一艘船只，这一次造得更大一些。因为，船只必须能够承受风暴和波涛汹涌的海洋。8月份，"圣加夫利拉号"探险船才再次向北驶向俄国海岸。维图斯·白令设想，应该有一座通往阿拉斯加的大陆桥，他们会不得不遇见这座桥。在路上仅遇到了一座岛屿，维图斯·白令将其命名为圣劳伦斯。此后，海岸线向西延伸。然而，根本就不存在大陆之间的连接点。

维图斯·白令航行绕过了沙皇帝国的最东端，发现了亚洲与美洲之间的西北通道。他所没有意识到的是，在这条通道最窄的地方，美洲海岸线座落在不会超过80千米的对面。由于浓重的雾气阻挡了他们的视线，他们没能看见阿拉斯加。维图斯·白令又返回去了。

对沙皇而言，这次旅行的发现是远远不够的。维图斯·白令需要再次出发。公元1733年，他率领一支更大的队伍再次从圣彼得堡启程。当时世界上最大的探险队伍出发了：总共10000人，其中有科学研究工作者、自然学家、历史学家以及生物学家，于2月份离开了这座俄国城市。其中还有维图斯·白令初次旅行时的副手俄国人阿列克谢·克里寇以及德国人马丁·施潘根贝格。后来，又有一位德国人加入了他们：乔治·威廉·施泰勒，他是一位来自法兰克福地区的威德斯诗穆的人类文化学家。他也是少数几个最后真正看到阿拉斯加的人之一。

这一次，探险队划分开来：一支部队测量西伯利亚北部海岸线的长度；另一支部队从勘察加半岛出发航行前往日本，试图探寻从日本出发到底有没有通往中国的更加舒适的贸易通道。一队人员需要穿越两个大陆之间的海峡，另一支队伍前往阿拉斯加。但是最重要的是，需要详细探索西伯利亚。出于这个原因，探险队此次旅行达7年之久。直到最后，他们成功回到了勘察加半岛。

> 白令海峡和西北通道前的那片海域——白令海，都是以这位丹麦冒险家的名字命

在鄂霍茨克地区，维图斯·白令命人修造了两艘新船只："圣彼得号"和"圣保罗号"。维图斯·白令自己指挥"圣彼得号"，阿列克谢·克里寇率领"圣保罗号"。公元1740年，他们航行绕过勘察加半岛并在东部海岸再次停泊。俄国人把这一片殖民区域以船的名字命名为"彼得罗帕伏罗斯基"。然后船队航行来到太平洋。8月份，启程不久之后，"彼得号"和"保罗号"就分道行驶了：这归咎于一场剧烈的风暴。为此，维图斯·白令和阿列克谢·克里寇失去了对方的踪影。

尽管这群俄国人到达了北美洲大陆的海岸线，但是那些维图斯·白令派出去的接应队伍上岸的小型救生艇一艘也没有回来。由于"圣保罗号"上的给养没有了，阿列克谢·克里寇就掉头回来了。坏血病，即水手们营养不良，几乎夺走了整支船队的性命。"圣保罗号"在迷雾中航行了4个月才最终回到了"彼得罗帕伏罗斯基"。

在此期间，维图斯·白令沿着阿留申群岛航行。船上的船员们有着像"圣保罗号"一样的命运：这艘船仅载着几名水手于11月份来到了一座寸草不生的荒岛前。剩余的幸存者们逃到陆地上去了。因为当时是冬季，继续航行是船员们想都不敢想的事情。船员们在地面上挖出平坦的洞穴，他们钻进洞中，身上盖着帆布以躲避严寒。维图斯·白令因为身患坏血病，身体很虚弱，他只幸存了一个月。公元1741年12月19日，维图斯·白令躺进坟墓里安眠。他去世的地方距离勘察加半岛仅有200千米远。

● 720万美元买下白令的这片土地

维图斯·白令去世40年之后，俄国在科迪亚克岛，即今天的安克雷奇的南部，建立起了他们在阿拉斯加的第一个贸易区。100年以后，即公元1867年，俄国将这片土地以720万美元卖给了美国。发现这片土地时，丹麦人维图斯·白令忍受了那么多劳累和辛劳，甚至最终付出了生命。

今天的科学家们指出，沙皇彼得一世命人寻找的亚洲和阿拉斯加之间的大陆桥在14000年前的确存在过。几位研究者甚至认为，阿拉斯加的因纽特人是从勘察加半岛出发穿越这座大陆桥来到这片土地的。

在长达250年的时间里，人们没能在白令岛上找到维图斯·白令的尸骨。直到公元1991年，考古学家发现了他的坟墓。因为人们想了解，维图斯·白令那个时代的图片所画的到底是不是他本人，因此，人们取出他的头盖骨，重新还原他的面目。在此之后，维图斯·白令最终被永久地安葬在了白令岛上。

沿着野人的幸福足迹

人们可以靠吃酸菜活命吗？是的，可以！早在18世纪中期，我们的冒险家和水手们就已经尝试过了。从那时起，无数的船员就摆脱了一旦患上恐怖的"维他命缺乏症"——坏血病必死无疑的命运。

但是，这位英国人在导航才能方面也超越了他所有的前辈们。他是第一个穿越南极圈的人。他绕南极圈航行一周。他绕地球环行了三圈。在十年内，他所发现的陌生地区比所有的前辈们所发现的都要多。他精确地测量出所经过的海岸线的长度。在此之后，他重新绘制了世界的航海地图。

从其他方面来看，他也是一位极不寻常的人：与前辈们所不同的是，他观察陌生土地上的居民。"事实上，他们比我们欧洲人要幸福得多"，他肯定道，"他们活在一片安宁之中，这种安宁不会因为生活条件的不平等而被打扰。他们根据个人的判断所利用的土地和海域，为他们提供一切生存所需的东西。"这位冒险家如此称赞这群所谓的"野人"。"野人"指的是澳大利亚的原著居民，即土著居民。但是，他却有充分的理由对这些土著人发怒：他们举起长矛制止了水手们的每一次靠岸的尝试。这位冒险家是一位真正的慈善家。悲惨的是，在他最后一次企图从敌人后方登陆夏威夷岛的时候被土著居民杀死了。当他试图阻止岛上的居民进攻他的队伍时，他战死了。

詹姆斯·库克：环绕南极一圈，环行地球三圈

生于公元1728年10月27日，马顿
卒于公元1779年2月14日，夏威夷

该死的！水手们真想把这恶心的酸菜扔到船长的脚边。每当菜单上列出汤的时候，就有人想逃跑。按照詹姆斯·库克的指示，船上的厨师自己偷偷带了这些材料。船员们都在抱怨。尽管他们已经习惯的饮食很单调，但是他们还是想吃那些食物：鱼肉、腌肉以及船上应急用的耐贮饼干。总之就是不能吃这些酸酸的杂草，以及船舱里堆满的那些绿色植物！

或许詹姆斯·库克意识到有些东西即将发生。同时他清楚地了解到：如果继续逼迫船员们吃酸菜的话，很可能会引发船员们的叛变。但是，詹姆斯·库克这个英国人不仅是位娴熟的水手，也是个精明的人。他知道如何才能使船员们接受他们不喜欢的酸菜。在水手们身上，酸菜从没失去过效用。詹姆斯·库克在"努力号"船上写的航海日志有这方面的记载：我每天都端着酸菜，命令军官们吃下去。军衔较低的人和普通水手却啥都吃不到。

现在，詹姆斯·库克就等着看好戏了："一周以后，我就不得不给船上的每个人发放酸菜了。因为这就是船员们的普遍本性，他们拒绝一切不习惯吃的食物，人们总能听到他们对此次改革倡议者的抱怨。但是，一旦他们看到自己的上司对此非常重视的话，这食物一下子就成了世上的美食，这食物的发明者也就成了勇敢的人了。"总结得多么精炼啊，聪明的詹姆斯·库克！每个人每周吃两磅酸菜，这件事多妙啊……

但是，看在老天的份上，这位英国人为什么要把酸菜一事闹

得沸沸扬扬呢？因为詹姆斯·库克不仅是一位雄心勃勃的水手，也是一位充满责任感的上司。在第一次环球航行前，他就下定决心，要把所有船员安全健康地带回英国的普利茅斯。当时人们无法理解的是，进行长途航行的话，大部分水手都摆脱不了死亡的命运。坏血病已经夺去了数千人的生命。船员们会变得越来越虚弱，然后最终陷入悲剧——患上我们今天所称的"抑郁症"。接下来他们的牙齿开始脱落，最后悲惨地死去。詹姆斯·库克曾向医生们详细地咨询过，如何才能避免这种由于缺乏新鲜食物所引起的疾病。他从担任皇家舰队医生的詹姆斯·林德那里了解到，橘子、橙汁以及富含维他命的蔬菜可能是对抗这种疾病的有效材料。因此，詹姆斯·库克命人贮藏起橙子、酸菜以及胡萝卜酱。这取得了成功：在他的所有航行中，没有一个人死于坏血病。

詹姆斯·库克成为一位不同寻常的人物，这不仅仅是因为他对船员们的照料。尽管詹姆斯·库克只是一位苏格兰临时工的儿子，家中有7个兄弟姐妹，在他8~12岁期间还是去了约克郡的公立学校就读。这个家庭在约克郡定居下来。尽管詹姆斯·库克只是学了一点读和写，但不可忽视的是，这是个聪明的孩子。然后他在渔村斯特尔兹的一名小商人那里当了伙计。晚上停工了以后，詹姆斯·库克练习算数，并自学了航海。

海上的空气激起了这位年轻人远航的好奇心，航行只是一个时间的问题。直到公元1746年，18岁的詹姆斯·库克受雇于海运企业家沃克。沃克一家拥有许多艘装煤的大船，这些船就是所谓的"白色的猫"。这些船制造坚固，吃水不深，载物面积很大。沿着北海海岸线途经泰晤士河航行到伦敦，这些是最适合的船只。詹姆斯·库克驾驶这种船十分娴熟，于是，仅在一年之后沃克一家就任命他为舵手。

公元1755年，詹姆斯·库克27岁。指挥部派给他一艘由他自己指挥的"白色的猫"。没有人能够理解，为什么这位身高1.83米的和蔼可亲的年轻人要拒绝这一提议，而甘愿去英国皇家舰队

"皇家海军"做一名普通的水手。在皇家海军服役，年轻人们必须要为自己"赢得胜利"，否则就要常常被殴打，这一点是如此令人厌恶。

詹姆斯·库克在部队里接受住了考验，两年以后成为了"彭布罗克号"上的舵手。甲板上安装着64门大炮，船将在北美洲登陆。"彭布罗克号"是沃尔夫将军舰队中的一艘船。在长达7年的争夺北美殖民地的战争中，公元1759年9月，沃尔夫将军占领了魁北克，赶走了讨厌的法国人。在此次战争中，詹姆斯·库克做出了巨大的贡献：他绘制了一张从圣劳伦斯河的入海口处直到该市的地图，只有凭借这张地图才能实现精确的进攻。为此，两年后，他得到50英镑的奖励。同时，詹姆斯·库克也因为其"为了成为领航冠军孜孜不倦的努力"而备受尊敬。

公元1762年，詹姆斯·库克回到英国，并与伊丽莎白·巴特结婚。伊丽莎白·巴特为他生下了6个孩子。三个孩子在父亲进行环球航行时夭折，两个孩子没能活到18岁。

婚后，詹姆斯·库克在家待了一年。此后，他又担任了"格林威尔号"的船长。他驾驶着"格林威尔号"沿着纽芬兰和拉布拉多半岛的海岸线航行，以测量其海岸线。他带着在那个时代关于该地区从未出现过的精确的地图回到英国，同时也带回了关于日食的精确报告。公元1766年8月，詹姆斯·库克亲眼见证了该日食现象。他将这一份报告寄给了皇家学会，该协会是一个位于伦敦的由科学家们组成的学术研究机构。尽管詹姆斯·库克这位海军上将的报告中充斥着书写错误，但是其中精确的记载令该协会的成员印象深刻。

詹姆斯·库克是一位经验丰富的航海家，是一位具有探索精神的航海家，同时也是一位适合完成皇家学会计划的探险之旅的航海家。公元1769年6月3日，人们期待着会出现金星凌日的现象。英国皇家地理协会希望能从地球上三个不同的观测点来观察这一奇观：挪威北部、加拿大的哈德逊湾以及太平洋上的一座岛屿，以此得到能够测算出地球距太阳的距离的重要数据。他们聘请詹姆斯·库克完成在太平洋观测的任务。这实际上就是约克郡的临时工之子詹姆斯·库克发现事业的开端。

公元1768年8月26日，"努力号"在詹姆斯·库克的指挥下离开了英国的普利茅斯港向塔西提岛方向驶去。"努力号"是由一艘32米长、8.85米宽的"白色的猫"改装的船只，船上载有90名船员，其中有11名科学家。塔希提岛是几个月以前刚刚发现的一座岛。自从发现这座岛以后，英国的水手们中间就流传起一些最荒谬的说法：那里的女孩们是那么漂亮，她们没见过金属，所以只要给她们一枚钉子她们就愿意满足你的每个愿望。第一艘登上塔希提岛的英国船只"海豚号"差点沉船，因为船员们偷偷地拆掉了太多钉子和螺栓，使得船体不再牢固。因此，在旅行之初詹姆斯·库克就命令道："所有铁制品，以及任何一块布料或者其他的必需品都不能作为交换拿来送人，这是规定！"后来，两名水手没有遵守这条规定。詹姆斯·库克对他的船员如此宽宏大量：作为惩罚，他们被绑上铁链，一段时间之内都不得离开船只。

科学家们在塔希提岛上按照预测的日期观测金星凌日。但是，詹姆斯·库克却还接到了另外一条秘密指令：他需要继续向南航行到南纬40度，去寻找神秘的未知的南方大陆。自古罗马时期开始，这片大陆就一直萦绕在天文学家、数学家以及地理学家的脑际。他们深信，在地球的南端肯定还存在着另一片大陆。然而，目前为止却还没有人发现过这片陆地。

但就是詹姆斯·库克也没能实现这一点。此次航行中，他发现新西兰是由两座岛屿组成的，他把连接这两座岛屿之间的海峡命名为"努力号海峡"，后来，这座海峡又以他的名字命名为"库克海峡"。此外，詹姆斯·库克也绘制了当时还无人知晓的澳大利亚东部海岸的地图。同时，他也实现了航海史上的杰出成就：尽管水下的一块锋利的礁石差点使他的探险之旅失败，但他

金星凌日时，金星运行到太阳和月亮中间。每隔120年，这种日食现象总是分两次出现。最近的一次发生在2004年6月8日，第二次将会在2012年6月6日出现。

还是成功穿越了直到今天仍令人心惊胆战的"大堡礁"。公元1770年6月,"努力号"撞上了一块尖锐的珊瑚礁,搁浅了。詹姆斯·库克命人把近50吨重的东西扔进海里,其中包括啤酒桶、大炮以及炮弹,希望潮水能把搁浅的"白色的猫"冲到海里去。但却失败了。直到那天夜里,巨浪拍打在船上,船体受到猛烈撞击——船又能自由航行了。总之,船舱破了一个大洞。

詹姆斯·库克简直不敢相信自己的运气:受到潮水冲击时,珊瑚礁断裂,断块就像软木塞一样堵住"努力号"的船体。现在,船搁浅了,礁石从底部堵住了船上的漏洞。想都不用想,我们就会知道,如果船舱大量进水的话会发生什么。对水手们而言,这意味着他们必死无疑了。历尽艰辛,"努力号"于10月底到达了巴达维亚,也就是今天的雅加达。直到12月底,队伍才再次弥补此次意外事故的损失。潮湿的热带气候使船员们患上疾病,许多人死去了。此后,探险队经过好望角,再次走上了前往英国的航线。公元1771年7月13日,船队回到英国。

詹姆斯·库克如此评价自己的第一次航行:"我没有大的发现。但我对南部海域进行了探索,研究得比所有的前人都要多。所以,从现在开始,想要对地球上的每一部分有基本的了解没什么需要再研究的了。"

根本不存在未知的南方大陆?英国的海军领导机构对这一结果并不满意。于是,他们派詹姆斯·库克进行第二次航行。并且,这次詹姆斯·库克率领两艘船:"决心号"和"探险号"。这一次,他需要从南极洲后方寻找那片未知的大陆。公元1772年,詹姆斯·库克重新打磨了锚,向开普敦航行,然后继续向南行驶。公元1773年1月17日,詹姆斯·库克驾驶着自己的船,成为了第一个跨越南极圈的人。但是由于冰块密布,他不得不返航。再一次,詹姆斯·库克表现出了对船员们的巨大关怀:每一件由羊毛和厚毛毡做成的衣服他都用来帮船员们躲避刺骨的严寒,就是他自己,如何躲避严寒也是极其头疼的事。詹姆斯·库

南极圈的严寒几乎令詹姆斯·库克丧命。

克饱受胃肠道疾病的折磨，在此次航行中，历尽艰难他才得以幸存下来。从此，詹姆斯·库克患上了令人痛苦万分的风湿病，并且，他的胆囊也受到严重感染。

由于雾气、冰川以及大雪，两艘船只走散了。直到到了新西兰，詹姆斯·库克才再一次见到了"探险号"。詹姆斯·库克航行返回到塔希提岛，以期在10月份再次向南航行。这一次，"决心号"和"探险号"最终还是走散了，"探险号"比詹姆斯·库克提前一年回到英国。但是，他成功到达了南纬70度10分的地方。

即便是在这里，詹姆斯·库克除了冰啥都没发现。现在，他终于能够肯定，未知的南方大陆的确不存在。于是，他转弯向北航行。"决心号"绕南极洲航行一圈之后于公元1774年春天到达了复活节群岛。公元1775年7月，在进行了长达三年的航行之后，"决心号"回到英国。幸亏有了詹姆斯·库克的酸菜，再一次，没有一个人因为患坏血病丧命。为此，詹姆斯·库克被授予英国皇家学会的最高奖章——科普利奖章。同时，詹姆斯·库克终于被任命为船长。

一年以后，詹姆斯·库克再次出海，这是他的最后一次航行。他此次航行的任务是，寻找从英国前往东印度的北部航线。他需要从太平洋出发，穿越白令海峡和北冰洋，寻找前往大西洋的通道。公元1777年12月，詹姆斯·库克发现了北太平洋上的圣诞岛。公元1778年1月，他又发现了社会群岛，即今天所称的"夏威夷"。

当地的土著居民们热情地接待了詹姆斯·库克：他们认为詹姆斯·库克是神灵罗诺的再世，罗诺是夏威夷土著居民管理收获和运气的神灵。船队在岛上待了数周，受到夏威夷人最好的招待和溺爱。但是，岛上的居民不可能长期供养这支队伍。公元1779年，詹姆斯·库克再次向北航行。

一场风暴击坏了"决心号"的前桅，所以，詹姆斯·库克不

詹姆斯·库克以英国海军上将约翰·蒙塔古·三文治的名字命名夏威夷群岛，将该群岛命名为"三文治群岛"。

得不按原路返回。船再次停靠在夏威夷群岛。这次，却再也感受不到夏威夷人的热情好客了。土著人偷走了船上的一艘救生艇，引发了双方的冲突。詹姆斯·库克想要率领几个士兵挟持当地的国王，以求拿回救生艇。石头像雨一样砸向詹姆斯·库克的队伍，士兵们用火枪射击岛上的居民们。当詹姆斯·库克转身想要制止士兵们射击时，几个愤怒的土著人把他推到了。于是，公元1779年2月14日，在发现者中以博爱著称的詹姆斯·库克在夏威夷群岛去世，享年50岁。

观察夏威夷，在夏威夷冲浪

地球上到处都有这位非比寻常的发现家詹姆斯·库克的纪念碑和纪念牌。在夏威夷的凯阿拉凯夸海湾，一块牌子上书写着夏威夷人对詹姆斯·库克悲惨死亡的歉意。

詹姆斯·库克在大堡礁上留下了一个特别的"纪念物"。在詹姆斯·库克死后200年之后，研究者在大堡礁发现了6门英式大炮。"努力号"触礁搁浅时，船长詹姆斯·库克命人把这几门大炮当做非必需品扔进了大海。

詹姆斯·库克亲自惊奇地观察了他所到之地的人们的特征和习俗，并进行了记载。他觉得夏威夷人在海上表演很有趣。尤其令他印象深刻的是，夏威夷人驾驶着独木舟在在海浪间颠簸。此外，他观察了一位年轻人，并在日记中记录了年轻人是如何做到这一点的："他从海岸线出发，然后到达海浪将要涌起的地方……他使劲划到海浪前，直到海浪超越自己，同时聚集了足够的力量推动独木舟，独木舟却不用从海浪底下穿过去。然后他一动不动地坐着，独木舟凭借着海浪的速度向前滑动，直到海浪把独木舟推到沙滩上。他站起来，清空独木舟里的水，继续寻找下一次海浪。"詹姆斯·库克是第一个见过冲浪运动员的欧洲人！

一个身材高大、魅力迷人、独具天赋的人

不得不对某人表示钦佩，这位法国国王是多么讨厌这一点啊！站在他面前的这位德国人比身高仅有1.68米的他高出了不止一头。更令拿破仑一世愤怒的是，据说这个德国人像他一样声名显赫。简直难以置信！这小子此前做了什么呢？不仅没有展开屠杀，他居然为远方国家的奴隶们说话！他周游世界没有率领军队，而是仅仅带着捕蝶网和植物标本采集箱！他旅行带回来的不是黄金、白银或是权势，而是一堆装满陌生植物的箱子。这样就能让百姓们臣服在他的脚下？这简直太搞笑了！

然而，拿破仑这位爱慕虚荣的科西嘉人面对这位土生土长的柏林人必须承认：他看起来浪帅！每当他在沙龙聚会上出现，女士们总会蔟拥到他身边。她们咯咯地笑着打赌：谁能够最先吸引这位魅力四射的先生的目光呢？没有什么比冒险家和勇士更吸引人的了！至少，在这方面拿破仑没什么好害怕的：这位英雄英俊得不能再英俊了……

拿破仑向他问候时，表现出了自己对他的鄙视："您从事植物学研究啊？我妻子也干这一行！"这两个人之间存在着巨大的差异，他们都是19世纪那个时代最受敬仰的人物。他们一个是热衷权势的战争领袖，另一个是只对人与自然、宇宙与生物之间如何把世界联系起来感兴趣的万能博士。

亚历山大·冯·洪堡和科学探险

生于公元1769年9月14日,柏林 泰格尔官
卒于公元1859年5月6日,柏林

  差点就没命了!直到最后一刻,亚历山大·冯·洪堡才意识到,他想套在那只由于蚊虫叮咬被他抓得血肉模糊的脚上的袜子沾上了毒液。这是一种印第安人涂在箭上的恐怖毒液,只要一点点毒液浸到伤口里的话,他在几分钟内就会丧命。他必须好好注意昨天已被他吃过一口的那些食物。什么?他自愿喝下了那些毒液?那可是南美洲丛林中的土著居民们最可怕的武器!他还有意识吗?当然还有!亚历山大·冯·洪堡只想用自己的行动证明,只有当毒液进入到生物的血液里时,它才会起作用。这一点他成功了。

  这个人简直有精神病!没有什么在他看来是恐怖的。他自愿吃蛆。他知道蚂蚁糊糊啥味道。他也尝过猴子肉以及短吻鳄的脂肪。这些东西他都吃过了,不仅仅是因为如他在笔记中所说的那样,人会在丛林中饿死。通常不是隆隆作响的胃使他不得不吃这些东西:亚历山大·冯·洪堡只是想品尝一切东西!他有一次甚至与他的同伴医生兼植物学家埃梅·邦普朗一起,切开"牛奶树"的树皮,只是想尝一下这种树的液体是不是真的与牛奶的味道相似。亚历山大·冯·洪堡就是这样的一个人啊!

  还有一次,亚历山大·冯·洪堡踩住了一条神秘的电鳗,这条电鳗狠狠地袭击了他。这也恰恰就是他进行亲身尝试的目的。他想要弄明白,这种被人误认为是鳗鱼的鱼类是如何猎捕食物的。现在他清楚了:这种鱼在身体内产生电流,使袭击者丧失战

斗力。亚历山大·冯·洪堡如此描述此次的经历："我受到了如此强烈的震击，以至于我一整天都感到膝盖和几乎所有的关节都疼得要命。"

亚历山大·冯·洪堡在委内瑞拉写过很多信，在他写给欧洲朋友的一封信中写道："我们四个月都在丛林里睡觉，周围有随时都会袭击独木舟的鳄鱼、蟒蛇和老虎出没。食物只有大米、蚂蚁、Manico、香蕉和奥里诺科河的河水，偶尔也吃猴子肉，别的啥都没有。"亚历山大·冯·洪堡写道：有时候他们不得不把自己埋在沙子里，只把头漏出来，身子用3~4英寸土覆盖起来。这是躲避夜里能把活人吃光的蚊子的袭击的唯一办法。"亚历山大·冯·洪堡小时候是个体弱多病的孩子。现在，他强调说："我从来没像最近两年这样健康过。"

促使亚历山大·冯·洪堡来到拉丁美洲这片不适宜人类居住的丛林的不仅仅是他对冒险的兴趣，更是因为，对于研究的热切愿望督促着他。他的求知欲永远得不到满足。如果把亚历山大·冯·洪堡对知识的渴望放大了来看的话，对他而言，一切都是必要的。他把吃树叶的蚂蚁的生存状况与因为这些蚂蚁的贪吃使得委内瑞拉"奥里诺科河湿地"几乎没有树木的情况联系起来观察，他研究鱼类的呼吸，他惊异于螃蟹蓝色的钳子，或者，他把一种神秘花朵的叶子压制成标本放进他那无所不包的植物采集箱里。亚历山大·冯·洪堡研究一切出现在他的眼前、手边、脚边的东西。这样一来，他发现了数千种在当时还不为人知的植物。

亚历山大·冯·洪堡写下了详尽的研究报告。他一直在探寻所有动植物生存的意义，主要探寻自然界中的每一个微小的生物与其他生物之间的联系。后来，这些研究形成了一本当时世界上所存在的最大的最详尽的科学著作。在亚历山大·冯·洪堡生命的尽头，他实现了此生的宏愿：总结一切当时那个时代可用的知识，并记录下来。直到最后一口气，他一直在进行五卷本的科学巨著《宇宙》的写作——《宇宙》是他自己为这部作品起的名字。德国最伟大的诗人歌德一次谈到亚历山大·冯·洪堡时说："您读一周的书也比不上听他讲一小时所学到的东西多。"

然而，亚历山大·冯·洪堡（Alexander von Humboldt）的生活最初绝不是充满刺激的。小时候，并没有迹象表明，这个弱弱的小子会成长为一个伟大的冒险家。他声称，自己童年和青年时期的生活"抑郁沮丧、单调乏味"，他父母所居住的位于柏林城门前的泰格尔宫是一座"无聊的宫殿"。亚历山大·冯·洪堡生于公元1769年9月14日——与后来如此轻视他的拿破仑同年出生。

亚历山大·冯·洪堡的父亲是普鲁士的一位军官。他的母亲来自于一个因为其信仰不同不得不逃离法国的富足的胡格诺家庭（胡格诺派，法国新教徒形成的一个派别——译者注），处事极为严厉。他的母亲从来不表达自己的感情。亚历山大·冯·洪堡与比他大两岁的哥哥威廉·冯·洪堡一起，由私人教师授课，接受教育。他们所接受的教育为其将来为国效力奠定了基础。然而，没有什么比做一名普鲁士的官员更让他厌恶的事情了。

最终，两兄弟确实走上了不同的道路：其中一个开始研究大自然，另一个开始研究人文学科。威廉·冯·洪堡开创了一片人文主义的天空。柏林的洪堡大学以他的名字命名，因为这所大学是按照他的计划才得以建立的。

亚历山大·冯·洪堡十岁的时候，父亲去世了。他不想给成了寡妇的母亲增添烦恼，于是，他隐藏起自己的愿望，18岁的时候开始学习经济学、工程学以及地理学。他进奥得河旁边的法兰克福、哥廷根以及汉堡的大学里读书，最后，他又去了弗莱贝格的矿业学院学习。但是，亚历山大·冯·洪堡总会利用每一分钟空闲的时间，走到大自然中去：他收集树叶和草叶，他的所有的册子里夹满了干燥的植物标本。

当他认识研究学者格奥尔格·福斯特时，他是多么幸运啊！

洪堡两兄弟后来都成了名人：一个成为了研究学者，一个成为了人文主义者。

公元1772~1775年间，格奥尔格·福斯特陪同詹姆斯·库克进行了第二次环球航行。公元1790年，他允许年轻的男爵亚历山大·冯·洪堡陪同他首先进行了一次英国之旅，接下来他们进行了长达两年的地理学以及植物学的探险，穿越了毗邻瑞士和意大利的比利时。亚历山大·冯·洪堡对此非常着迷，但是，公元1792年旅行回来后，这个勇敢的年轻人却去了普鲁士的矿山部门做了一名公务员。他作为最高矿山管理人员被派往拜罗伊特，以提高法兰克的采金量。亚历山大·冯·洪堡肯定遭遇到了什么事情！他写道：每当一想到"必须放弃观看南极圈附近闪闪发光的星星这样的愿望"，就让他感到恐惧和痛楚。

尽管如此，亚历山大·冯·洪堡仍是一位勤奋的官员。因为心系矿工的安全，他发明了井下防护面具和矿灯。公元1793年，亚历山大·冯·洪堡在巴特施泰本自掏腰包建了一所名为"免费国王矿工学校"的学校，每一个男孩子自12岁起就可以免费在这所学校就读。后来，普鲁士政府打算偿还他这笔钱的时候，亚历山大·冯·洪堡建议说，国家应该把这笔钱用来资助有需要的矿工。

公元1796年，玛利亚·伊丽莎白·冯·洪堡（亚历山大·冯·洪堡的母亲——译者注）去世，留下了一笔遗产。突然之间，亚历山大·冯·洪堡成为一个富翁，同时，身上所背负的满足母亲愿望这一令他厌烦的义务也不复存在。现在，27岁的亚历山大·冯·洪堡终于可以实现自己的愿望，踏上旅途！

亚历山大·冯·洪堡研习天文学，为即将开始的新生活做好准备。他去巴黎旅行，在那里认识了医生兼植物学家埃梅·邦普朗。他计划着与这位新朋友一起去尼罗河探险。为此，亚历山大·冯·洪堡额外学习了阿拉伯语和波斯语，由于拿破仑发动的一场攻打埃及的战争，使得前往法老的国度——埃及旅行成为一件十分冒险的事。他们没有去埃及，而是步行越过比利牛斯山脉，前往西班牙。6周以后，他们上路了。

在马德里，亚历山大·冯·洪堡因为其贵族的出身，受到了好的待遇：他受到了宫廷的接待。因为他流利的西班牙语以及所受的良好的教育令国王夫妇印象十分深刻，所以，他和同伴埃梅·邦普朗得到了前往西班牙属殖民地拉丁美洲进行研究旅行的许可。公元1799年6月4日，二人在拉科鲁尼亚登上一艘船，向着新世界驶去。亚历山大·冯·洪堡欢呼道："我高兴得要眩晕了。"

二人带着沉重的行李：近50件最先进的仪器。象限仪、纵向表、望远镜和进行角度测量的经纬仪，同时还有湿度计和气压计——这一切，都是18世纪末所存在的具有最新科技的产品。在加那利群岛之中的特内里费岛停留时，二人登上位于泰德火山去测量那里所属的气候带。

公元1799年7月16日，他们到达了新世界。乘坐着独木舟的印第安人领着"皮萨罗号"航行来到了委内瑞拉的港口库马纳。亚历山大·冯·洪堡借此机会向印第安人们打听，这片对他而言十分陌生的土地有什么秘密。他惊讶地听到了关于中断的河流、陌生的动物以及充满异域风情的植被世界。他对奥里诺科河以及亚马逊河格外感兴趣：当时的地理学家关于这两条河流之间有没有连接处一直存在争论。亚历山大·冯·洪堡就想探索一下这两个地方！

第一次，亚历山大·冯·洪堡和埃梅·邦普朗在库马纳港口喧闹着表达他们能够进行研究的喜悦之情。亚历山大·冯·洪堡就像被热带地区的魔力迷醉了一样。他在给哥哥的信中写道："我们来到了一片最神奇富饶的土地上！我们就像傻瓜一样到处乱跑，前三天里我们什么都没决定出来，因为人们想要得到某样东西就必须要放弃另一样。埃梅·邦普朗跟我承诺说，如果这一奇景一会儿就消失了的话，他还是能保持清醒。"这一奇景对欧洲人而言就是指的鹦鹉、棕榈树、猴子、鳗鱼以及爆炸式的令人眼花缭乱的植物。11月12日，亚历山大·冯·洪堡看到了狮子

穿着考究的亚历山大·冯·洪堡（他穿着普鲁士男爵的小礼服）登上了泰德火

座流星雨——后来，他发现，天空的这一现象是有规律地出现的。二人还探索了充满神秘色彩的伯利兹蓝洞以及罕见的"胖鸟"，这些都令土著人十分畏惧。

接下来他们去了加拉加斯，公元1800年2月，二人的奥里诺科河探险之旅从加拉加斯开始。当时还没有一个欧洲人如此深入地走进委内瑞拉的内陆。穿越郁郁葱葱的美景之后，他们来到了贫瘠的、被热浪炙烤的令人难以忍受的利亚诺斯。那里的温度很少降到35摄氏度以下。在阿普雷河畔——这条河是奥里诺科河的一个支流——他们登上了一艘由印第安人帮忙驾驶的独木舟。在那里，有无数的蚊群等待着人类牺牲品的到来。每次在印地安人聚居区歇脚的时候，亚历山大·冯·洪堡就耐心地让女人们把那些令人作呕的蛆留在他皮肤上的寄生虫卵用手抠出来。到达奥里诺科河时，他们不得不转乘一艘小船前往大瀑布。到达以后他们登上岸去。最终，他们到达了卡西基亚雷河，这条河确实与亚马逊河流的支流里奥内格罗河有连接之处：一直寻找的证据终于找到了。

亚历山大·冯·洪堡还实现了另外一项世界性的突破：接下来的安第斯山脉之旅过程中，他们穿越了哥伦比亚、厄瓜多尔、秘鲁以及墨西哥，亚历山大·冯·洪堡登上了当时世界上人们所知道的最高的山峰。尽管身为贵族的他穿着考究，但是仍经历了令人难以置信的艰辛登上了海拔达6267米的位于厄瓜多尔的钦博拉索山脉。在海拔2200米的雪线附近，即使是印第安向导也会望而却步。这两个人忍受着头晕、恶心，忍受着嘴唇出血、牙龈破裂的痛苦，在迷雾、冰雪和稀薄的空气中继续前行。在距离峰顶400米的地方，陡峭的山脊断裂了。于是，他们停止了攀登。尽管如此，还从没有人到达这座山峰如此高的地方。此后的30年里，这一直是一项世界纪录。

在秘鲁，亚历山大·冯·洪堡研究了自北向南的冰冷的洋流，自此之后，这条洋流被称作"洪堡洋流"。最后，公元1803

在亚历山大·冯·洪堡那个时代，钦博拉索山脉被认为是世界上最高的山峰。

年4月，二人经过古巴前往美国。美国总统托马斯·杰斐逊接待了这两位当时已经是世界著名的研究家。亚历山大·冯·洪堡把此次会面作为契机，与总统讨论奴隶制度的不公平性。公元1804年8月，二人再次回到欧洲。在波尔多，报纸上曾经多次宣称已经死亡的二人受到了热情地招待。

亚历山大·冯·洪堡取得了巨大的科研成果。在长达5年的旅行中，他测量了经纬度，命名了六万种植物。他发现，地球磁场从两级向赤道递减。同时，他为植物地理学和火山学奠定了基石。只是，当亚历山大·冯·洪堡为反对奴隶制度而呐喊时，欧洲的殖民统治者关上了耳朵。

进行科学研究之旅耗尽了亚历山大·冯·洪堡的财富，但是他却成为了世界上知识最渊博的人。他的同伴埃梅·邦普朗作为拿破仑的妻子约瑟芬王后的园林总管在马尔梅松任职。亚历山大·冯·洪堡亲笔记录了自己的旅行经历和研究成果，并且，他供职于普鲁士国王威廉三世下，担任驻巴黎的特级外交官。公元1812年，亚历山大·冯·洪堡重新回到家乡。国王想用他的名气打造柏林科学院。亚历山大·冯·洪堡再一次打破了界限：对于每一个人，不管是家世显赫之人，还是只是普通的听差或者乡下姑娘，他都在公开场合举办讲座。在当时那个年代，这种情况是前所未有的。

亚历山大·冯·洪堡还进行了一次旅行：公元1829年，俄国沙皇尼古拉斯一世雇佣他进行了一场穿越乌拉尔山脉、西伯利亚草原、阿尔泰山脉直到到达中国边境的探险之旅。半年之内，他走过了15000千米的路程，并且发现了在热带地区以外所发现的首颗钻石。此次旅行对他而言不怎么有趣。因为，沙皇禁止他随便发表政治评论，因此，他一直受到警察的监视。

在亚历山大·冯·洪堡生命的最后30年里，他写下了著作《宇宙》。他与一切在科学界有名气的学者通信往来。据说，他一生总共写了5万封信件。公元1859年5月6日，亚历山

研究者亚历山大·冯·洪堡也心系百姓的教育。

大·冯·洪堡在他的住处——柏林的奥拉丁堡街67号——最终停下了写作的笔。

● 生态学之父

早在200多年以前，亚历山大·冯·洪堡就认识到了直到今天仍令很多人困惑不解的现象。许多人一直在孜孜不倦地探索这样一个问题：地球是一个巨大的、彼此相互联系的生态系统。因此，人类必须谨慎地对待一切在地球上生长和死亡的生物。亚历山大·冯·洪堡可以说是所有环保主义者的鼻祖。

从每个方面来看，亚历山大·冯·洪堡的发现所得出的一切结论都是具有创造性的。因为他把所有学科综合起来研究：生物学、地理学、天文学、植物学、解剖学以及物理学。此外，他还开创了其他学科。如火山学和植物地理学。亚历山大·冯·洪堡被称为德国最伟大的博学家。

有一颗心留在了非洲

这是苏西和楚玛最后一次为她们的白人主人效劳了。公元1873年5月1日的早晨，这两个忠诚的伴侣在主人的床前最后一次下跪。他的头枕在床上，两只手叠放着把头埋起来。她们的"主人"在祈祷时总是保持着这样的姿势。当他与神灵对话时，他一定已经逝世了。

这种逝世，对于一个32年前离开家来到这里，来使黑人皈依基督教的传教士来说，本是美好的结局。尽管一切都与想象的不同——信仰上帝令这个苏格兰人一生都感到很安全。他认为，自己从一个传教士变为一个发现家，这也是上帝的意志。正是出于这个原因，他没有离开非洲。他的两个仆人苏西和楚玛很清楚这一点。于是，她们将他的某样东西能够留在这片黑色大陆（黑色大陆指非洲——译者注）：她们把死者的心脏从尸体上切下来。她们用盐揉搓他的身体，然后将其在太阳底下晒干。接下来，她们将涂满防腐涂料的尸体用布料和树皮紧紧地包裹起来。包装起来后又将尸体紧紧地绑在一副尸架上。然后把他的日记本以及保留下来的器材也都放上去。接下来，她们出发了。8个月里，她们抬着尸体穿越沼泽和草地、攀过山峰、越过海洋，直到这支引人注目的送葬队伍最终到达了印度洋海岸。在桑给巴尔岛，她们把尸体转送上了一艘英国的轮船。然后，这具尸体开始了它的最后一次旅行。

公元1874年4月18日，逝者在英国国王的加冕教堂，即伦敦的威斯敏斯特修道院里，摆放着其他几位统治者棺木的旁边找到了最后的安宁。但是，他的心脏却留在了非洲。苏西和楚玛把这颗心脏埋在了离班韦乌卢湖不远的Chitambo村的一颗树下。

大卫·利文斯敦：黑色大陆的痴迷者

生于公元1813年3月19日，布兰太尔
卒于公元1873年5月1日，Chitambo村

现在，他可以坐在纺纱机前了！这是多棒的一件事啊！这项工作不需要这个10岁的孩子像编织金属丝那份累人的工作一样耗费太多注意力。过去的几年里，大卫·利文斯敦不得不做着编织金属丝的活计来养家糊口。这项工作对他来说简直易如反掌。因此，有时候他甚至可以在纺纱机上放一本书。数学、希腊语以及拉丁语，有太多东西需要学了！每天工作14小时之后，夜校的老师还在等着他来上课。是戴尔先生送他去夜校的。这位羊毛纺纱厂的老板发现，大卫·利文斯敦是个聪明的小伙子。

大卫·利文斯敦一家很穷。作为一名到处奔波的小茶商，他的父亲带回家来的钱刚刚够缴纳位于苏格兰的布兰太尔的一间屋子的房租，这个7口之家就住在这间屋子里。因此，5个孩子都不得不赚钱养家糊口。

然而，生于公元1813年3月19日的大卫·利文斯敦有一个梦想：他想当一名医生和传教士。因此，即便是在织布的时候他也用功读书。18岁时，他终于可以学习医学了。他的一位老师为他在伦敦争取到一笔奖学金。公元1840年，27岁的大卫取得博士学位。伦敦传教士协会把这位年轻的医生派到非洲去。公元1841年3月15日，大卫·利文斯敦到达了南非的开普敦。

但是，大卫·利文斯敦的真正的传教活动确实另外一番样子：并不是收集灵魂（指传教活动——译者注）的成功令他一举成名，而是他在这片黑色大陆上的发现令他赫赫有名。他是第一

19世纪时雇佣童工是非常普遍的现象。

个自西向东穿越非洲的欧洲人。他驶过了长达2700千米的赞比西河。他发现了壮观的维多利亚瀑布。大卫·利文斯敦证明，非洲不仅仅是一个巨大的沙漠。

此外，大卫·利文斯敦也向这片土地上的人们的灵魂敞开心扉。对于大多数欧洲人而言，这些土著居民不过是一群没有价值的"野人"。与此相反，大卫·利文斯敦心系这些黑人们。尽管他称黑人们为"大孩子"：但是，他从没有轻视或利用任何一位土著居民（不管他是部落首领还是仆人）。大卫·利文斯敦的同胞都回避他这个怪人。但是，在黑人眼里，他是一个友好的、非常有耐心的人，这一点也使得他的探险之旅获益颇丰。

在库鲁曼，也就是博茨瓦纳人的土地，英国传教士罗伯特·莫法特接待了大卫·利文斯敦。此后，大卫·利文斯敦继续向北行进。为了能够更好地了解博茨瓦纳人的生活习惯、思维方式、法律以及语言，大卫·利文斯敦避开其他的欧洲人。后来，他这样描述自己的这段经历："如果一个有着善良亲切的舌头的人去旅行，他可以不用损伤一根头发就能拜访最野蛮的部落。"

可是，这一点却不适用于野兽：第一次与一头狮子的碰面就几乎要了大卫·利文斯敦的性命。在玛保萨村，一头狮子咬伤了他的左侧肩膀，后来，他再也没能正确摆动过这条胳膊。大卫·利文斯敦射中了一头狮子，拯救了一个黑人的性命。为了使身体痊愈，公元1844年，大卫·利文斯敦回到了库鲁曼。在库鲁曼，他爱上了罗伯特·莫法特的女儿玛丽，并娶她为妻。

公元1847年，大卫·利文斯敦与玛丽和三个孩子一起沿着卡拉哈里沙漠的边缘去克劳蚌旅行。到达克劳蚌后，他又让妻子和孩子们回去了。两年后，大卫·利文斯敦启程，与富有的英国猎手开普天·考顿·奥斯维尔一起穿越这片沙漠。他们寻找一个据说位于北边的湖泊。这是一次令人疲惫的旅行。马车的车轮总是深陷到沙地里。同行的牛群中，许多头牛由于缺水渴死了。缺水也几乎使人丧失理智。一位丛林妇女拯救了这群欧洲人的性命：

她引导这些陌生人来到一处水源旁边，接下来又到达一条河边。他们顺着这条河走了400千米，找到了恩加米湖。确实存在这样一个湖泊啊！他们的喜悦无穷无尽。

沙漠旅行和恩加米湖的发现使大卫·利文斯敦成了名人。伦敦的王室地理协会，即皇家地理学会授予他一枚勋章。传教士协会中的一员能够获此殊荣，这也令该协会很自豪。

大卫·利文斯敦想要当一名发现家的热情被唤醒了！他猜测，继续向北应该还有一条完整的水系。马考罗罗部落的人们应该就居住在那里。这难道不是一个传教的好地方吗？他回到克劳蚌，以便带上他的家人同行。带着女人和孩子穿越沙漠简直就是一种折磨，更何况玛丽又怀孕了。两个幼小的孩子得了疟疾。途中出生的孩子只活了6周就夭折了。婴儿的哭喊令大卫·利文斯敦久久不能前行。他们返回去了——寻找新的路线，但是找到的新路线也没有好到哪里去。"没有一只鸟或一只昆虫生活在这片地区，这是我所见过的最凄凉的场面。"，大卫·利文斯敦写道。

根据这本日记的记载，4天以后他们终于找到了水源——利尼扬蒂河，正如下面要讲的一样，这条河是巨大的赞比西河的一条支流。在这里，他们受到了马考罗罗部落的首领西比图安妮的友好接待。西比图安妮请求这位传教士，把该地区基督化。他希望由此能够引发部落之间的冲突，并求得抵抗奴隶贩子的帮助。

至少，大卫·利文斯敦对利尼扬蒂河同样也很感兴趣。他与奥斯维尔一起，乘坐着独木舟顺流而下，并于公元1851年8月遇到一条宏伟的大河：赞比西河。大卫·利文斯敦欢呼道："多么神奇啊！多么壮观啊！多么美丽啊！这是我们当时所能相互倾诉的一切。"

大卫·利文斯敦有着伟大的计划。或许，赞比西河可以通船，可以作为穿越非洲的一条商路？他想要沿河向上游行驶，寻找这条河的西岸。对于这一家人而言，这太艰难了。大卫·利文

婴儿的夭折令大卫·利文斯敦一生都无法释怀。

斯敦把玛丽和现在的四个孩子带到开普敦，于公元1852年4月把他们送上了去英国的船只。他自己则计划着自西向东穿越非洲大陆。

与马考罗罗部落的27个搬运工一起，从赛谢凯出发，沿着赞比西河寻找河的源头。接下来，一行人又开始步行。他们常常一整天都找不到任何吃的。有时候，大卫·利文斯敦不得不忍受着患疟疾引发的高烧在及膝深的沼泽里行走，倾盆大雨浇到他们身上。公元1854年5月，饱受疾病和疲劳折磨的大卫·利文斯敦到达了大西洋海岸边的罗安达。4个月内，他走过了2400千米的路程。同时，他痛苦地认识到：这条路线不适合用作贸易通道。

但是必须得想到别的法子：大卫·利文斯敦回到赛谢凯，企图能够沿着赞比西河顺流而下直到到达印度洋。

公元1855年11月，大卫·利文斯敦出发了。这一次，他带了100多个来自马考罗罗部落的随从。摆在他面前的是1600千米的路程。

呈现在大卫·利文斯敦面前的是一副壮丽的自然奇观。公元1855年11月16日，他见到了"摩西·欧阿·屯娅瀑布"，他是第一个见到该瀑布的白人。"Mosi-oa-Tunya"即"打雷的水雾"（Donnernden Rauch），这是黑人们对这一非洲最大的瀑布的称呼。现在，大卫·利文斯敦终于理解了，为什么在离此处还有2小时的路程时所首先看见的东西与这些巨大的烟烛很像。在非洲，稀薄的草坪往往燃烧殆尽。而这些烟烛就出现在没有草坪被烧尽的地方。这些烟烛随着风向改变，与云彩融为一体。这是真是的水雾啊！土著们把这一自然奇观称为"打雷的水雾"，这个称呼再合适不过了。英国人大卫·利文斯敦把这条宽为1500米，深达100米的瀑布以英国女王的名字命名为"维多利亚瀑布"。

继续向东行进时，大卫·利文斯敦犯了一个错误。两年以后，这个错误造成了一场灾难：他缩短了路程并离开了赞比西河海岸。因此，他忽略了绵延64千米的湍急的河流。公元1856年

"Mosi-oa-Tunya"是土著居民所称的维多利亚瀑布"烟雾在此轰鸣"的字面翻译。

5月，大卫·利文斯敦到达了印度洋沿岸的克里马内。这一条就是沿着赞比西河的新的贸易通道！大卫·利文斯敦走过了近7000千米的路程。没有任何迹象表明，他已经犯了一个灾难性的错误……

在英国，大卫·利文斯敦像英雄一样受到了招待。皇家地理协会为他庆祝。教会团体却不怎么欢迎他，因为他的冒险活动与"传播新教没什么关系"。因此，他告别了作为一名传教士的生涯。此后，大卫·利文斯敦被任命为驻克里马内的皇家领事。大卫·利文斯敦写的一本记载了自己的生活经历的书很是畅销——卖书得来的钱支持他又进行了一次新的探险之旅，他乘坐着蒸汽船沿着赞比西河逆流而上，希望能在巴托卡高原建立一个研究基地。

公元1858年，大卫·利文斯敦与妻子一起回到非洲。他命人造了一艘蒸汽船，并将其命名为"马罗布特号"：库鲁曼的黑人们称玛丽为"马罗布特"。然而，大卫·利文斯敦与手下的人闹翻了，"马罗布特号"也没有像期望的那样适于在海上航行。当他们最终陷入卡布拉巴萨的急流中时，一切努力都失败了！大卫·利文斯敦试图越过赞比西河的支流希雷河到达目的地。在希雷河这里，急流再次阻断了他的去路。最后，一个突击队员发现了马拉维湖，同时也发现了阿拉伯人最大的贩卖黑奴的路线，这条路通往桑给巴尔岛。大卫·利文斯敦太震惊了！非常不幸的是，玛丽染上疟疾去世了。更糟糕的是，在他传教的地方中发生了一场屠杀。首位英国主教牺牲以后，英国政府命令他立即回国。

公元1864年，大卫·利文斯敦到达英国，并为一年以后重新启程做准备。这一次，他想要探寻尼罗河以及刚果河的源头。此次旅行长达7年之久，队伍的结局比以往任何结局都要惨烈。大卫·利文斯敦率领60名搬运工从鲁伍马河的河口处启程前往马拉维湖。他发现，一个接一个的村庄，人都逃走了，遍地是尸体和

自古希腊罗马时期，人们就一直在寻找尼罗河的源头。直到20世纪，人们才找到所有的源头，并且绘制了地图。

人的头盖骨。奴隶贩卖者进行了一场残忍的杀戮。在这片沦为荒野的土地上，探险队差点饿死，许多搬运工死去了。

大卫·利文斯敦带着仅剩的11个人到达了马拉维湖，他染上了痢疾和疟疾，身体十分虚弱，饱受折磨。尽管如此，大卫·利文斯敦仍想要继续行进。某些日子里，他最忠实的同伴苏西和楚玛以及一个名叫加德纳的的英国人不得不抬着他前进。大卫·利文斯敦猜测，尼罗河的源头就是坦噶尼科湖。在一个非洲的村庄里，他亲眼目睹了黑奴贸易者对黑人们犯下的血腥罪行。在坦噶尼科湖湖畔的Ujiji镇子上，绝望的大卫·利文斯敦建立起宿营地留了下来。很长一段时间里，英国人都以为他失踪了。

一位英国记者踏上了寻找失踪的发现家大卫·利文斯敦的旅途。没有人会相信，公元1871年，亨利·莫顿·斯坦利在Ujiji镇找到了骨瘦如柴的大卫·利文斯敦。他的问候语"利文斯敦博士，我该接纳您吗？"成了一句口头禅。

整整一年的时间，亨利·莫顿·斯坦利用食物和药品喂养这位发现家。公元1872年，大卫·利文斯敦再次启程。与忠实的仆人苏西和楚玛一起，他再次出发了。他们这一次要去的地方是班韦乌卢湖。公元1873年5月1日的夜里，大卫·利文斯敦在其位于Chitambo村的草屋里去世了。他的尸体被运往英国，但他的心脏留在了非洲。

◉ 去世的那一年，迟到的胜利

在非洲的30年里，没有什么像残忍的黑奴贸易那样令大卫·利文斯敦感到那样震惊，所到之处，黑奴贸易随处可见。因此，他孜孜不倦地在其写给伦敦的报告中请求，结束这种罪行。如果他还活着的话，他将会欣喜若狂。在他去世的那一年，公元1873年，英国人取缔了桑给巴尔的黑奴市场。

或许大卫·利文斯敦也将会为他的后人们感到绝望。比如，追寻着他的足迹的亨利·莫顿·斯坦利,他十分血腥地对待黑人。有一回,因为土著人惹恼了他,他竟命人向人群盲目射击。后来,他又效忠于比利时国王利奥波德二世,并在非洲的刚果建立起一个最残忍的殖民政权。

海伦的复活

她难道不漂亮吗？这位51岁的德国人骄傲地看着自己年轻的妻子。头上和脖子上佩戴着王室昂贵饰品的她看起来多么优雅。现在，她是他的海伦了——希腊神话人物的复活。这张照片将会传遍全世界！索菲娅所佩戴的黄金饰品进一步证明，他找到了自己坚定信念，发誓要用毕生精力寻找的东西（三年来他一直用铁锹和铁铲在探寻）：即传说中的特洛伊古城。

同时，这也证明了：公元前8世纪，荷马的著作《伊利亚特》不仅仅是这位希腊诗人的一篇短篇小说，同时，作品所描述的也是历史的事实。这个德国人使得这一事实重见天日！为此，他挖尽了希沙立克（Hissarlik）的沉积物，从中挖掘出了一笔财富。但是，他最终还是找到了这座没落的城市的城墙遗址，同时也找到了传说中的国王普里阿摩斯（Priamos）的首饰。

但是，这个21岁的德国人为什么不让我们观看这张照片呢？当这位挖宝者试图说服全世界相信这一切的时候，索菲娅根本就不理解他对于考古探险的狂热追求。她说："我宁愿死也不愿意像这个人一样活着！"那时候，索菲娅还没有自愿嫁给他。这个挖宝者使得"伊利亚特"这一神话传说作为历史的事实重见天日。同样，他也狂热地为自己的人生构筑了一个神话。在他的一生中，正如他对索菲娅所讲述的那样，他有时候能感觉到一种美化的、虚假的、梦幻般的来自索菲娅的爱意。他所发现的这个特洛伊城到底是不是真正的"特洛伊古城"呢？就这一点，直到今天，学者们都存在争议。尽管如此，他还是挖掘出了一段扣人心弦的历史片段。

海因里希·施里曼：关于特洛伊古城的第二次战争

生于公元1822年1月6日，梅克伦堡——前波莫瑞（Neubukow）
卒于公元1891年12月26日，那不勒斯（Neapel）

这个男孩子在圣诞树下睁大了眼睛，但是吸引他眼球的并不是正在燃烧着的蜡烛。小海因里希一遍又一遍地看着一本带有插图的书上的图片：书上画着一个白发及肩的老人，他正帮助自己的儿子从燃烧着熊熊烈焰的城市中逃脱。城墙挡住了火焰的侵袭。

爸爸向小海因里希讲述特洛伊战争中美丽的海伦，讲了这么多遍！因为这个孩子对希腊人摧毁特洛伊城的这个传说总也听不够，于是，公元1829年的圣诞节，父母送给他带插图的《孩子的世界历史》这本书作为礼物。书中画着英雄埃涅阿斯（Aneas）肩上扛着父亲安喀塞斯（Anchises），手上抱着儿子阿斯卡尼俄斯（Askanios）逃脱的场景。这个即将八岁的孩子已经知道了荷马的长篇史诗《伊利亚特》。这些图片描绘了他心目中的一些人物形象。他的心中萌生了一个念头：如果特洛伊城的城墙真的如此坚固的话，现在肯定还有它的部分遗址！必须要找到那个地方，挖掘几百年前的尘土、沙子和废墟……

无论如何，这都是海因里希·施里曼亲自讲述的，讲述他是如何作出这样一个决定：他此生的全部使命在于，找到这座特洛伊古城。他前往特洛伊古城的这条弯路把他带向了全世界。真是这样的吗？

如今，他的父亲艾恩斯特·施里曼是个有耐心的、亲切友好的讲故事的人这一点就已经受到了质疑。事实上，这位牧师是个负债累累的酒鬼和爱施家暴的人。他的妻子路易斯首先就遭受了这一切。艾恩斯特·施里曼如此严重地毁坏了这个家庭的名誉，以至于他们不得不搬离了小海因里希的出生地，即梅克伦堡——前波莫瑞。海因里希·施里曼，在艾恩斯特·施里曼的九个孩子中，他排行老五。公元1822年1月6日，当时海因里希刚刚一岁，他们家搬到了安克斯哈根，父亲在那里接管了另一座教堂。海因里希9岁时，他的母亲在生下第九个孩子不久去世了。

这还不够。在生前，海因里希·施里曼的母亲路易斯·施里曼赶走了他们家的仆人索菲·施瓦茨。母亲还没去世，父亲的情人索菲·施瓦茨就搬进了这个家。由于神父一家放荡的生活方式，村上的孩子都不允许跟幼小的海因里希·施里曼玩耍了。

母亲去世一年以后，海因里希·施里曼去了格里外斯特穆林（Grevesmuhlen，位于梅克伦堡——前波美尼亚州——译者注）的卡尔克霍斯特市（Kalkhorst）的叔叔家，由叔叔照顾。在叔叔家，他与堂弟一起跟着私人教师上课。最后，11岁时，海因里希·施里曼被送往Neustrelitz（位于梅克伦堡——前波美尼亚州——译者注）的高级中学读书。后因经济原因，海因里希·施里曼不得不转到技术学校就读，并于14岁时毕业。毕业以后意味着他必须要自己赚钱糊口。于是，海因里希·施里曼去了柏林旁边的福斯坦瓦尔德做了一名小商贩。在长达5年半的时间里，他一直是个打杂的：他必须亲自打扫商店、打开塑料袋、包装商品，销售黄油、面包、鱼以及咖啡——从早晨五点忙到晚上11点。同时，这家商店也是一家小酒馆。所以，直到最后一个吃着土豆、喝着烈酒的酒徒深夜踉跄着离开酒桌的时候，天色已经很晚了。

然而，海因里希·施里曼是多么希望能够继续上学啊！"在福斯坦瓦尔德的5年半的时间里，每当我看见一名高年级学生的脸庞，联想到自己的无知和不幸，流下的是多么苦涩的泪水啊!"

也是在这家小商店里,海因里希·施里曼遇到了"自己的"特洛伊城:他常常喜欢这样讲述到,一天,一个喝醉了的磨坊主如此感人地引用了荷马《伊利亚特》里的一节古希腊的诗行,以至于这个年轻的售货员热泪盈眶。但其实他当时一个字都没听懂。这也无所谓了。如果不是这美妙的六音步诗行一直钻进他的耳朵里,他可能永远不会想到要学习古希腊语。后来,海因里希·施里曼向那个磨坊主致谢。不幸中的万幸,海因里希·施里曼得了肺病。现在,他不能搬重物了。他不再经营小商店了。这为他以后开创辉煌的事业扫清了道路。用"从一个小店员成长为百万富翁"这个标题可以很好地形容他。

公元1841年夏,海因里希·施里曼去了罗斯托克,在那里学习了会计。后来,他接受了汉堡的一个销售员的工作。他挣的钱相对于美好的生活来说太少了,但对于生存却是绰绰有余的。因此,他决定移民美国。海因里希·施里曼在一艘前往委内瑞拉的货轮上当船员。他也没有走得多远:"多萝西娅号"到达了荷兰的特克赛尔岛,海因里希·施里曼在阿姆斯特丹登岸。他总能找到一份工作:他在一家名为奎恩的商行里做听差,分送邮件。然而,在这家繁忙的交易中心,他发现自己是一个学习语言的天才。他在学校时刻苦学习了拉丁语、英语以及法语。现在,他又自学了其他几门语言。他一生都在学习语言。此外,海因里希·施里曼发明了自己的学习方法:他"读"遍了手头能拿到的所有的外国报纸。这样,他一篇接一篇地读下来,直到把语言死记硬背下来。

海因里希·施里曼通过阅读报纸自学了许多语言。

最终,海因里希·施里曼能用16种语言熟练表达词汇以及写作。其中包括:荷兰语、西班牙语、葡萄牙语、意大利语、俄语、瑞典语、现代希腊语和古代希腊语、斯洛文尼亚语以及波兰语。后来他又学习了阿拉伯语。据说,他甚至懂汉语和日语。在海因里希生前所写的书信里(这些书信往往有几页纸厚),他有时候会在段落中间变换语言，以此来体验自己刚刚游历过的国家的语言。海因里希去世以后，他所写的近八万封书信中的部分信件呈现在世人面前。这些书信表明，在描绘自己的生活经历时，他很可能把一些从报纸上读到的事情融入进去了。

由于海因里希·施里曼雄厚的外语知识，阿姆斯特丹的商行施罗德有限公司雇佣这个年轻人为外语记者以及会计。公元1846年，公司把24岁的海因里希·施里曼派往俄国的圣彼得堡，命他在那里建立一个分公司。很快，海因里希·施里曼就做起了红火的买卖：销售茶叶、咖啡、羊毛，最主要的，也销售靛青染料。靛青染料是一种深受追捧的蓝色植物染料。当时，这种染料主要是从加勒比地区以及南美洲进口而来。

一年以后，海因里希·施里曼建立起自己的公司。他取得了俄国国籍，加入了商业行业协会。公元1848年，他赢得了一笔高达5万泰勒（约3万美元）的资产。现在，这个曾经由于缺钱念不起书的贫穷的牧师的儿子终于如愿以偿，他成了富翁。他的冒险生涯开始了。

公元1850年12月，海因里希·施里曼去美国旅行。他的弟弟路德维希在美国去世。海因里希·施里曼的弟弟实现了哥哥由于"多萝西娅号"的沉船事故所没能完成的事业：公元1848年，路易斯（即路德维希的自称），移民美国。他在加利福尼亚州登陆，成为一名掘金者。在写给哥哥的信中他兴奋地谈到，在加利福尼亚州做买卖是一件多么容易的事情。于是，还从未到过美国的海因里希·施里曼也在萨克拉门托建立起自己的一家银行。淘金者们可以在这家银行用黄金的粉末兑换货币。亲自穿越整个大洲以及美洲中部以后，海因里希·施里曼深信：这绝对是一笔有钱赚的买卖。

不到两年的时间里，海因里希·施里曼的财富就翻了一番。公元1852年，他回到俄国。在俄国，他很快又找到了新的发财致富之路：现在，他"硬着心肠"（他自己这样说道），也开始进

海因里希·施里曼找一切路子来赚钱，他甚至从克里米亚战争中攫取财富。

行硝石、黑火药以及子弹的贸易。因为俄国与土耳其、英国以及法国之间的克里米亚战争，这些商品变得十分紧俏。因为敌方在俄国的波罗的海港口实行封锁。海因里希·施里曼凭借自己的关系，为沙皇的军队从其他途径进口军事用品。在美国，他进行羊毛以及甘蔗的投机买卖，生意红火。

在此期间，海因里希·施里曼成为拥资数百万的大富翁，同时他也走入了婚姻。公元1852年10月，恰逢他刚从美国回来，他与商人的女儿叶卡捷琳娜·彼得罗夫娜·李世娜结婚。公元1855~1859年间，他们生下两个孩子谢尔盖和娜塔莉娅。然而不久之后，海因里希·施里曼就开始抱怨妻子叶卡捷琳娜冷酷无情，他想与妻子离婚。叶卡捷琳娜拒绝离婚。海因里希·施里曼不仅厌倦了自己的妻子，也厌倦了一味地攫取暴利。最后，他决定弥补年轻时阻碍自己发展的不足——他要进修。公元1864年，42岁的海因里希·施里曼解散了其在俄国的公司，把财富投资到美国、古巴和法国。他游历了埃及、印度、中国以及日本。他就读于巴黎的索邦大学，学习文学、考古学以及哲学。公元1867年，他写下了自己关于中国和日本的第一本书。三年以后，创作了第二本《伊萨卡》（"Ithaka"）。在罗斯托克，他被授予"哲学博士"的头衔。同时，他决定，要成为一名考古学家。

45岁左右的时候，海因里希·施里曼成为一名大学生。

他应该实现儿时的梦想，沿着荷马史诗的足迹探索下去吗？在巴黎求学期间，海因里希·施里曼游览了意大利和希腊。在那不勒斯，他研究了最新的考古方法。在西西里岛，他到访了荷马史诗里所描述的至今能辨认出来的地方。在希腊，他参观了伊萨卡和迈锡尼两座城市。在巴黎，他得到一本新书。书中记载了了达达尼尔人所描绘过的一个地方，作者认为这个地方就是特洛伊古城。此外，一件几乎令人难以置信的偶然事件给了海因里希·施里曼很大的帮助。或者，这是上帝的恩赐吗？——公元1868年8月，他在土耳其的恰纳卡莱错过了轮船。

在恰纳卡莱，英国人弗兰克·卡尔弗特向海因里希·施里曼提到，他正在寻找一个赞助商。弗兰克·卡尔弗特也想找到特洛伊，并且，他在土耳其的希沙立克已经进行了试挖掘。他猜测，在达达尼尔部落的一座山丘上埋藏着荷马的"伊利亚特"。

海因里希·施里曼竖起耳朵听得很认真，但是他想先解决婚姻问题。于是，他再次回到美国，骗取了当地的国籍。现在，基于美国的法律，即使没有妻子的同意他也可以与自己不爱的妻子离婚。此时，海因里希·施里曼可以自由地进行从儿时起就梦想着的探险活动了。他在给弗兰克·卡尔弗特的信中写道："我现在完全决定了，要把希沙立克的那整座艺术的山丘铲平！"

公元1869年，海因里希·施里曼废弃了在巴黎的住处，搬往雅典。还在美国的时候他就开始寻找新的妻子：这一次，一位雅典人成为他的妻子。他给一名主教写信，寻求帮助。主教寄给他一些照片，其中就有一张索菲娅的照片。海因里希·施里曼很喜欢索菲娅，于是，他命人安排一场会面。索菲娅的父亲是一位布匹商人，生意经营惨淡。康斯坦丁诺斯（指索菲亚的父亲——译者注）希望通过女儿与商人海因里希·施里曼的婚姻得到使其走出困境的帮助。

公元1869年8月，海因里希·施里曼近距离地打量了可能成为其新娘的索菲娅。索菲娅必须读《伊利亚特》给他听。在回答为什么想成为海因里希的妻子时，17岁的索菲娅情急之下说道："我父母想让我嫁给您，因为您很有钱！"海因里希愤怒地让年轻的索菲娅罚站——此后不久，他收到一封索菲娅的信，她祈求道："请您离开雅典时不要丢下我！"公元1869年9月23日，索菲娅成为海因里希的妻子。在海因里希身旁，她或许从未感到舒服过。体弱多病的她却与海因里希生了两个孩子。海因里希给孩子取名为安德洛玛克和阿伽门农——以希腊神话世界的偶像命名（二者都是《伊利亚特》中提到的名字——译者注）。

公元1870年，正如海因里希·施里曼所宣告的那样，他开始挖掘希沙立克。他把一座坟墓从背面移到南面，跨越整座山丘。

城墙遗址和焚烧过的土壤裸露出来。几百年来，这里的人们一直在原来建筑的废墟上修建着新的建筑物。

最终，海因里希·施里曼有了轰动性的发现：陶器、花瓶、双耳瓶以及盘子。公元1873年5月，正如他所说服自己的那样，他终于挖出了著名的传说中的普里阿摩斯的宝藏：耳环、项链、头发饰品以及由两百克黄金、4066颗金箔以及12271个小块宝石组成的皇冠。他给索菲娅带上这顶皇冠，并且拍了一张照片。这张照片传遍了世界，同时也流传起这样一个故事：海因里希·施里曼把这些昂贵的首饰藏在围裙里从挖出来的废墟里带了出来。这是谎言。发现这些宝藏时索菲娅不在场，因为那时候她正参加父亲的葬礼。就这样吧！难道这些关于围裙的传言不更适合这充满传奇色彩的一幕吗？

尽管这是禁止的，但是海因里希·施里曼还是命人把这些宝藏首先偷偷运到雅典，然后又转运到德国。只有答应了把所挖出的一半的宝藏留在土耳其，土耳其人才会允许他进行挖掘。但海因里希·施里曼却把"普里阿摩斯的宝藏"送给了"德国人，成为德国的永久所属品"。压根没有经过商讨，他毫无疑义地被授予德国首府柏林的"荣誉市民"的称号……土耳其人控告海因里希，于是，他支付给伊斯坦布尔的考古学博物馆价值高达5万金法郎的赔偿金，以自己的方式成就了世界上的一项伟大事业。

"业余考古学家"海因里希·施里曼受到了专业界人士激烈的抨击：与其说他是从事考古发现，不如说是在进行破坏。后来证明，在对所发现的物品进行年代排序时，他完全估计错误。这些物品所处的年代远比特洛伊战争的时代要早，特洛伊战争始于公元前2世纪中期。但是这些物品仍然具有惊人的价值。海因里希·施里曼继续挖掘下去。同样，在梯林斯和迈锡尼他也发现了一些坟墓和一个昂贵的黄金面具。他认为这就是伟大的英雄阿伽门农的坟墓。直到公元1890年，仅在特洛伊就挖掘出了6层遗址。两次国际会议在特洛伊召开，会上就支持或反对海因里

> 直到今天，在海因里希·施里曼的考古方法方面，人们仍有意见分歧。

希·施里曼进行了辩论。海因里希这个来自梅克伦堡的牧师的儿子受到抨击的同时也被人敬仰：英国维多利亚女王甚至授予了他一枚勋章。

公元1890年，海因里希·施里曼前往萨勒河畔的哈雷旅行。如今，78岁的他必须要接受一场复杂的耳部手术。此后，他到了那不勒斯，但他却想在圣诞节的时候能够再次回到希腊的妻子和孩子身边。公元1891年1月，海因里希才回到了希腊：在他即将度过79岁生日的两天前，他那经过防腐处理的尸体被埋葬在雅典。海因里希·施里曼死于这场耳部手术的恶果。12月25日晚，航行到那不勒斯河的中游时海因里希倒下了，第二天逝世。

● 旅行中的宝藏

人类喜欢童话和神话。海因里希·施里曼让自己儿时的梦想变成了现实。在生命的尾声，或许他也会自我怀疑，怀疑自己在一堆碎片和灰烬底下所发现的到底是不是传说中的特洛伊古城。尽管如此，没有人会对他所做出的贡献产生争议。正是因为他，考古学才成为热门并且得到了繁荣发展。

在海因里希·施里曼挖掘出的"特洛伊城"周围，人们一再进行挖掘。在此期间，人们宣布希沙立克的那座小山丘成为一个具有历史意义的国家公园。

海因里希·施里曼去世以后，传说中的"普里阿摩斯的宝藏"再一次消失了很久。二战期间，这批宝藏从柏林的史前博物馆被转运到了莫斯科的普希金博物馆。直到1993年，这批宝藏一直被藏在普希金博物馆的一间地下室里。1996年，这批宝藏才重新面世。

乘船滑过冰面，穿越永恒的冰川

有时候确实是这样的：人们不得不设计一艘能够抵抗得住冰块的巨大冲击力的船。这艘船不但不会被冰块挤碎，而且会被冰块抬高。人们站在这艘船的甲板上，就像乘着一艘冰制成的轮渡，在海面上从东向西漂流。如果计算准确并且比较幸运的话，人们这样就能到达地球的北端。多么疯狂的想法啊！这个挪威的动物学家到底想到了什么呢？

19世纪末，北极是当时所有北极研究者们梦寐以求想要到达的地方。我们的这位冒险家在他滑着雪橇穿越格陵兰岛的为期40天的行进中的最后一刻，满足了自己这份追逐北极的狂热。但这位年轻人并不是从那时起才开始明确关注北极探险者们的有关报道。但是，其中一篇报道阻止了他出行的计划：这篇报道谈到了"珍妮特号"（Jeanette）的命运。这艘美国的探险船于公元1881年6月在新西伯利亚岛附近失踪。三年以后，"珍妮特号"的残骸突然出现，恰恰出现在北极对面的格陵兰岛的西海岸线。

这与因纽特人，即艾特霍布的爱斯基摩人所给他展示的相吻合。在艾特霍布，海洋把住在阿拉斯加的因纽特人所用的工具的残片冲到了岸边。海水和冰块肯定冲着这些残片环绕了北极一圈。或者，干脆冲着这些残片穿越了北极？因纽特人认为，北极冰川下面隐藏着一个巨大的海洋，这个海洋的洋流会穿越北极。"珍妮特号"的木板就是随着这股洋流被从东冲到西的！就是这一点使这位科学家产生了一个念头：建造一艘船，他可以乘着这艘船滑过冰面到达北极。

弗里乔夫·南森：从北极研究者变身为和平之友

生于公元1861年10月10日，麦乐穆·弗劳恩
卒于1930年5月13日，吕萨克

就在那儿！现在就要出发了！首先听到的是东西开裂的声音以及人的呻吟声，这声音随着鞭子的响声结束了。接下来听到持续的轰鸣声。小型"弗拉姆号"发出的轰鸣声"就像远处地震以后传来的雷鸣般的声音"滚滚而来，弗里乔夫·南森（Fridtjof Nansen）这样描写道。这艘三桅杆帆船上的12个人刚好坐在晚餐桌上。他们停了下来，不敢呼吸。有一会儿，船上弥漫着死寂般的沉静。接下来释放般的大笑打破了这种紧张的氛围。是的，他们成功了！冰块把他们抬得很高！他们以及这艘被冰块紧紧环绕的船只被抬得很高！

弗里乔夫·南森所计划的这一幕已经发生了。大家都兴高采烈。尽管他们知道，自己有生以来最严峻的耐力考验才刚刚开始：连续数月的静坐和等待。在谈到船上的环境时，弗里乔夫·南森在日记中这样写道：有时候，无聊会把每一个人的灵魂击得粉碎，生活看起来就像外面冬季的夜晚一样昏暗。无所谓了。现在，这取决于他的两个理论能否在某些方面成为现实：洋流真能把他们送到北极吗？据说一年半以后弗里乔夫·南森才找到这个问题的答案。

21岁时，海洋第一次吸引弗里乔夫·南森来到冰川上。那年夏天，他大学毕业以后与一个猎捕海豹的人一起前往北极。这位年轻的生物学家本来想研究外面那些被猎人杀死的海豹的尸体

进行解剖。然而，北冰洋却更多地引起了他的好奇心。他测量了格陵兰海海域不同深度的水温，返回时他了解到水并不像当时人们所设想的那样会在水下30米处开始结冰，而是在水面就开始结冰了。此外，此行中在海上发现了由西伯利亚的落叶松制成的船板，在极盖区的对面发现了这些木头。

弗里乔夫·南森是大自然的孩子。令人毫不惊讶的是，他在父母位于麦乐穆·弗劳恩（Mellom-Froen）的城堡里长大（公元1861年10月10日，他在那座城堡里出生）。他身上流淌着研究者的血液。200年前，他的祖先之一，汉斯·南森（Hans Nansen），探索了位于巴伦支海的白海海岸线。

弗里乔夫·南森从动物学转而研究海洋学。他的一位教授帮助他跟随一位海豹猎捕者踏上了探索"维京人"的旅途。公元1882年秋天，南森旅行回来后在一座山上的自然博物馆里担任管理人员。从博物馆向外面望去，格陵兰岛上的冰川以及那些巨大的闪闪发光的冰山令他无法忘记。这些都魔幻般地吸引着他。他想到格陵兰岛去，想知道这座巨岛的内部到底是什么样子的。他最好能穿越格陵兰岛。这已经是个疯狂的想法了！那时候还没有人敢尝试。但弗里乔夫·南森是个经验丰富的滑雪人，是个勇敢的登山者，也是一个狂热的漫步旅行者。对于这样一次探险旅行而言，他难道不是浑然天成的人选吗？

弗里乔夫·南森的计划差点因为资金不足而失败。除了他，几乎没有人对覆盖着格陵兰岛的冰川感兴趣。但是，这个身强体壮的年轻人最终还是找到了一个丹麦人做赞助商。为了完成这个大胆的计划，南森需要一套有序的装备。他根据特殊要求绘制了滑雪板的草图。他命人根据精确的计算裁制了一套格外保暖的衣服，这套衣服足以抵抗极端的严寒。他甚至制造了一套具有内置酒精炉的特殊炊具。此外，他也设计了"南森雪橇"。在他发明这套装备100多年后的今天，这套雪橇还保留了原来的式样，与"南森炊具"一起，同属于每一次正规北极之旅的必备装备。这

公元17世纪时，弗里乔夫·南森的一位祖先受俄国沙皇的委托进行研究。

套雪橇格外轻便，便于狗在前面拉着。同时，雪橇的滑板是钢制材料做成的。

1888年，27岁的弗里乔夫·南森终于找到了一只理想的队伍：自己的同胞有奥托·斯维德鲁普（Otto Sverfrup、奥鲁夫·迪特里赫松（Oluf Dietrichson）和克里斯蒂安·特拉纳（Kristian Trana）以及芬兰人塞缪尔·巴尔托（Samuel Balto）和奥莱·拉夫娜（Ole Ravna）。这些人都很年轻，对冒险充满了兴趣，但遇到危险却不会不知所措。他们中没有任何一个人会因为疏忽大意或是恶作剧陷入危险。

公元1888年5月初，6个人经过哥本哈根和爱丁堡前往冰岛。他们搭乘一艘猎捕海豹的船只到达了格陵兰岛的东海岸。在离大陆16千米处，他们的船只"杰森号"（Jaso）在安马赫夏利克（Angmagssalik）撞上了浮冰。他们带着半吨重的行李上了岸——这两艘船需要这么多行李：其中有食物、帐篷、测量仪器、水平仪。他们小心翼翼地从一块冰移动到另一块冰，总共用了10天才最终登陆。

寒冷的风却把他们继续向南吹去。直到8月10日，他们才最终开始穿越格陵兰岛，而他们在10月初才完成了穿越。在当时-57℃的环境中，6个探险者艰难行进到海拔2700米处。然后他们把滑雪板绑在一起，滑雪板上绑上帆布帐篷作为帆，再次滑雪赶往山下。

当他们最终沿着一条冰河，于10月初到达因纽特人的聚居区，即位于格陵兰岛另一面的戈特霍布时，当年那条船早就不能用了。他们在戈特霍布过冬。弗里乔夫·南森利用时间研究因纽特人。他是第一个证明格陵兰岛完全被冰覆盖的人。关于此次长达700千米的探险之旅，弗里乔夫·南森写下了生平第一本书《滑雪穿越格陵兰》，除了北极研究者，这本书也受到其他人的钦佩。

如今，奥斯陆大学聘请弗里乔夫·南森在自然博物馆任职。

"南森炊具"今天还能够买到。

冰块不能挤碎"弗拉姆号"。

弗里乔夫·南森这位格陵兰岛——冒险家不仅在那里找到一份工作，同时也遇到了自己的妻子：艾娃·萨尔斯（Eva Sars），她是一位动物学教授的女儿。在环行欧洲进行演讲之旅之后，南森在吕萨克离奥斯陆湾（Oslo-Fjord）不远处修建了一栋房屋，他把这座房子命名为"戈特霍布"。后来，他的两个儿子阿斯蒙德（Asmund）和奥德（Odd）就出生在这里。同样，在吕萨克·南森也萌生了一个冒险性的计划：乘坐"弗拉姆号"沿着冰面到达北极。

弗里乔夫·南森这样描述自己的计划：建造的这艘船应该能够容纳12个人、煤炭以及可以吃5年的食物。船的侧面应该足够倾斜，使船体不至于结冰。这样，冰就不会封住船只，而是把船从水面上抬高。自然，所有人最开始都嘲笑他这一疯狂的想法！然而，南森却不是闹着玩的。最后他甚至成功劝说挪威议会支持自己的计划，并筹集到了20万克朗的经费。

现在，他们出发了。同样，"弗拉姆号"也出发了：弗里乔夫·南森把这位他与挪威海船业主科林·阿彻（Colin Archer）共同设计并建造的船命名为"弗拉姆号"。这艘船长39米，宽11米，是一艘三桅杆帆船，底部厚达80厘米，由橡木制成。此外，弗里乔夫·南森还建造了像冰一样坚硬的外壳，外壳由"绿色心脏"，即一种特殊的坚硬的能够抵抗气候变化的木头制成。科林·阿彻如此设计这艘船，这样冰既不会在船的侧面也不会在船的尾部固定住，而是会从光滑的表面滑下去。至少他希望⋯⋯此外，船也配备了一台200马力的强劲的动力马达。

公元1893年6月24日，"弗拉姆号"载着12个人从湃珀维肯（Pepperviken）入海，其中有一名医生以及格陵兰人奥托·维德鲁普，他担任船长。如果读一下南森在日记中所记录的事情，人们几乎能感受到他的欢乐："这艘小船像箭一样穿过吕萨克湾，把我带上了需要冒生命危险的旅程。"那时候他还不知道，这个想法离现实是多么近。然而，却不是在"弗拉姆号"上发生的……

他们沿着挪威海岸向北航行，然后转向南行驶。在经过新地岛（Nowaja Semlia）时，他们在俄国的查巴洛娃（Chabarowa）装载了一些雪橇犬，在储藏室装满了食物。他们有时候靠岸，猎捕北极熊和驯鹿。在到达新西伯利亚岛时，"弗拉姆号"调转方向，向北行驶，海洋冰层（Packeis-Meer）开始了。9月25日，在北纬78°50″的地方，船撞上了一片冰川。现在，必须要看一看，弗里乔夫·南森设计的船是否确如他之前所承诺的那样能承受冰块的撞击，船是否会如他所预计的那样漂到北极。

第一步成功了！第二步也继续坚定地进行：早在10月初，他们就漂浮在冰面上，到达了北纬82度30分的地方。甚至，有一次一块厚达2米的冰块撞到了船上，"弗拉姆号"推着这块冰前进，船身却抵抗住了冲击力。南森兴奋地记录到："不可能有比这更大的压力了！它能如此坚固，这根本就是不可能的奇迹"有时候，他们完全沿着海岸线向北行进，接下来的几个月却再次费力而缓慢地蜿蜒前进了。公元1894年年底，离他们出发时一年的时候，他们到达了北纬83度24分。

渐渐地，没有什么能够掩盖这一事实：洋流把他们向西漂了太远的一段距离。现在，"弗拉姆号"距离北极还有500千米。弗里乔夫·南森不得不承认：乘着这艘船根本不可能到达地球的最北端。那么就步行吧！南森有了一个更大胆的想法：两个人一起，带着狗和雪橇，同时带着两艘皮划艇以防冰层裂开，肯定能在50天之内到达北极！

公元1895年3月14日，弗里乔夫·南森走出了船舱。他与年轻的军官弗雷德里克·亚尔马·约翰逊（Frederik Hjalmar Johansen）一起，带着三套雪橇，28条狗，两艘皮划艇以及可用100天的给养，开始在冰面上行进。最开始时一切都挺顺利。然后越来越多的冰块由于海水和洋流产生的冲击力开始破裂。越来越频繁的是：单个的冰块十分陡峭险峻地在他们面前高高堆起。

> 冰块突然间势不可当地堆在了弗里乔夫·南森和约翰逊的眼前。

4月6日，在离北极还有420千米时，弗里乔夫·南森记录到："跑步、悬崖、无边无际的坚硬冰块，这看起来就像永无止境的冰川堆石！遇到坑洼处时还要滑雪持续的奔波，这令雪橇犬十分疲劳。"两天以后："不断地翻越冰悬崖，直到到达地平线！如果还有更多这样的冰山的话，我们肯定会花掉所有的时间。"现在，他们已经上路25天了，到达了北纬86度14分处，比之前任何一个人走得都要远！但是一切努力都没用了：弗里乔夫·南森放弃了。

返回南部时，历程要比当时所经历的一切都要戏剧化。北极的春天到来了，部分冰块开始融化。他们乘坐着皮划艇在融化开的水面上顺利划行。然而气温却常常骤降，海面覆盖上一层冰，皮划艇无法继续航行。同时，冰层很薄，无法承受二人和他们行李的重量。他们费力地滑着雪橇，寻找能够承受住重量的冰层。慢慢地，食物不多了。6月9日，从"弗拉姆号"出发80天以后，他们不得不杀掉了最后三条狗。此刻，雨点落了下来，伴随着冰凉的风吹打在他们的身上和脸上。至少，约翰逊猎杀了一头海豹。

8月7日，二人到达了公共海域。他们眼前呈现出远至天际的浩瀚的海水。他们把两艘皮划艇绑在一起组成一种双体船，绑上帆，装载上雪橇以及他们还剩下的行李，乘坐着这艘"船"像海中驶去。手里还有这两艘皮划艇，他们是多么庆幸啊！因为他们曾差点失去这两艘皮划艇：一次，在与一头海象不甚愉快的相遇时，愤怒的海象咬到了其中一艘皮划艇的一侧，差点毁了那艘皮划艇。还有一次，在冰上休息时，一艘皮划艇被锋利的冰块划破了，差点漂走。弗里乔夫·南森勇敢地跳入冰冷的海水中，只有这样，皮划艇才没被漂走。而此前，约翰逊恰巧把弗里乔夫·南森从水里救出来，他才没有淹死。

终于，公元1896年3月底，他们见到了陆地。那座岛是当时被称为"弗朗茨-约瑟夫群岛"的191座小岛中的一座，位于斯匹茨卑尔根群岛（Spitzeberg）的东面。不管愿不愿意，他们不得不在这里过冬。他们自己建了一座石砌的小房子。用海豹皮做屋顶。他们的食物早就吃光了。但是，至少在这里他们不会面临着饿死的危险，因为这里有充足的海鸟和海豹。北极之夜开始了。在能离开这座岛之前，直到来年的5月份，他们不得不在耐心地在这里等待。

尽管面临着黑暗、孤独以及无休无止的等待，弗里乔夫·南森还是能够在这片荒野之中保持着那份对大自然的狂热。谈到北欧的极光，即北极夜晚的极光，他写道："这是一片梦幻般的土地，是人们所能想象出的最温柔的语调，这是多么超凡脱俗的色彩啊！一种颜色渐渐变化过渡到另一种，以至于人们很难说清楚一种颜色是从哪里开始，另一种颜色又是在哪里结束的。"

公元1896年5月19日，他们终于可以离开"过冬的暖房"。接下来，已经进入8月份。在众多小岛中的一座岛上（他们沿着这座岛航行），南森和约翰逊见到一个人，这终于帮助他们重回人类文明世界。在穿过一片陆地时，他们从远处听到了类似犬吠的声音。弗里乔夫·南森描述道："我突然觉得听到了喊声，一种陌生的声音。这是我三年来第一次听到这种声音。我心脏怦怦直跳，兴奋地爬上一座小山，用尽全力大喊：你好！不一会儿，我听到了另一声喊声，看见一个人。我挥舞了一下我的帽子，他也挥舞着自己的帽子。我听到他对狗讲话，讲的是英语。"那个人走近他，问道："您不是南森先生吗？"

弗雷德里克·杰克逊（Frederick Jackson）站在弗里乔夫·南森面前。他正在进行一场旅行，对这些岛屿以及"弗朗茨-约瑟夫群岛"的周边地带进行测量。8月7日，弗里乔夫·南森与约翰逊乘坐着杰克逊的探险船从"弗朗茨-约瑟夫群岛"出发，驶向家乡。公元1896年8月13日，"弗拉姆号"启程三年多以后，他们才最终回到挪威，到达了瓦尔都港（Vardo）。一周以后，"弗拉姆号"继续向西漂流，漂到了特罗姆瑟（Tromso）。过去三年里，他们一直漂到了斯匹茨卑尔根群岛（Spitzeberg），5月，浮冰融化他们才再次得以解脱。

当时，弗里乔夫·南森已经35岁了。尽管他并没有到达北极，但是仍然一举成名。一年以后，弗里乔夫·南森出版了自己关于惊险刺激的北极之旅的报告。他把书命名为《伴着深夜与冰块》。为了表彰弗里乔夫·南森在过去三年里所收集的那些测量数据、观测数据以及其他数据，一家以他的名字命名的基金会成立，用以奖励科学研究。

公元1901年，弗里乔夫·南森担任一个国际研究委员会的主席；1908年，他被任命为奥斯陆大学海洋学的教授，挪威人把他看做民族英雄。1930年5月13日，南森在吕萨克名为"戈特霍布"的家中去世。

没当上国王，却成为诺贝尔和平奖获得者

弗里乔夫·南森的同胞们深受其北极探险之旅的鼓舞，以至于某些人甚至打算推举他当国王。1905年，挪威退出了与瑞士的联盟，成为一个独立的国家，需要新的领袖。弗里乔夫·南森婉拒了。南森成为挪威驻伦敦的首席大使。

第一次世界大战以后，弗里乔夫·南森致力于帮助难民重返故土，同时也发起了帮助正饱受饥饿的俄国的援助行动。现在的联合国的前身，即民族联盟，于1921年任命弗里乔夫·南森为难民问题的高级委员。首次得到许多国家认可的护照（"南森护照"）以他的名字命名。1922年，为了表达对弗里乔夫·南森对他人的帮助，他被授予诺贝尔和平奖。

带着星条旗走向永恒的冰川

人们不得不首先想到这样一个问题：汗流浃背地坐在热带雨林里，梦想着到北极去！深处炎热地带的尼加拉瓜的某个人有时候渴望凉爽的温度，这一点是可以理解的。但是，仅仅为此就梦想着到北极去吗？这位美国的海军上将真的愿意拿加勒比海来换北极吗？

此后不到10年，他就离自己的目标很近了，但是又不得不返回来了。他这样反复进行了5次。当因纽特人（即爱斯基摩人）看到他来了，他们已经在大笑了："你就像太阳一样。太阳总是一再地返回来。"然而，第6次时，他真的成功了。公元1909年，当这位美国人作为第一个人类站在地球最北端的时候，他是多么欢欣鼓舞啊！"终于到北极了！20年来，我的梦想，我的目标！终于是我的了！我无法表达！这是一种感觉，一种此生仅有一次的感觉！"他骄傲地把美国国旗插在了冰上。然后，已经53岁的他从星条旗上剪下一块布条，然后把布条埋在了脚下。

15年来，这些由他的妻子亲手缝制在丝绸上的星星和条纹就一直温暖着他的探险旅程。在最后穿越永恒的冰川的这次旅程中，他干脆把旗子缠在身上，直接穿在身上了。在他们再次从冰冻中逃脱出来后，同他一起分享这一历史时刻的4个因纽特人才开始尽情欢呼。到达宿营地时，一个人喊道："魔鬼肯定睡着了。或者他怕老婆。否则的话我们是不可能就这么简单地回来的！"

罗伯特·E·佩里：第一个踏上北极的人

生于公元1856年5月6日，克勒松泉（Cresson Springs）
卒于公元1920年2月20日，华盛顿

这些女人！很快，所有人都为她们倾倒。他把这些女人一块带来了，多好啊！不管是零下20℃还是零下40℃，只要她们在场，她们就开始在甲板中间跳舞。她们穿着厚厚的北极熊熊皮做的裘衣以及极地狐狸皮做的裤子舞蹈，这看起来很滑稽。人们不可能不被她们发出的大笑声所感染！就算是最胆小的海狗，这会儿心里也暖暖的。当罗伯特·佩里（Robert Peary）向船长鲍勃·巴特利特（Bob Bartlett）解释自己为什么把这17个因纽特女人带上"罗斯福号"（Roosevelt）时，他是有道理的："为了让男人们满意，她们是至关重要的。"

女人们都精神抖擞，她们的欢乐，有时候也会唤起这位年迈的惯于咆哮的船长脸上的一丝笑容。否则，他就只会在自己的船上咒骂，不断咒骂着"这讨厌的噪音，这恐怖的恶臭以及这糟糕的混乱"。端庄的鲍勃·巴特利特很难习惯那226条雪橇犬。这些狗在甲板上打架，撕咬，狂叫。当然，这群狗在甲板上撒尿就更令人讨厌了。不然的话，它们能去哪儿撒尿呢？人们必须要注意不要踩到臭烘烘的狗屎……有时候，还会有10个孩子到处嬉闹，人们每时每刻都会碰见这些孩子。

千万不要反对鲍勃·巴特利特！这个英国人是除了黑人帮佣兼几十年来佩里的忠实陪伴者马修·亨森（Matthew Henson）以外，佩里最好的同伴。后来，为了表达对巴特利特的谢意，佩里最后同意巴特利特说："我是除了佩里以外，离北极最近的人。"

是的，先不要扯那么远：现在的情况是，需要在北冰洋多风暴的海岸为"罗斯福号"找到一个安全的停泊处，在那里过冬。接下来必须要准备给养，搭建宿营地。这些工作都完成了以后，公元1909年春天，这支探险队里真正的冒险家站在大家面前说道："向北极进发"。

在罗伯特·埃德温·佩里还是一个小孩子时他就梦想着到北极去。报道和书本上关于格陵兰岛探险之旅以及因纽特人的生活的内容他永远都读不够。然而，就算是那些习惯了冰块、严寒和暴雪的人也从没有人能够到达北极。想到自己热爱读书的儿子，母亲玛丽有时候也会摇摇头。公元1856年5月6日，罗伯特·埃德温·佩里生于美国宾夕法尼亚州的克勒松泉，母亲独自把他抚养长大。她的丈夫去世时，儿子刚刚三岁。

对于罗伯特·埃德温·佩里的求知欲，母亲很是骄傲。母亲有充分的理由骄傲：她的儿子高中毕业时受到表彰，并且获得了不伦瑞克/缅因州（Brunswick/Maine）的鲍登学院（Bowdoin College）的奖学金。公元1877年，佩里成为土木工程师。在接受完海岸线和土地测量培训后，佩里终于在美国海军部找到一个港口建造工程师的职位。公元1885年，海军部把他派往尼加拉瓜，因为美国想建造一条横贯美洲的运河。佩里的工作是进行土地测量。

空余时间里，罗伯特·埃德温·佩里思考的是完全不一样的地图：他梦想着踏上书中英雄们的旅途，去研究格陵兰岛北部的海岸线。他想找到一个合适的出发地，从那里踏着冰前往北极。他的想法是，乘船尽可能向北航行，然后带领一股小部队步行到达地球的最北端。佩里考虑了一下，要等到天气适合进行这样的一次急行军，人们或许需要在船上等待几年的时间。也正是出于这个原因，后来佩里把一群因纽特女人带上了船。

公元1886年，罗伯特·埃德温·佩里向美国国家科学院介绍了自己的计划。出于善意，国家科学院答应可以审查一下。然而，准备好一切花费了佩里太多的时间：他向海军部请了半年的假，借了500美元，然后又去格陵兰岛北部作了一次短途的探险旅行。与此同时，罗伯特·埃德温·佩里也首次试着在格陵兰岛上行进了160千米。

回来之后，罗伯特·埃德温·佩里认识了约瑟芬·狄蓓弛（Josephine Diebitsch）。佩里的计划深深鼓舞了勇气可嘉的约瑟芬，于是，约瑟芬成为佩里的妻子。

公元1888年，当罗伯特·埃德温·佩里得知弗里乔夫·南森从东向西穿越格陵兰岛时，他是多么失望啊！现在也就是说，不要期望他会是第一个到达北极的人。

公元1891年，罗伯特·埃德温·佩里再次向海军部请了假，带着约瑟芬一起，踏上了第一次前往格陵兰岛北部的探险旅程。同行的人有：挪威滑雪家艾文德·阿斯楚普（Evind Astrup）、气象学家兼地理学家约翰·费尔荷夫（John Verhoeff）、猎人兰登·吉布森（Langdon Gibson）、医生弗雷德里克·库克（Frederick Cook）以及马修·亨森（Matthew Henson）。马修·亨森是佩里第一次完成尼加拉瓜旅行回来时偶然在华盛顿认识的一个黑人。在接下来的几年里，马修·亨森是唯一一个没有受受到佩里的心情、病态的野心以及爱出风头的思想所压迫的人。库克是佩里激烈的竞争者。在格陵兰岛海岸线附近，约翰·费尔荷夫神秘地消失了。最后，艾文德·阿斯楚普在佩里第三次进行旅行时背弃了他，因为他无法忍受与佩里无休无止的争吵。

6月，一行人乘坐蒸汽船"凯特号"（Kite）离开布鲁克林。他们也带了一些乘客。这些人通过买船票的方式为此次航行提供资金支持。在格陵兰岛西北部的麦考密克湾（McCormickbay），罗伯特·埃德温·佩里建立起一个小宿营地，即"红色悬崖之屋"（Red Cliff House）。他们想在这里过冬。费尔荷夫

罗伯特·埃德温·佩里跟因纽特人学会了利用雪橇犬拉着雪橇滑行前进。

、（Verhoeff）、吉布森，库克以及阿斯楚普乘船沿着海岸线航行，邀请因纽特人拜访"红色悬崖之屋"。佩里对于因纽特人如何在严寒中生存很是好奇。他也对雪橇犬很感兴趣，并让人展示如何控制这群绑在一起的雪橇犬。

公元1892年5月，罗伯特·埃德温·佩里决定独自与阿斯楚普一起，开始首次向北进行滑雪旅行。他们滑行了2000千米，或许已经跨越了北纬82度。佩里最终证实，格陵兰是一座岛屿。当他们于8月份回到"红色悬崖之屋"时，那儿的人几乎都认为他们已经死了。后来，库克散布关于自杀的谣言：费尔荷夫自杀了，因为他无法忍受佩里的妻子约瑟芬的跟踪。或许这也只是库克对佩里进行诽谤的一部分，为此，库克与佩里后来相互攻击。

当时，关于罗伯特·埃德温·佩里认为自己肯定能够到达北极的那些计划又有了新的版本：人们必须要组建一支小部队，里面要有因纽特人。这样就可以借鉴他们与冰块打交道的经验。在日记中，佩里这样描述他理想中的北极团队："选一位聪明的白人做队伍的头领。另外两名白人要根据他们的勇气、决策能力、身体素质以及忠诚度挑选出来，由他们组成队伍的胳膊，雪橇驾驶者以及土著居民组成队伍的躯干和双腿。目前来看，为了让男人们满意，带上他们的女人们是绝对重要的。此外，从很多角度来看，尽管力量和耐力不同，女人像男人一样管用。"与此同时，她们还懂得如何把北极熊和极地狐狸的毛皮做成裤子、夹克以及帽子。

从美国回来之后，罗伯特·埃德温·佩里享有很高的声望，这是由他所带回来的关于因纽特人的报道以及关于气象学和地理学的数据在公众中和科学界给他带来的声誉。他试图通过进行演讲来为下一次旅行募集资金。

1893年6月23日，佩里进行第三次旅行。当然，这次没有带上库克。佩里与库克闹翻了，因为库克把所有旅行的数据以自己的名义发表了，压根就没有提过佩里的名字。

这一次，他们在鲍登海湾（Bowdoin Bay），即"红色悬崖之屋"的东面建立了一处新的宿营地。罗伯特·埃德温·佩里在这里当上了父亲。12月份，他的妻子约瑟芬在格陵兰岛生下了他们的女儿玛丽。公元1894年，约瑟芬带着孩子回到美国，佩里却留在了遥远的北方。在纽约，约瑟芬为支持丈夫的工作找到了新的资金来源，同时也与美国自然历史博物馆取得了联系。佩里以令人恐怖的方法所实现的交易：此次北极之行，他不仅带回了重达两吨的陨石，而且带回了因纽特人的骷髅和骨骼。正如前几年他后来出名时一样，此次他也没有退缩：他把刚刚埋葬的死者从其最后的安宁之地（指坟墓——译者注）再次挖了出来！日记本中关于1896年8月22日那一页，他写道："船员们把装有库尧克特松（Qujaukitsoq）以及他的妻子和小女儿的棺材及其陪葬品保管起来。"

美国自然历史博物馆买下了那些骷髅。同时，罗伯特·埃德温·佩里身边也有鲜活的"说明性材料"：6个因纽特人，其中有两个孩子，阿伟阿克（Aviaq）和米尼克（Minik）。佩里通过向这些因纽特人讲述"洒满阳光的土地"，即自己家乡那片没有北极极夜现象的洒满阳光的土地，把他们吸引到美国来。直到一位美国记者在上世纪中叶发现米尼克的故事时，其他没有任何一个人在这种文明的转换中幸存下来：几个月以后，其他因纽特人都感染肺炎和肺结核死了。只有米尼克活了下来。佩里向他承诺说，下次旅行时会再次把他带回家乡。然而，佩里食言了。人类学家们在这位因纽特人身上所看到的只有一点：这是一个令人及其感兴趣的研究物体。对于纽约的民众而言，这是十分具有吸引力的……

公元1898年，罗伯特·埃德温·佩里再次航行前往格陵兰岛。这一次，继续到达了远在西边的埃尔斯米尔岛（Ellesmere）。在那里，罗伯特·埃德温·佩里得知：北极研究者弗里乔夫·南森计划乘船凭借北极海的西洋流漂到北极去。现

拿因纽特人换钱——罗伯特·埃德温·佩里以一种卑鄙的交易来资助自己的旅行。

在必须得抓紧了：佩里启程去进行一场长达数百千米的旅行，前往北冰洋，时而乘雪橇犬，时而步行。回来时，佩里的脚趾都冻僵了。当他穿着靴子，穿着皮毛袜子触摸自己的脚时，他的脚趾有的地方都冻掉了。探险队的医生迪德里克（Dedrick）不得不把剩下的脚趾也切掉。只有两个小脚趾没有受损。

然而，罗伯特·埃德温·佩里却没有放弃：在接下来的探险旅行中，佩里在有些地段是乘坐雪橇前进的。他意志坚定：停止探险是不可能的！他一直在寻找前往北极的最佳出发地。这一次，他在格陵兰岛呆了4年。

在此期间，纽约的人们都很担心佩里。因此，"佩里北极俱乐部"，即朋友圈的人和赞助商，派出佩里的敌人弗雷德里克·库克，让他去把探险家佩里带回家。1901年8月，库克找到了佩里："他身体上和精神上都受了伤、充满担忧、失去勇气，我从没见过他这样。"佩里甚至都不能走路，身体很虚弱。大面积的冻疮使他得了贫血。1992年，罗伯特·埃德温·佩里回到纽约。

罗伯特·埃德温·佩里再次站了起来，精神上和身体上都站了起来，他同时想三年以后再次去北极。这一次，在因纽特人的支持下，佩里在浮冰上急行军一段时间以后到达了北纬87度。这是当时人类所能达到的地球上最北边的地方。在罗伯特·埃德温·佩里（Robert Edwin Peary）与他的终生目标——北极之间的距离仅有230千米。突然，浮冰破裂了，这一次整个探险队差点跟着漂走。生死攸关的处境！对于佩里和一直陪伴着他的黑人朋友亨森（Henson）而言，这意味着他们必须尽快回到埃尔斯米尔岛（Ellesmere）。

公元1908年6月，"罗斯福号"最后一次在美国启航,把罗伯特·埃德温·佩里带上前往北极的旅途。公元1909年3月1日，佩里出发了。这一次，他从埃尔斯米尔岛北端的"哥伦比亚岬角"（Cape Columbia）出发，踏上了此次决定性的旅程。

随行的人有：早已年迈的亨森（Henson）、因纽特人欧克瓦（Ooqueah）、爱珍瓦（Eginwah）、西格罗（Seegloo）。

也有一些单独的小队伍，他们知道自己的每日旅行路线，准备好宿营地（通常准备的是爱斯基摩人的圆顶冰屋），运送给养。他们都是按照路段被提前派遣出去，完成任务后再返回来。陪伴佩里最长的是鲍勃·巴特利特。到达北纬87度48分时，鲍勃才完成使命。在离北极还有2度12分时，罗伯特·埃德温·佩里与为他提供给养的第四个小队告别。这个队伍由船长鲍勃·巴特利特，两个因纽特人，一架雪橇以及18条雪橇犬组成。

公元1909年4月6日，在中午时刻（12点钟左右——译者注），温度还相对比较舒适，（当时温度仅有零下26℃），罗伯特·埃德温·佩里写道：佩里站在北极上。北纬89度57分。余下的3″，冰块堆积成了锋利的冰脊。

> 公元1909年4月6日，罗伯特·埃德温·佩里登上了北极。

一行人在北极待了30分钟，然后返回。必须要尽快返回，因为冰块有崩裂的危险。在巨大的排水沟堵住去路之前，他们必须离开那里。16小时以后，他们成功了，他们摆脱了危险。罗伯特·埃德温·佩里记录道："很显然，有个魔法师环绕着我们！"

半年以后，整个世界才得知这一消息。直到1909年9月，罗伯特·埃德温·佩里成功的消息才从拉布拉多通过电报发往纽约。

回到家乡，那里充满了愤怒。因为弗雷德里克·库克认为自己早在1908年4月就已经到达了北极。一场激烈的争论开始了，不仅仅是这两个人之间的争论。就连科学界也存在质疑：到底谁才是真正的北极英雄？最后，美国国家地理协会做出了决定，宣布罗伯特·埃德温·佩里获胜。

生命中接下来的10年里，罗伯特·埃德温·佩里搬回了他在海军部的住处。1920年2月20日，年近64岁的罗伯特·埃德温·佩里在华盛顿去世。

佩里的成功——因纽特人的悲惨命运

直到今天,科学界仍在探讨罗伯特·佩里是否真正到达了北极。1980年有报道说,佩里没有到过北极,他向东走了太远的路程。1990年,人们将其在北极进行深度测量的结果与新的数据进行了比较。比较证明,至少,佩里离北极已经很近了。

在格陵兰岛长期生活过的美国记者肯恩·哈派关注的是另外一个完全不同的问题。他追踪着"生活在纽约的因纽特人"的命运,这些人是由佩里当年作为"说明性材料"带回美国的。在调查中他发现了唯一幸存下来的米尼克的一封信,这封信是米尼克写给一位可信赖的朋友的:"人们把我从我自己的土地上偷来这里。你们的文明给我的民族带来的只有伤害。"哈派的报道发表以后,美国自然历史博物馆才最终放弃了对这些因纽特人的骸骨的管制——却是在他们死后100年以后了。1993年,他们被重新带回格陵兰岛,埋葬在了自己的家乡。

当曾经的英雄变成阴郁的老头

机会来了,最后一个机会,却能再次将全世界的眼球集中到自己身上。这个隐居在自己位于布那富约特(Bunnefjord)附近的乌拉尼恩堡(Uranienburg)别墅中的怪人,竟决定赶去营救他的宿敌!两年前他还叫人家"滑稽的意大利军官儿",说人家"无耻、幼稚、自大",甚至骂人家是"半热带人种"呢。如果这次将据人们推测坠机了的飞行员安伯托·诺比尔(Umberto Nobile)成功救出白茫茫的冰漠,他就可以重新获得他曾被诺比尔搞的有争议的东西——名气和荣誉。他将再一次体验被全世界谈论并且是唯一的话题中心的感觉!

我们的冒险家不到56岁,还不算老。但是曾经被大家拥戴的他已经赢得了脾气不好的老头的名声。连他的朋友弗里乔夫·南森都不能理解,这只"北极狐"怎么忽然变成这样了,他跟谁都来气儿,什么事儿都能让他来气儿,他以前可总是很和气的。他这一生因为开拓探险赢得了不少勋章和奖牌,现在他怀着痛苦的心情把它们全卖了,只是因为他不再是"第一"、不再是最勇敢、最伟大的发现者了。

第二名的位置对他来说永远是不够好的。获得最轰动的成功的那次,他下了生死的赌注,导致对手搭上了性命。有一次一位记者问他极地的什么在吸引着他,他回答:"这个,如果您曾领会过那高处的美不胜收——我想在那儿死去!"他有没有预感到,他去营救诺比尔这次,就是踏上了那去往高处的路?

罗阿尔德·阿蒙森：南极的胜者

1872年7月16日生于博尔格（Borge）
1928年6月死于去往斯匹次卑尔根的飞机上

这年轻人哪来的这份胆量！探险队员们病怏怏、惨兮兮、心如死灰般躺在帐篷里的床铺上。连比利时队长阿德里恩·德·盖尔拉赫（Adrien de Gerlache）都被坏血病拖垮了。他们在这样的情况下该怎么扛住南极的冬天？

罗阿尔德·阿蒙森接过"贝尔吉卡（Belgica）号"科考船的指挥棒的时候未加思索。要不是26岁的他和随行医生弗雷德里克·库克（Frederick Cook）一起，用不可撼动的信念、转移注意力的小花招加上坚持到底的口号将队员们重新振作起来，整个考察探险活动可能已在事故中夭折了。他们不断吆喝着队员们走上捕猎海豹的前进道路。海豹的鲜肉是对抗坏血病的唯一希望，否则就要等死。

阿蒙森吓坏了：他被招募到"贝尔吉卡号"科考船上来的时候，没有任何信号显示，他所要与之共事的是一些完全没有一点经验的新手。现在好了，先是盖尔拉赫在天气恶劣的情况下把船开到了冰层的中心。现在他们卡在了那里，然后呢，这些家伙受不了极夜，一个个像孩子一样吓得哭哭啼啼、乱喊乱叫！跟这些人一起走向南极的冬天是多么致命的轻率决定啊！而且这个永远不会放亮似的冬天才刚开始。

寒冷、冰天雪地、一连几个月的黑暗——这些对于罗阿尔德·恩格尔贝尔特·阿蒙森来说已经是习以为常的事了。罗阿尔德于1872年7月16日出生在挪威的博尔格，排行老四，有三个哥哥，父亲是一位富足的海运企业家。早在孩提时，他就阅读了所有能弄到手的关于极地探险的书。尤其让他着迷的是英国北极探险家约翰·弗兰科林（John Franklin）的事迹：这位探险家1845年带两艘科考船出发寻找太平洋和大西洋之间的西北航道没有成功，138位成员下落不明。直到1857年，也就是12年后，他的一些队员的尸体才在威廉国王岛（King-Williams）上被发现。据这些队员留下的描述，弗兰科林本人在1847年6月11日就已经死去了。

罗阿尔德的父亲在他14岁那年死于海上。母亲希望她最小的儿子能成为医生。但是1889年弗里乔夫·南森横渡格陵兰成功，罗阿尔德亲历了他凯旋的场面，从那以后，他就确定他要成为极地探险家。不过一开始他还是顺从了母亲，在18岁的时候进了大学的医学专业。三年后母亲去世，罗阿尔德在自传中写道，"我带着无法形容的轻松离开了大学，准备全身心投入我此生的梦想中去"。他在前几年就开始锻炼自己适应冰雪。他是滑雪和远足能手，有时候会在雪地里过夜。

1894年阿蒙森加入海豹捕猎船"玛格达蕾娜（Magdalena）号"，第一次去了北极。两年后，他考了舵手执照。

1896年7月，听说比利时的阿德里恩·德·盖尔拉赫正筹备南极之行，他以舵手助手的身份加入了他们的行列。盖尔拉赫对这位27岁的的年轻人的才干印象深刻，因为他会掌船、会滑雪，而且，他了解南极冰况。多好的搭档啊！盖尔拉赫任命阿蒙森为副队长。1897年"贝尔吉卡号"在一次行动中卡在了冰层中，要不是阿蒙森，这次行动将是灾难性的。当时盖尔拉赫做了一个错误的决定，面对即将来临的严冬和暴风雪，他没有选择赶往公海水域，而是去冰冻了的别林斯高晋海（Bellingshausen）避难。结果，船结结实实地陷在了冰层里。队员们不得不在南极极夜里过冬，时刻担惊受怕，害怕"贝尔吉卡"被冰压碎。如果不是阿蒙森和库克有经验，他们是无法挺过这一关的。1898年阿蒙森将

罗阿尔德·阿蒙森：南极的胜者

"贝尔吉卡"安全带回了奥斯陆——由此积累了更加丰富的重要经验。从随行医生库克那里，他也学到了不少东西——库克曾陪伴罗伯特·佩里的第一次北极之行。

在德国威廉港和汉堡的海军观测站学习之后，阿蒙森考取了船长执照。他要着手他的第一次独立的探险征程了：沿着弗兰科林的足迹寻找西北航道，还有，寻找英格兰人詹姆斯·克拉克·罗斯（James Clark Ross）于1831年第一次征服的、磁石般吸引人的北极。阿蒙森用父母留下的财产买了一艘捕猎鲱鱼的小船，名为"戈雅（Gj·a）"。他募集了一支6人的小船队，要求队员严格听指挥。为了测试船的性能和队员素质，这支船队在北海兜了两年。弗里乔夫·南森听说他横穿西北航道的计划，也感到兴奋。南森是徒步穿行格陵兰的第一人，1896年曾试图驾驶"弗拉母号"进入北极，这次他帮同胞阿蒙森东借西凑，为探险募集资金。即便如此，阿蒙森还是因为这昂贵的装备而债台高筑。

弗里乔夫·南森为他的同胞募集资金。

1903年6月16日，"戈雅号"从奥斯陆启程。在格陵兰，他们置备了17条雪橇狗，穿过巴芬湾（Buffin Bay）和加拿大北边的北极洲群岛。在威廉国王岛，阿蒙森发现了一个可以过冬的港湾。他将之命名为"戈雅港"。200名内特希力克因纽特人（Netsilik，因纽特人的一支——译者注）帮他们在附近搭建起了过冬帐篷。他与这些游牧民很快成为了朋友。他们的习俗中只有一点让他受不了："他们以极低的价格把一大批女人送到我面前。"他明令禁止他的队员们碰这些女人。从内特希力克人那里，他学到很多关于在冰天雪地中生活的知识。他们告诉他怎么建造圆顶冰屋。他从他们那里买了鹿皮滑雪衫和熊皮手套，还跟他们偷学了怎么用晒干的海豹肉制造，一种耐存又有营养的食物，并且学会了驾驶爱斯基摩犬拉雪橇。1904年春，阿蒙森带着工程师彼得·里斯特维特（Peter Ristvedt）第一次驾着狗拉雪橇，驶往布西亚（Boothia）半岛，开始了他个人的北极之行。不

别碰这些女人！

过，由于罗斯1831年留下的位置标志已经向北漂移，摸清北极的方位花了他们两周时间。

阿蒙森决定在威廉国王岛上再待一个冬天。直到1905年8月，"戈雅号"才开始返程向西。过了班克斯岛（Banks），原来小岛之间狭窄的航道变得开阔起来，成了海湾。忽然，迎面来了另一艘船：是从美国旧金山过来的查尔斯·亨森（Charles Henson）捕鲸船。查尔斯·亨森从一边穿过白令海峡，阿蒙森从另一边挤过这个航道。相安无事！可是"戈雅"不够坚固，不能继续斩冰破凌、朝着白令海峡前行了。

因此，阿蒙森在赫尔士岛（Herschel）附近准备了第三个过冬帐篷。在因纽特人的陪伴下，他乘雪橇来到800千米以外的阿拉斯加的鹰城（Eagle City），从这里发了一封电报，向世界宣告了他胜利的消息。6月份返回经过白令海峡的时候，没有再碰见什么人。阿蒙森径直开到旧金山。10月份在旧金山结束了旅行。挪威人把他当做英雄来欢迎。政府奖给他4万克朗。他写的游记成了畅销书。全世界都在邀请他去作报告。他终于出名了。

不过这位34岁的中年人有着更大的打算：弗里乔夫·南森曾想划船去北极，他这未竟的事业，阿蒙森想尝试一下。为了筹得资助，他谎称此行是去科学考察。挪威国王当真资助了他3万克朗。南森留下的"弗拉姆"为他所用。

可是，1909年9月，忽然传来消息说，弗雷德里克·库克已经抢先到达了北极。不久又有消息说，美国人罗伯特·佩里也到了北极。这样一来，阿蒙森的计划就无疾而终了。他绝不想做第二甚至第三人。——那就去南极吧！不过他没有明说，怕赞助者撤回资金。只向他的哥哥莱昂（Leon）透了个口风。

时不我待——毕竟南极赛跑的枪声也早已打响：英格兰人欧尼斯特·沙克尔顿（Ernest Shackleton）曾驱入距南极155千米处；阿蒙森的同胞罗伯特·法尔肯·斯科特（Robert Falcon Scott）也在1910年试图征服南极。不过斯科特没有阿蒙森经验丰富。

　1910年6月7日，弗拉姆号从挪威启航。船上搭载了18名船员、100条爱斯基摩雪橇犬、一只金丝雀、一顶可拆开的预制装配式房屋、3000本书和一台留声机。名义上"弗拉姆"号应该沿着美国西海岸合恩角（Kap Hoorn）往北边走，然后通过白令海峡去北极。在马德拉群岛（Madeira）逗留了一段日子后，阿蒙森才告诉船员们他的真实目的。他给大家离开的自由，但是没有人离开。他的哥哥莱昂一直把他送到这里。阿蒙森让他带给挪威哈康国王（Haakon）一封信，对改变行程一事表示道歉。他还给他的对手、当时已经在澳大利亚的罗伯特·斯科特发了电报："前进号去南极途中。"比赛正式开始。

带着金丝雀和留声机去极地。

史上最致命的比赛开始了。

　1911年1月13日，"弗拉姆"号停泊在罗斯冰盖（Ross-Schelfeis）附近的鲸鱼湾。罗伯特·斯科特已经到达麦克默多湾（McMurdo-Sund），在阿蒙森的东边650千米处，比他与南极的距离更近150千米。阿蒙森将他的停泊地命名为"弗拉姆海姆（Framheim）"。在这里，在南极洲的盛暑季节，他让船员们搭建过冬营帐，他们在冰中和冰下建造了车间，沿路设置了储藏室，另外加紧训狗。阿蒙森这样鼓舞船员们的士气："如果我们想取得最后的胜利，那么，哪怕是裤子上的一枚纽扣，也缺失不得！"没有人可以期待得到关怀照顾。有个叫亚尔马·约翰逊（Hjalmar Johansen）的船员对无情的风雨兼程抱怨了几声，结果被赶出了团队。他被视为"哗变者"，只能留在弗拉姆海姆。据说这位船员几年后自杀结束了自己的生命。

　2月4日，"弗拉姆海姆"来了不速之客：斯科特把他的"特拉·诺瓦"（Terra Nova）号"科考船派遣到了鲸湾（Walfischbucht）。他们彼此客气相待，不过英格兰人斯科特和挪威人阿蒙森是互不信任的，都在刺探对方。

　1911年10月15日，阿蒙森带着5名队员、54条狗和4驾雪橇向南极进发。南极的冰走起来比北极要容易。北极的冰盖是纯粹的冰，而南极的冰只是地上的一层，冰底下是大陆。他们随身只携带最需要的东西，套好狗，绑好雪橇，让雪橇载着自己以飞快的速度前行。

4天后，他们将南极洲边缘的冰川抛在了身后，登上了极地高原。呈现在眼前的，是无边无际的雪的世界，太阳日日夜夜照射着。阿蒙森命人射死了18条雪橇犬，他称它们是"更勇敢的同志"，其余的狗拉着他们走完了剩下的2250千米的路程。

1911年12月14日，阿蒙森到达目的地，他和团队将挪威的国旗插在了地球的最南端。斯科特4周以后才到那个地方。

> 1911年12月14日人类第一次出现在南极。

阿蒙森依靠天时地利、依靠自身力量、相信雪橇犬的顽强，这个算盘打对了。相反，斯科特有太多累赘，有三辆机车和一批西伯利亚矮种马不舍得丢弃，最后牲畜累垮，机车失灵，不得不自己拉着沉重的雪橇前行，这种苦力劳动是致命的。

晚上阿蒙森和队友们庆祝了一番。他们留下两封信，一封给国王哈康，一封给斯科特。给斯科特留下的还有一座六分仪、三个鹿皮暖脚套和一些连指手套，都放在带来的帐篷里。4天后他们踏上了归途。走了99天，回到了来时的出发地。1912年1月30日"弗拉姆号"启航回家。

1912年4月，阿蒙森在塔斯马尼亚岛（Tasmania）作中途停靠。"我坐在棕榈树的树荫下，在葱茏的植物的包围中，尽情享受着辉煌美妙的果实。"他在日记中写道。他不知道，他的对手斯科特这时已经死了。斯科特和他的整个团队没有挺过归程，被冻死在冰雪中。

在接受掌声鲜花的同时，不久阿蒙森受到了这样的指责：是他把斯科特推向了致命的比赛中。不过，阿蒙森回到挪威后，早已开始了另一项探险：1909年他就曾想仿效南森走冰路穿越北极。从1918~1920年的两年时间，他都在为此奔走。不过这次探险没有成功。此外第一次世界大战后人们的注意力也在其他地方，再加上这时候出现了一个新的刺激的科技发明，飞行成了占据报纸头条的话题，于是阿蒙森给自己订了一个新的目标：他要飞越北极。

1925年，阿蒙森与美国百万富翁林肯·埃尔斯沃斯（Lincoln Ellsworth）合伙置备了两架水上飞机。结果两架飞机飞出去后一架不得不迫降在水上，另一架陷进了冰里。两个人挖了三周才把它们弄出来。他们费尽最后一丝力气将飞机降落在了斯匹次卑尔根山上。不过通过此事，阿蒙森发现埃尔斯沃斯是一个跟他一样，甚至比他还野心勃勃的搭档。埃尔斯沃斯向意大利航空家安伯托·诺比尔买了一架齐柏林飞机，并聘诺比尔本人为机长。这架飞机被命名为"挪戈（Norge）"。三个人决定从斯匹次卑尔根出发飞越北极。

不过他们被别人抢了先：美国人理查德·伯德（Richard Byrd）和弗洛德·本尼特（Floyd Bennet）在"挪戈"出发的几天前已经将自己的旗帜投到了北极。不过埃尔斯沃斯队还是出发了。1926年5月11日他们飞向北极，一行共16人，其中有一位纽约时报的记者。返航时他们受到了欢迎。不过主要的功劳都是意大利人诺比尔的，在72小时的航行中一直是他驾驶，有时还要对付大雾。罗阿尔德·阿蒙森在别人的光环掩盖下闷闷不乐地退了场。

两年后的5月23日，诺比尔驾驶一架新的齐柏林飞机"意大利号（Italia）"再次启程去往北极。结果他的无线通讯设备出了故障。几个小时后国际救援行动开始，却没能成功。

阿蒙森得知这一消息，租了一架双发动机飞机。如果他能成功救出诺比尔，必能再次登上报纸头条！1928年6月18号，他从特罗姆瑟出发前往斯匹次卑尔根——从此不见了踪影。安伯托·诺比尔和另外7位幸存者5天后被成功救出。

● 新型冒险家

20世纪初阿蒙森开始他的冒险生涯的时候，世界地图上已经没有什么未知区域了，只有南极和北极还未有人踏入。如果说弗里乔夫·南森和罗伯特·佩里的出发点是通过自己的探险给人类的知识宝库添上宝贵的一笔，那么阿蒙森代表的却是另外一种类型的探险家：他首先是为了出名。因此他会在得知佩里——包括库克也可能已经征服了北极的时候，立即决定将目光转向南极；因此他会与斯科特竞争。阿蒙森的动力仅仅是创造纪录的野心。这让他成为第一位"现代"探险家，这些探险家，像今天的很多人一样，关心的只是成为某个领域的第一人。

世界上最贵的饼干

"3910英镑：第一次……第二次……第三次！"拍卖锤敲下。新的拥有者骄傲地拿走了这块有着近100年历史、用防水包装裹着的"Huntley&Palmer"牌饼干。还没有任何一块小饼干卖出过像这次在伦敦克里斯蒂拍卖行拍出的价钱。这个价格相当于今天的6000欧元呢。

1999年这天拍卖的是1912年12月12日一个搜救队在冰天雪地的北极找到的30件遗物。这些东西放在一个当时已经在帐篷里躺了8个月的死者的背包里。这位男子的脸由于冻疮显得变了形，上身半露出睡袋外，胳膊伸向身边另两名死者中的一名，那两名死者表情安详。

现在没有疑问，但也没有希望了，英国的民族英雄已经长眠。搜救队在这顶帐篷中还发现了15公斤岩石样本和11封信，是死者在临终前十天，感觉到生命的终点已在逼近时写下的。其中一封是写给妻子的柔情款款的诀别书。其他的是他的日记。日记的最后一页，是所有冒险家留下的字句中最有名的一段。从文字中可以看出那冰冻的手指已几乎无法握笔，"可惜不能写下去了"，是最后一句。下面是署名。最后是7个近乎哀求的单词："看在上帝的份上照顾我们的家属吧"。

罗伯特·法尔肯·斯科特：悲壮的南极英雄

1868年6月6日生于德文港（Devonport）
1912年3月29日死于南极

这是怎样的一位女性啊！凯斯琳·斯科特（Kathleen Scott）走进船长室的时候，这艘"奥伦吉（Aorangi）号"皇家邮船正行驶在南太平洋的塔希提岛和拉罗汤加岛之间。这是1913年2月19号早上的事。她是应船长的邀请而来的。

这位女雕刻家当时正在从旧金山去新西兰的路上。4月份的时候应该能在新西兰接到她归来的丈夫。那么，距离伦敦惜别有34个月了。这样的别离不应该再持续下去了，所以凯斯琳动身来迎接他。

一个友好的握手后，船长交给她一张纸，上面是电报员写的刚传到"奥伦吉号"的消息："斯科特队长1月18号到达南极，而后在暴风雪中丧生。"

……

凯斯琳离开船长室的时候，脸上没有表情，看不出她刚才经历了什么。她像每天坐客轮时一样打牌、上西班牙语课，跟其他乘客谈论美国政治。这是怎样一位女士啊！如果罗伯特·法尔肯·斯科特能看到自己的妻子，他一定会感到骄傲。她的仪态保持得无可挑剔，正如标准的英国女士一样。

这个时候，肯（凯斯琳和其他家人及朋友对罗伯特·法尔肯·斯科特的称呼）已经死去快一年了。1912年3月29日——至少依据他的最后一篇日记记载推测是这天——他在从南极返航的途中被冻僵。8个月后，12月12日，搜救队才找到了他和其他两名科考队员。第四名队员的睡袋尚在，人却无迹可寻。

搜救队翻寻帐篷，找到了只够吃两天的食物，其中有一块巧克力和一块饼干。他们搜集了信件和日记。然后展开帐篷盖住死者，上面堆一些雪做成一个墓，最后将雪橇板交叉成十字放了上去。有人念了一章圣经，大家为死者祈祷。最后，所有人唱起了斯科特最喜欢听的合唱歌曲《前进吧，基督战士！》。

罗伯特·法尔肯·斯科特在南极失去了一切：他失去了队友，输了跟挪威人罗阿尔德·阿蒙森的比赛，失去了自己的生命。但英格兰却赢得了一位新的民族英雄——虽然他因为使命未完成而略带悲剧色彩。有胆魄、勇敢、顽强——斯科特具备这一切优秀品质。现在凯斯琳要负责把这些品质教给他们才三岁就已失去了父亲的儿子。这是肯在最后一封信中对她的请求。

胆魄、勇气、毅力——罗伯特·法尔肯·斯科特接受的也是这样的教育。斯科特1868年6月6日生于朴次茅斯附近的德文港，在家中5个兄弟姐妹中排行老三，有两个姐姐一个弟弟一个妹妹。他的父亲约翰·爱德华·斯科特有一个酿酒厂。母亲汉娜生于地位尊贵的水兵家庭，严厉而又慈爱。罗伯特·法尔肯小时候是一个瘦削、耽于幻想、羞赧的孩子。母亲很长时间内都在担心这个大儿子能不能成为一个大男子汉。当13岁的肯决定从事这个家族的男人一贯从事的职业的时候，她高兴极了。因为她知道，海军生活会让他成为一个坚强的人。

两年的皇家海军军校生活确实不是蜜罐子。军校学生们不管出现什么样的天气都得出甲板、下供应艇或者上30多米高的桅杆。睡的是吊床，没有浴室。在奥特兰兹（Oatlands，又译为麦镇、欧特兰等）父母的庄园的时候多么舒服啊：房子很宽敞，花园像大公园一样有专人看护，还有一条小溪穿过。小罗伯特不必做任何事情，他可以天天无忧无虑地编织自己的白日梦。

那些梦一去不复返了，现在从早到晚都要在教官们的指挥下出操训练。这些教官的严酷是出了名的，他们的训导常常是惩罚。想家？眼泪？这些情绪不久就被磨去了。

罗伯特表现得非常好。他在一艘船服役，没多久，该船船长就给了他这样的评语："年轻有为、大有前途"。他确实很快就做出了成绩。18岁随学校舰队在加勒比海航行。其后在一个4人参加的小艇比赛中取得第一，他的能力给舰队司令留下了很深的印象，以至于司令向他发出了宴会晚餐的邀请——这次晚餐是有来头的：因为同桌在座的还有司令的堂（表）兄（弟）、英国皇家地理协会的主席克莱门特·马克姆（Clement Markham）。该协会几年后为英国南极考察行动招募队长。而马克姆从这次宴会后就记住了罗伯特这个果敢的年轻人……

罗伯特·斯科特结束了加勒比海服役期后，在英国格林威治的海军学院考取了领港员执照，受雇到一艘鱼雷战舰上，知道了如何使用鱼雷作战。1889年被提升为中校后，他在一艘从加拿大的温哥华到欧洲的船上掌舵，之后驻扎在地中海。

两年后，罗伯特·法尔肯在位于奥特兰兹的父母的院子中打着网球高尔夫度过了最后一个惬意享受的夏天——之后他的父亲便破产了。老斯科特在几年前卖掉了酿酒厂，变卖所得的钱被他用来投机，不幸失败。奥特兰兹不再是他们的，曾经的厂主现在不得不拿着很少的工资在别人的酒厂里打工。1897年，父亲去世，一家人陷入贫困。

与此对应，肯的人生开始走上坡路。皇家地理协会决定开启南极考察行动。克莱门特·马克姆坚持让23岁的罗伯特·斯科特担任考察队长。作为前期准备，斯科特还去了一趟奥斯陆向弗里乔夫·南森请教。南森曾在五年前计划驾驶"弗拉姆号"进入北极，此计划失败后又尝试步行前往。两个人结成了朋友。不过"弗拉姆号"的下一个主人却正是南森的同胞、与斯科特争夺南极胜利的最棘手的竞争者——阿蒙森……

1901年7月31日，罗伯特·法尔肯·斯科特与一群欢呼的人群，包括英国国王夫妇告别，驾驶特制的"发现号（Discovery）"，正式首次进军南极。同行的有学者欧尼斯特·沙克尔顿（Ernest Shackleton）。沙克尔顿后来第一个到达了磁极上的南极，不过在整个穿越南极的行动中未能存活。"发现号"之旅对他来说是一场有性命之忧的折磨：他患了坏血病，斯科特后来只好提前把他遣送回家。

对手得到了"弗拉姆号"。

斯科特的第一次南极探险持续了两年。虽然没有到达南极，但是他比此前任何人都更接近了南极。并且此行还有其他收获：斯科特第一个横穿了罗斯海（Rossmeer），在其东部发现了一个半岛，根据国王爱德华七世的名字将其命名。另外他乘热气球飞上了237米的高空，从高处将冰封万里的南极洲观望了一番。这是一场大胆冒险，有一位同行者这样描述它："如果这次行动的某些成员没有在那高空中殉难，那么一定是因为上帝对他们抱有同情。"

1903年，肯回到了英国，带着科学上的丰硕成果，还带着这样的雄心壮志——要让祖国的国旗第一个矗立在地球的最南端，并且是由他——罗伯特·法尔肯·斯科特完成！斯科特提前做了打算，在麦克默多湾（McMurdo）和鲸湾（Walfischbucht）预设了供给站。他的小算盘里的另一个念头：如果南极之战能取得胜利，他将能挣到比当海军更多的钱。由于斯科特兄弟在父亲去世后要赡养母亲，如果能挣到钱，对大家来说当然都是一个负担的减轻。

罗伯特把他在南极的经历写成了《发现之旅》（Die Entdeckungsreise）一书并出版。这本书非常畅销，在英国掀起了一场南极热。海军提拔斯科特为船长。

斯科特写的《发现之旅》掀起了南极热。

对于新的南极旅程，肯收到了意外的支持。1907年，39岁的肯爱上了比他小11岁的雕刻家凯斯琳·布鲁斯——她也爱上了他。这位不同凡响的女人与他一同感受着听说曾经的伙伴欧尼斯特·沙克尔顿已去往南极时的失望之情。虽然凯斯琳知道，一旦他出发，她可能很多年都见不着他，不过在沙克尔顿失败后，她依然在给他的信中写道:"告诉我,你会去极地!如果这样一点小事都无法做成,你那满腔的热情和能量要向何处发挥呢?出发吧!迅速行动起来,不要有所顾忌!"1908年9月两人结婚。一年后他们的儿子彼得出世。

又过了一年,1910年6月1日,"特拉诺瓦"号——斯科特的新南极考察船,出发前往南极。英格兰在沙克尔顿失败后将整个希望寄托在斯科特身上。("特拉诺瓦"号将斯科特带上了通往死亡的旅程。)凯斯琳不知道,这一别几年会成为永别,否则她也许不会那样激励自己的丈夫。

斯科特的南极之行成了世界发现史上最著名、最戏剧化的一次竞赛,也是截止那个时代南极科考史上最大的悲剧。斯科特和他的队伍到达麦克默多湾的时候,完全突然地收到了挪威人罗阿尔德·阿蒙森的信息:"弗拉姆号去往南极途中。"阿蒙森本来是想去北极的,当知道他不会成为到达北极的第一人的时候(美国人佩里已先他到达),他改变了他的路线。

对于斯科特来说此行是没有回头之日的。失败的原因,是装备选择的错误,虽然斯科特从第一次南极之行中积累了经验,但他没有选对装备,并且几乎没有训练,另外天气也对他不利。阿蒙森从因纽特人那里学习和锻炼了在冰雪中生存的本领,只选择了爱斯基摩犬来拉雪橇。而斯科特却选择了现代器械和矮种马。他开了三辆履带式机动车。这些车虽然专门在冰雪覆盖的阿尔卑斯山经过了测试,最终仍然无法承受南极的极寒。

1911年10月底,斯科特带领队员们出发了。11月5日,离开鲸湾基地才50英里,机车的曲柄轴承就烧坏了。全队没有一个人知道如何操作狗拉雪橇车。到达比得摩尔冰川(Beadmore)后,斯科特将随行大部分人员遣送回了基地,只带四人徒步继续下面的路程。好像老天嫌这不够严峻,现在他们还必须得自己拉着雪橇。矮种马在12月初已经走不动路了:一些冻死,另一些不得不被射杀,因为它们受到降雪的惊吓已基本无法行走了。

斯科特依靠了最先进的技术。这是灾难性的选择,使他进退维谷。

阿蒙森从他们东边650千米处的麦克默多湾出发,不仅比他们早14天,而且他的速度也更快。斯科特一定知道这件事,因为他在1912年1月15号的日记中吐露:"最坏的事情就是,我们看到挪威国旗在我们之前。"两天后这种事果然发生了。除了别人住过的营帐,他们还看到了一面有蓝白十字的红布。现在英国人斯科特、爱德华·威尔森(Edward Wilson)、爱德加·埃文斯(Edgar Evans)、劳伦斯·奥茨(Lawrence Oates)和"小鸟"鲍尔斯(Birdie Bowers)也到了终点。他们筋疲力尽、沮丧、伤心地在第二个到达南极的大不列颠杰克旗前照了相。

他们面临的是1300千米新的征程,与冰雪搏斗的回家路。"我问我自己,我们能否做到……",斯科特在返程前写道。三周后,1912年2月7日,他们回到了比得摩尔冰川。10天后,在这个冰舌脚下,埃文斯重重地摔倒,由于脑部受到撞击而整个精神失常。第二天他精神开始错乱,3月19号他离开了人世。

刺骨的寒冷越来越厉害。凛冽的寒风无情地抽打着这些已经半冻僵了的人们。奥茨的脚冻坏了。他意识到自己在拖慢队伍的速度后,请求他们将他丢下。斯科特、威尔森和鲍尔斯置之不理。3月21日又有一场暴风雪在他们的营帐外怒吼。他们已无法取暖。燃料用完了。奥茨在夜里悄悄地离开了营帐——从此再也没有被看见。

奥茨勇敢地迈向了寒冷和死亡。

斯科特的日记讲述道:"我们知道,奥茨走向了死亡。虽然我们试图阻止他,但是我们心里明白,这是一个正直的人、一个英国绅士的做法。我们只希望自己能以同样的方式走向终点,而这个终点一定不远了。"

之后是1912年3月29日,日记的最后一篇:"我们每天都试图走到11英里后的基地。但是营帐外总是呼啸着龙卷风夹杂着大雪……我们会坚持到最后,但是我们的体力必然在变弱……"最后是那句著名的请求:"看在上帝的份上,照顾我们的家属吧!"

● 通往南极的高速公路

　　罗伯特·法尔肯·斯科特后来被英国国王追加了骑士头衔，他的妻子凯斯琳·斯科特荣升贵族，享受"夫人"尊号。她为自己的丈夫雕刻了石像，树立在今天的伦敦滑铁卢广场，是朴次茅斯的一个景点。

　　今天在距南极极点几百米的地方，在海拔2835米的高处，有一个巨大的冰上圆屋。它是美国的研究站，1956年设立，叫"阿蒙森-斯科特站"，是根据两位先驱命名的。21世纪初美国人开始建造经由罗斯大陆架通往阿蒙森-斯科特研究站的长达1600千米的陆路，以便更好地为那里的研究人员供给物品。此前人们只能通过飞机给他们提供所需物品，而且只能在南极的夏季时候。通过高速公路去往南极所需的时间应在20天内。

只身走近食人族

这恶臭气味！忍受不了了！不行，这样是睡不着的。小屋中的女士坐起来，在黑暗中循着气味摸索着，寻找着不堪忍受的臭味的源头。在那儿！在一个半伸入火堆的树枝下。一定是它了。她把这根木柴抽出来，看见下面是几个袋子，里面似乎有什么东西腐烂了。

惴惴不安地拿起最大的一个袋子，打开，将里面的东西小心地倒在帽子里。担心丢了什么东西。"在我面前躺着一只人手、三只大脚趾、四只眼睛、两只耳朵，还有其他人身体部件。手是新鲜的，其他东西皱巴巴、半新不旧"，她后来讲述道。换作任何其他人都会被吓呆，会极力想怎么不被人发现地离开现场，或者大喊着跑走。但这位不寻常的女士没有。她小心地把找到的东西重新收拾好，以便第二天向主人了解情况。

她所借宿的村庄"艾芙村"（Efoua）属于芳族（Fang）部落。这个部落的人友好地向她解释着：他们会时不时地吃掉一个同部落的人，有时候也吃外人。吃朋友的时候喜欢留下一块作纪念。这位白皮肤的客人专心地听着，半是吃惊，半是好笑。这是什么故事啊！她想象着从非洲回去给英国听众讲述的时候，他们会有怎样的表情。

玛丽·金斯利：手杖、礼帽、长裙，就能穿越原始森林

1862年10月13日生于伦敦
1900年7月死于西蒙斯达特（Simonstad）

真的没有什么能吓倒她吗？"不要去那儿！"玛丽·金斯利决定从兰巴雷（Lambarene）出发去非洲国家加蓬的原始森林的时候，人们这样警告她，"在奥果韦河（Ogowe）和伦布埃河（Rembowe）之间，住着有名的芳族！他们不仅阴险可怕、偷盗成性，更要命的是，他们吃人肉，是野蛮人！"

然而这位32岁的女士做了什么呢？她去了那里。虽然跟这些"野蛮人"的第一次交道被她描述是"生命中最长的20分钟，如履刀尖"，还没见过那样一群"没有开化的原始人"。不过，之后她就在这些人身上看到了"热情、性情、智慧和活力"，她"爱之胜过爱任何其他非洲人"。

发现居所附近的残尸之后，第二天她跟艾芙村的首领谈了很久关于食人这一习性。她其后对此得出的结论、评价是："芳族吃人并不是像其他黑人部落一样出于一种信仰。他们吃人纯粹出于他们自己对人的健康理解。"首领兴奋地向她宣传"人肉很好"，还请她也尝试一下，不过这份好意她还是谢绝了。

尝尝人肉？
不用了，谢谢。

玛丽·金斯利确实从各方面来说都是一个不寻常的女士，而她的生命却是毫不起眼地从一个很枯燥的环境中开始的。那是维多利亚时代。对于英国人来说，体面就是一切。女人须贞洁端庄，不能抛头露面，最好能让人忘了她们是女人。英国社会自满于两性关系上的拘谨保守和小市民心态。

玛丽1862年10月13日生于伦敦近郊，她的成长完全符合人

们对一个乖顺的英国女孩的期待：不惹人注意，从不表达不同意见，总是听家长的话。她的母亲有病在身，因此玛丽不得不早早地开始独自打理家务。其实她是想进大学学习的，可是受教育的权利被弟弟享受了。"我伤心痛哭，因为没人教我东西"，她回顾自己的少年时代时说道。只有德语被允许学习，以便给爸爸翻译文章。

父亲乔治·金斯利是一些贵族的贴身医生，经常陪同这些人出去旅行。这个工作使他可以兼学自然和人文知识。这一点玛丽也觉得很棒。如果时间允许，她可以连续几个小时地畅读父亲的书，化学、动物学、物理、医学方面的出版物也被她囫囵地读去。

后来金斯利先生也病倒了，1892年父母双双离开人世。玛丽又花了一年时间照顾弟弟——然后，她终于自由了！"我像一个手里有两个半先令的小男孩，在考虑该用它干点什么！"已经是31岁的她在日记中写道。玛丽用不着考虑很久，她读过的书都在告诉她：去非洲！

什么？一个女人，独自去非洲？这是不可思议的！起码在那个年代是这样。她的朋友们惊讶不已。她的医生试图使她的兴趣转到苏格兰，不过——苏格兰？我去那里干什么！继续枯燥无聊？！玛丽先去了一趟加拿大的小岛，感受一下南部的温暖气候。在那里她认识了在西非靠与当地人做生意为生的白人。当他们听说她的计划后，都建议她至少化装成传教人员跟传教组织一起。但是玛丽不想这么做。她从来就不喜欢这些伪虔诚的教会人员。她反感这些自称上帝的使徒的人，这种反感在进入非洲以后更强烈了。

1893年8月，玛丽·金斯利在利物浦登上了一艘货船，货船把她载到了塞拉利昂共和国的弗里敦。船长和其他乘客听说这位小姐的打算后，简直不敢相信自己的耳朵：她想去刚果做人类学和动物学的研究。这个娇小柔弱的人？她穿着纤巧系带女靴、黑色及地长裙，上衣一丝不苟地裹着身体，高高的领子将细细的脖子遮盖的不见下巴，一头金发小心地藏在小皮帽里，手拿一个黑色皮包，胳膊上搭着一把遮阳伞——她站在那里更像一个严厉的家庭女教师，而不像什么做研究的旅行者。不过人们还是能感觉到她的固执、果敢和毅力。但是一个女人自己去原始森林还是不可思议！这怎么可能呢？

玛丽·金斯利就是这样的装束进入了最原始的地方，顶住了蒸晒似的酷热，躲开木筏边好奇的河马，用遮阳伞驱赶着蛇虫、鳄鱼。这身英国小姐的正统装束她在原始森林的最深处也没有脱掉。

同行的男士们很快发现，金斯利小姐的意志是不可转移的。他们只好建议她，对外谎称自己是商人。玛丽照做了：她去哪儿身边都带着烟草，作为商品跟别人交换。另外他们告诫她，永远不要告诉别人自己是一个人、没有男人陪同。为了给自己减去"严重的问题"，必要的情况下，玛丽还要添上一句：她的男人失踪了，她出来是为了找他。

这样准备好后，玛丽来到了非洲。她首先从塞拉利昂坐船顺海岸而下到了安哥拉。路上她见识了各种港口城市。这个世界多么新鲜啊！这各色各样的繁忙景象。这些人，她半惊奇半好奇地不顾礼貌地打量着他们。玛丽，在这个时候突然地，还是犯怵了，她想回英国去。可是她只回到刚果城市卡宾达（Cabinda）（该城市现在是属于安哥拉的飞地）。能载她回欧洲的船已经开走了。那么，现在她必须呆在这里了，她只有呆在这里了！

她认识了一位长期居住在卡宾达的英国人，他在这里经商，不过时间长了他开始研究起语言和风俗习惯来。他给她讲了很多有趣的事，给她找了住的地方，虽然有点简陋。现在玛丽开始自己探索这个港口城市的环境。

在这里，她严格的维多利亚保守作风——作为女士永远不脱下那身层层叠叠、密不透风的裙子——第一次显示出了好的一面：在走一条原始森林里的小道的时候，玛丽重重地跌进了旁边给猎物设的沟里而没有丧命。在后来描述自己探险过程的《西非之旅》一书中，她以自己独特的幽默方式讲述了这次事故："在这种情况下，我们就知道厚裙子是多么有用了。假如我听了很多人的建议，穿上了男装，那我肯定骨头都摔碎了，现在已经一命呜呼了。现在呢，我虽然赚了好多青青紫紫的大包，但是受到我的裙子的保护，我可以差不多比较舒服地坐在9根象牙尖柱子上。"

穿正装也是她对当地人的一种尊敬，她认为自己作为人有责任对别人表示尊敬："你没有权利在非洲放肆地做你在英国会感到羞耻的事！"她写道。另一方面她对传教士的态度感到很恼火，他们跟当地人打交道的时候，总是一副认为他们体格、精神、文化上都很落后的样子。她气愤地写道："黑人跟白人的区别就像家兔与野兔的区别，没有高下之分！"她还毫不留情地抨击传教士向入教的黑人兜售宽大的衣服的行为。"这些东西是使信教家庭的女孩变得蠢笨的罪魁祸首！所以撇开它们罪恶的、应该被放在绞刑架下的外表不谈，它们也应该被废除。"她认真地寻思，在"英国、德国、苏格兰和法国的虔诚的小姐们"的想象中，非洲人的身材该是怎样的。"她们好像认为，他们像水桶。"

在卡宾达南边一个地方，玛丽·金斯利招募了几个当地人和她乘木筏溯流而上。不久她自己知道了怎么在危险的水流中控制这样的小船，还学会了编织和修补渔网。她决心尽可能多地收集陌生的昆虫、鱼蛇，想带回伦敦送给大英博物馆。后来有三种鱼被以她的名字命名：金斯利非洲攀鲈（尾点非洲攀鲈——译者注）（Ctenopoma kingsleyae），金斯利长颌鱼（Mormyrus kingsleyae）和金斯利鲑脂鲤（Alestes kingsleyae）。

虽然是这样的勇于冒险和积极探索，玛丽·金斯利一直很注意保持礼节，即使身处闷热的雨林，不管在船上还是在陆上。即使站在淤泥中，水没及胸——她也从没脱下、没松开哪怕一点已

玛丽·金斯利厌恶传教士们的傲慢自大。

经严重阻碍到她呼吸的紧身上衣。她也从不显示对于昆虫或者非洲水蛭的害怕。她从没怕过危险的鳄鱼。有一次她要蹚过一片沼泽地。在长达两个小时的时间里，"下巴以下都埋在水里"，而且身体的每个可咬的地方都吸附着水蛭。玛丽在这段经历后面只写了一句："我们用物物交换所得的盐巴来驱赶它们。"

天知道，她还得分精力注意更重要的事：在沼泽区域应该"将主要注意力放在鳄鱼和红树蝇上"。因为"鳄鱼可能会袭击小木筏上的人，这事经常发生"，她后来讲述道。不过她比较受不了的是"淤泥的恶臭气味"。

在马塔迪（Matadi）她登上了火车。火车之旅即使在玛丽·金斯利看来也是"非洲最危险的冒险行为之一"。一年前，就在这条线上，一辆火车开着开着撞进了一个炸药包。之前修铁轨需要炸掉一些东西，但是修完后炸药包居然就那样被扔在现场！之后她在当地人的陪同下穿过丛林继续往北，准备从利伯维尔（Libreville）回英国。

在伦敦待了不到一年，这位无畏的小姐第二次往非洲出发了。大英博物馆托她在刚果和尼日尔之间的区域寻找英国没有的鱼类。（玛丽·金斯利受大英博物馆之托探寻非洲鱼类。）。因此她从尼日利亚的卡拉巴（Calabar）开始勘察了克罗斯河（Cross River），在比奥科岛（Bioko）布比族（Bubi）那里待了一段时间。在喀麦隆她攀登了西非最高的山峰——4095米高的喀麦隆山，当地称为"Mungo Mah Lobeh"（伟大的山——译者注），她是登上此山的第一个女性。然后坐船到了法属刚果的格拉斯（Glass）。

现在她想溯奥果韦河而上。她乘坐轮船到了兰巴雷，又一次木筏冒险之旅开始了。8名"Galoa"人陪她溯游而上到了一个村庄，当地人称之为"塔拉古噶（Talagouga）"，意为"苦难之门"。从这里开始，玛丽·金斯利要将木筏划过"阿伦贝（Alembe）"急流。似乎嫌这不够惊险，回到兰巴雷后，她决定

即使身陷污泥，从头到脚她都是体面装束。

玛丽·金斯利：手杖、礼帽、长裙，就能穿越原始森林 147

研究因其食人而被惧怕的芳族。发现那些散发着恶臭气味、令人毛骨悚然的袋子的事件就是在那里发生的。

虽然这个陌生的部落让她迷恋，但是玛丽·金斯利也没有逃脱作为白人在黑人中间被当做异类的命运，她的一举一动都被盯着看。有些非洲人看见她这个异类会吓得不得了，尤其是小孩。"每个看见我的小孩都会吓得大喊一声、拔腿就跑，躲到最近的房子里面。听他们喊叫不断，我觉得他们八成在颤抖。"

大人们的胆子就稍微大一些，他们的好奇心到夜晚也不减。有一天晚上，玛丽·金斯利在借来的小屋中躺下睡觉，发觉并确信"在墙上每一个小孔后面都藏着一只眼睛。并且能听见，在四面都有新的小孔被捅出来。我非常担心我借宿的主人——这个部落的首领——第二天发现他的房子被搬走了。"

1895年，玛丽·金斯利回到了英国。她写下了《西非之旅》、《西非探索》、《西非的故事》等书，成了炙手可热的人物。连英国殖民部长约瑟夫·张伯伦都请她来报告在非洲的见闻，虽然玛丽毫不避讳地说到她不喜欢欧洲白人在非洲的所作所为。大英博物馆收到了她丰厚的博物标本馈赠。

不过家乡的井井有条的生活对于她来说是彻底没有吸引力了。1900年3月她告别这种枯燥的生活，第三次踏上了去往非洲的道路。这一次她去的是南非。英国刚刚打赢了英布战争，这次战争意在取得从好望角一直到开罗的殖民统治权。英国人烧农场、灭牲畜，还建造了条件极其恶劣的大型监狱，这是最早的集中营，关押包括妇女儿童在内的俘虏。玛丽自愿在西蒙斯塔特（Simonstad）照顾完全无依无靠的战俘。四个月后她在那儿感染了伤寒，1900年7月去世，卒年38岁，遗体被葬于大海。

生命的最后一次冒险之旅是照顾英布战争中的战俘。

做贸易要人道

玛丽·金斯利最厌恶的莫过于欧洲人跟非洲人打交道时的那

种居高临下的态度。而对于传教士的作为，玛丽唯有嘲讽之，因为他们似乎把非洲人当做"空罐子"，以为需要他们来"灌输白种人的所谓文化"。她觉得这种事反过来还更可取些："如果生命的意义在于幸福快乐，那么应该是非洲人派传教使团来感化我们，而不是我们感化他们。"

对于殖民主义，玛丽·金斯利并不是完全排斥。不过她对此的理解却有异于把人分成主人和奴仆的欧洲权利政治。对于在非洲经商的白人，由于他们至少也帮助过她，她甚至抱有同情。玛丽·金斯利在100多年前触碰了一个现在，尤其是在全球化的今天仍然会接触到的问题：贸易在不同的民族和文化之间可以充当一个媒介，使人们相互走近，但是这一点只能建立在相互尊重的基础上。一种文化只有在像自己希望被对待的那样去尊重另一种文化时，贸易才能顺利进行。这个思想从玛丽·金斯利的时代开始到现在，从未失去它的真理性。

法老王的诅咒

这只是时间问题吗,幼王的死咒终究也会降临到他身上?他的资助者卡纳封(Carnarvon)伯爵已经被这样带走了性命。尤其神秘的是,就在他死的那个时辰,1923年4月6日夜里将近两点,整个开罗忽然一片漆黑:所有的灯光都熄灭了。一年之后我们的冒险家的秘书亚瑟·马斯(Arthur Mace)死亡。1924年,巴黎卢浮博物馆的保管员乔治·本尼迪(Georg Benedit)在踏进这座最著名的埃及坟墓的那一刻以同样的方式倒地死亡。我们的英国籍发现家的6名工作伙伴都死的那么突然。人们说坟墓里有致死原菌,甚至是毒气。它们什么时候来索他的命呢?

"谁惊动了墓中的法老,死神就将光顾谁!",据报道,陵墓入口处有这样的象形文字。不过冒险家本人并未在什么地方见到。而他是第一个发现这个陵墓的人,他亲手扒开的这个入口!这些报道吓不住他,他于1939年在伦敦安详地死去,享年65岁。

距今40年前左右,关于"法老王的诅咒"的传言再次搅动人们的神经。在埃及珍宝展出前不久,组织展览的人在车祸中丧生。此前他于梦中得到警告。今天我们知道,法老复仇的故事在这个著名的陵墓被发掘之前100年就被女作家简·劳登(Jane Loudon)写在《木乃伊》(Die Mumie)一书中了。我们的发现家可能听说过这部小说。

霍华德·卡特和图坦卡蒙王的陵墓

1874年5月9日生于肯辛顿（Kensington）
1939年3月2日死于伦敦

钱，钱，总是钱！这次霍华德·卡特不得不努力地控制着，不把自己全部的愤怒喷发到伯爵的油头粉面的公子哥脸上。这位公子哥对他不合时宜的到访颇感不快，像对待一个奴仆那样命他进来，告诉他：到此为止。他不想再为寻找图坦卡蒙王的陵墓掏一分钱了。这个拥有英国南部最豪华的海克丽尔城堡（Highclere Castle），此时住在埃及卢克索（Luxor）冬宫宾馆（Winter Palace Hotel）的有钱人之前可能认为，他付钱请来挖墓的这些"土著"，随时都能给他呈上轰动性的大发现——好像这是多容易的事儿似的！

好吧，卡特承认，他已经挖了6年，依然一点线索也没有。每结束一冬的挖掘工作，他带给伯爵的都不是新线索，而是"抱歉，又是一无所获"的坏消息。但是现在放弃？他，卡特，内心深深地感觉到：最后一个未被发掘的法老坟墓一定就在那里某个地方。他的雇主怎么能停止资金供应呢！

著名的埃及考古学家扎希·哈瓦斯（Zahi Hawass）在21世纪初评论霍华德·卡特说："能够确确实实嗅出沙里的秘密的考古学家为数不多。卡特具有这样的感官。"

可能卡纳封伯爵也知道这点。不管怎样，他同意再给最后一次机会，出了一年的钱。卡特可以继续挖掘。而这次，1922年11月，真的完成了最轰动的、来自3000多年前埃及法老王时代的考古发现：他发掘出了传说中的图坦卡蒙王陵墓！此时他已在尼罗河畔的淘金场（Goldgr·ber-Land）待了30年。

1922年11月，英国人霍华德·卡特完成了最传奇的埃及历史发现。

霍华德·卡特和图坦卡蒙王的陵墓

霍华德·卡特，1891年作为一个平凡的花匠第一次来到埃及。他的父亲，萨姆·约翰·卡特（Samuel John Carter），是一位动物画师，这个本领也被他传授给了11个孩子当中最小的、生于1874年5月9日的霍华德。霍华德在诺福克郡（Norfolk）的斯沃弗姆（Swaffham）长大，他的第一桶"金"是替上流社会的人给他们的宠物画像赚来的。不过他的兴趣更多的是在古代，在埃及的历史。他自学了古埃及的象形文字。后来又自学了阿拉伯语。

他的画画本领和跟上流社会的接触给他赢得了第一份工作：还不到17岁的时候，他就跟随英国考古学者来到埃及。他的职责是将科学家们的发现以图画的形式记录下来。在19世纪末20世纪初，古老的法老王国度吸引了世界各地的"真"考古学家、探险家和寻宝者前来。此间共有60多处陵墓被发现。尤其受到追捧的是那些贵重的殉葬品，它们被几千年前的人们放入国王主公的墓室中，环绕石棺，来陪伴他们的最后一段旅程。特别是帝王谷看上去就像有千万只鼬鼠在那里疯狂地活动过一样，到处都是挖掘的痕迹。还有一些盗墓者也在这里猎取了不少财物。

年轻的花匠卡特在他的第一次埃及之旅中也认识了考古学家弗林德斯·皮特里（Flinders Petrie）男爵，从他那里学到了掘墓的技术。男爵告诉他怎样挖掘不会错过或者破坏重要的发现。卡特和他的助手们后来在寻找图坦卡蒙王陵墓的过程中共挖出或挪动20万吨废土，这20万吨土他全部是按照皮特里最初教他的方法操作的：一铲一铲地搜寻。

1893年，卡特得到了一个特殊的任务：他要将建于公元前2世纪的哈塞普苏女王神庙的考古发现用画笔记录下来。他描摹下了整座整座的浮雕、壁画和铭文。这份工作卡特一直做到1899年，6年时间，可能就是它唤起了25岁的卡特一生的梦想：他要自己找到一座法老陵墓。

卡特兴奋地记着："帝王谷——听名字就已感到那扑面而来的浪漫气息，我觉得，在所有的埃及的奇迹中，没有别的东西更

卡特和助手一铲一铲地挖了20万吨土。

能让人浮想联翩了。底比斯山（thebanische Berge）的最高峰像一个天然的金字塔一样监视着死去的帝王们。在这个寂寞的、拒绝了一切人声的山谷中，曾经埋葬着30位国王——其中有整个埃及历史上最大的一座陵墓。"

有经验的考古学家们早已不认为还有什么待发现的。大部分坟墓都被抢空了。甚至哈塞普苏神庙上面岩石的缝隙都被挖掘者搜掠过了，从中翻出了神职人员几千年前藏进去的40具木乃伊。只有一座陵墓，仍然像迷一样被黄沙紧实地藏在身下某个地方：大约生活在公元前1342~1325年间的少年国王图坦卡蒙。他是第18世国王。就是它了，它就是霍华德卡特想找到的陵墓。

不过为此他需要钱，很多钱！跟皮特里一块工作的过程中卡特十分机灵讨巧，以至于埃及任命他为上埃及和努比亚（Nubien）地区的遗迹监察官。现在他看管着卢克索的古迹。不过他的工资是不够用来开展独立的挖掘的，这中间费力的挖掘需要很多人手。有一天埃及工作人员跟一伙傲慢的游客发生了争执，卡特失去了这份工作。

一位富有的伯爵幻想着发一笔大财。

现在他靠做一些临时的画画和导游工作来艰难度日，也替外国收藏家购买一些古董文物——虽然这是被禁止的——并帮他们把这些东西偷运出去。此间他认识了卡纳封伯爵。卡纳封伯爵是一位收藏家，对考古感兴趣。不过他这次来埃及是因为意外受伤，来此休息疗养。坚信能找到图坦卡蒙王陵墓的卡特，点燃了这位富有的英国同胞心中将此事做成的果断想法。他买来了挖掘许可，1907年任命卡特为挖掘组长。

他们在不同的地点寻找，也确实发现了阿美诺菲斯一世（Amenophis I，或称阿蒙霍特普一世）、阿美诺菲斯二世以及一个为哈塞普苏女王挖的、但没有用到的墓穴。在帝王谷挖了6年后，卡纳封彻底想放弃了。卡特说服他又给了一年时间，虽然他自己也快绝望了："这种事多么让人沮丧，只有发掘者知道。"

最后卡特将目光转向了帝王谷拉美西斯四世（Ramses IV）

的墓穴附近，一块被工人宿舍占用了的地方。他让人把这里铲平，然后在第二天，1922年11月5号，这个冬季的第四个挖掘工作日，碰触到了通往一个此前没有被发现过的墓穴的石阶。慎重，别欢呼，这也可能是一个大官的墓穴……

卡特的助手们继续挖着，又清理出11个台阶。台阶后面，是一道门，而门上，确实是一个法老王的封印！11月6日，卡特打电报给海克丽尔城堡他的出资方："谷里完成重大发现！大墓，封印完好无损！您到来前会重新封上。祝贺！"在自己的日记中卡特写道："看来是真的了！所有这些年的耐心终于得到了回报！"

两周后卡纳封勋爵来到墓室，与他的女儿——伊芙琳（Evelyn）小姐一起。11月24号，他们重新打开了墓室的门。卵石被轻轻拿开，露出后面的通道。挖掘的废土在卡特的命令下被细细地搜寻一遍，发现了一些写有埃及统治者名字的碎片。通道的末端是第二扇门：门上就是"图坦卡蒙"字样！

卡特用铁棍在角落捅开一个洞，小心地把点燃的蜡烛擎进去——然后，他被眼前的金光夺目的人、兽雕像照得一阵发晕。洞口很快被放大，卡纳封勋爵也看见了他梦寐以求的发现。卡特欢呼起来："这是一生中无与伦比的一天！我未曾经历过更美妙的一天。我的第一感觉是高兴，我对这个山谷的信心不是无稽之谈。"

在对面墙上他们发现了另一个石门。小心地捅掉石头，顺着一个16级的台阶他们来到了真正的陵墓里面。首先是前殿，这里放着一切让帝王在另一个世界生活得舒服的东西：美轮美奂的箱子、椅子、卧榻，全部是无价之宝。还有豪华的床柱和宝座。他们把这些珍宝无比谨慎地包裹好，送到严加看守的野外实验室。不过，还没有看到幼王的木乃伊呢。这位少年法老9岁登上王位，没过几年就死去了。

直到1923年的2月通往真正的墓室的墙才被打开：里面是一

> 图坦卡蒙的面具是世界上最著名的文物。

只几乎填满了整个墓室的大纯金匣子,后来他们才知道,匣子里面藏着四只小匣子。又直到1926年,他们才发现了最里面的最后一只装着木乃伊的匣子。木乃伊的脸上戴着世界上最昂贵、最有名的文物:幼王图坦卡蒙的黄金面具。

卡特这样描述走到这一步时的心情:"这是我们中间的任何人任何时候都忘不了的一次经历。我们有一种国王本人在场的感觉,他的威严要迫使我们躬身行礼。我们在想象中看到:匣子的门一扇扇依次打开,直至最后一扇,将国王呈现在我们面前。"

卡纳封勋爵本人没能看到法老,他在墓室开启后几周不幸身亡。事情是这样的:他被一只蚊子叮了,第二天刮胡子的时候刮破了这个伤口,感染了败血症。媒体称他是"法老王的诅咒"的第一个受害人。

霍华德·卡特现在不得不独自与埃及政府周旋,这使他感到厌烦。他们争执起来。人们指责他私藏了墓室中的首饰,禁止他再踏入墓地。不过开启最后一个匣子的时候,图坦卡蒙的后代不得不寻求他的帮助。4个卡在一起大匣子——每个有15公担之重(1公担在德国相当于50公斤,在奥地利、瑞士相当于100公斤——译者注)——最后是在他的指导下用滑轮分开的。这项工作花费了84天,才把最后一个安放着木乃伊的匣子打开。木乃伊被浸泡在松脂中的带子缠绕着,其中还藏着150件宝石、首饰和其他珍宝。

卡特的任务终于完成了,在国际上获得广泛关注。耶鲁大学授予从未上过大学的他名誉博士称号。不过卡特不喜欢这些破事。他回到埃及的家中,像最初来到尼罗河畔时那样,把帝王谷和他自己的发现画下来。他整理归档了3000件文物。1939年3月2日,卡特在伦敦去世。

最著名的法老王

图坦卡蒙王的奇珍异宝和他的传奇直到今天还有着很强的吸引力。黄金面具始终是世界上最著名的出土文物。它保存在开罗埃及国家博物馆中，被严密地保护着。法老的秘密和他神秘的死亡之因仍然是个谜。他为什么年纪轻轻就去世了？难道是被谋杀的吗？他不属于古埃及最重要的法老，但却可能是最著名的。他的名气那么高，其中也有霍华德·卡特的功劳，是他发现了那些包含无数秘密的宝藏。

寻找骑士的足迹

今天他会带来什么呢？牛津阿什莫利恩博物馆（Ashmolean Museum）的保管员只要远远地看见这个12岁的男孩子，就会露出笑容。只见他小心地从裤子口袋里掏出一把碎陶器片。这次的发现重要吗？他有一些东西是很让博物馆的考古学家感兴趣的。自从牛津的街道因建设排水设施被挖开以后，整个城市对于这个男孩子来说成了一个大宝库，这个宝库讲述着中世纪的故事。只要把挖出来的土稍加细致地翻寻一下就可以了。他具备着考古发现的天分呢。

不过这个瘦削的男孩千方百计想搞到手的并不只是历史遗物。有的时候他会在附近的村庄里几个小时几个小时地晃悠，找骑士的痕迹。一旦找到新的墓穴板，他就麻利地掏出一张纸，把这块已经在那儿躺了数百年的沉重的板子上的文字和徽章图案描下来，回家后再涂黑。他的父母有时候会感到无可奈何。这个儿子长到4岁的时候自己学会了认字，从此以后任何他够得着的书或报纸都"难逃劫数"。现在更好了，他在从古迹和墓穴板中寻找过去的痕迹。

儿子的"不良"习惯中，只有一项让妈妈的感觉很复杂：他有时候像个苦行僧一样无情地对待自己，不让自己睡觉，或者步行几千米直至他有限的体力几乎不能支持，试图用这样的方法使自己"茁壮成长"——他干嘛要这么做？

托马斯·爱德华·劳伦斯：不幸的沙漠之子

1888年8月15日生于翠马多（Tremadoc）
1935年5月19日卒于巴温顿坎普（Bovington Camp）

其实劳伦斯夫妇不必为他们的二儿子感到忧虑的。托马斯·爱德华·劳伦斯是一个优秀的学生，他甚至作为年级最好的学生之一被牛津大学热门的耶稣学院录取。小时候的他就是一个非常勇敢的孩子，从没有人见他哭过，即使在外面玩膝盖刮破了皮。他既上进又听话。

父母不知道，他们忧虑也是有理由的：这个儿子对自己太严格。他不让任何人知道他感觉多么悲伤不幸。他的上进和极端苛刻的自我要求是他对付折磨着他的一种深深的羞辱感的工具：托马斯10岁的时候发现了一个可怕的家庭秘密，他的父亲并不是他所宣称的那个样子。连他的名字都不是真的。劳伦斯先生其实叫托马斯·查普曼，在爱尔兰是有一定地位的男爵，并且在那里结过婚，是4个女孩的父亲！但是他的爱尔兰婚姻状况很糟。当他的女儿们的美貌家庭教师也怀上了他的孩子后，为了躲避这不光彩的名声，他带着情人一起逃到了威尔士的翠马多，和她改名换姓，安顿下来。托马斯·爱德华于1888年8月15日作为非婚生的孩子来到世界上。

当小男孩非己所愿地听到父母关于这个弥天大谎的谈话的时候，这个世界在他那里坍塌了。他的父亲没有与前妻解除婚约，对外宣称情人萨拉是他的结发妻子。他，托马斯，是一个私生子！他不能跟任何人谈起此事。一旦真相暴露，礼法森严、古板守旧的英国也会给他准备灾难性的后果：他甚至可能不得不离开学校。

所以，这个男孩子非常孤僻。他把自己埋进过去，比父母的过去还早的过去。他开始埋头学习。1907年他独自在法国旅行几百千米，从一个骑士城堡走到另一个。尤其吸引他的是诺曼底地区塞纳河边的盖拉德（Gaillard）乡间大庄园的遗迹。这座建筑是英国狮心王理查（Richard I "L·wenherz"）按照他在带领十字军征讨耶路撒冷的途中所见的城堡的样子建造的吗？托马斯想寻找这个问题的答案，而且是通过实地考察！两年后，1909年的夏天，他逃课4个月去近东探访。他的老师对此十分不悦。他带着词典和相机，从贝鲁特（Beirut）走到土耳其。（从黎巴嫩到土耳其，2400千米的徒步之旅）睡在贝都因人的帐篷里。贝都因人的语言他在牛津就已经靠自学掌握了，他还坚持不懈地训练自己，直至每一步的长度都是严格的一米为止了。这样他不用折尺和相关仪器就能丈量他的研究对象——中世纪的十字军城堡。他兴奋地给父母写信报告叙利亚的撒云（Sahyun）城堡："这是我迄今为止遇到的城堡建筑当中最激动人心的一座。"

每一个建筑他都丈量、描摹好，包括细节。回到牛津后，他交给教授们一份当时最详尽的近东十字军城堡的目录。现在老师们都喜笑颜开了。耶稣学院的图书馆今天还珍藏着这份报告。托马斯·爱德华·劳伦斯以独立完成的论文完成了他的历史学学业，他的毕业分数是最优等，并以此赢得在近东继续研究深造的四年奖学金。

1911年，大英博物馆组织考古学家去叙利亚的瞿拉布鲁斯（Dscherablus），在赫梯族（Hethiter，又译西台，居住于小亚细亚东部的一个古老民族——译者注）城市卡克米什（Karkemisch）进行挖掘工作。托马斯加入了这支考察队。他当时不知道，这个探索计划背后是有政治意图的。瞿拉布鲁斯正在建设从巴格达经伊斯坦布尔到柏林的铁路，是德国和土耳其政府

柏林-巴格达铁路线开建，英国派考古学家作间谍监视铁路进展情况。

共同开展的项目。这个项目使英国人感到不安,因为如此一来,土耳其人就接近他们在阿拉伯湾的殖民地了,这是危险的。卡克米什挖掘队的工作地点就安插在幼发拉底河一个德、土要建造铁路桥的地方。挖掘人员负责向伦敦汇报铁路进展情况。

在考古上他们做出了很大的成绩:不到一年,他们就在90公顷的工作场地上发掘出了有着7000年以上历史的开垦定居遗迹、神庙废墙和一座王宫。这是具有重大意义的发现。被阿拉伯人称作"短裤之父"的劳伦斯,从盗墓者手中买下文物,虽然当地人说他奸滑地压低价钱,不过由于他对他们的生活有很强的兴趣,他们很尊敬他。今天,他收集的赫梯印章还存放在牛津的阿什莫利恩博物馆。

托马斯给父母的信中写道:"做回英国人对我来说将是一件非常困难的事情。我在这里像阿拉伯人一样生活。"不过他也抱怨,"欧洲影响已经侵入阿拉伯地区了"。跟他一起的英国人不太喜欢他的做法:他跟一个14岁的小挑水工交上了朋友,教他识字,甚至对他有"更深入的兴趣",人们传言这个瘦瘦的牛津男人爱上了那个男孩子……同时他也开始从一个拘谨的英国人转变为粗犷的沙漠之子"阿拉伯的劳伦斯"。

1913年,"巴格达铁路"建成,从阿勒颇(Aleppo)还分出了一条通往梅迪纳(Medina)的支路。这是对英国的另一个挑衅:现在土耳其和德国可以迅速地将兵力运往南部,威胁英国占领的埃及和苏伊士运河,而英国连西奈半岛——他们可能的列队行军地点——的地图都没有!所以考古小组被派往北部的西奈,名义上他们是为了发掘拜占庭古迹,实际上是替军队测绘地形,探明水陆通道。劳伦斯就这样从加沙来到了亚喀巴。考古家发掘出了真宝:拜占庭的陶器和蓄水池、居所、灌溉设施。

1914年,第一次世界大战爆发前夕,劳伦斯回到了家乡。英、法、俄正在为对抗德、奥、土组成的同盟国集团作战时动员。劳伦斯也参了军,起先作为东方专家为伦敦总参谋部工作,

> 劳伦斯想将阿拉伯人从奥斯曼帝国统治下解放出来。

然后被调往开罗的"阿拉伯办公室"。这位考古学家成了间谍，为英国秘密部门提供土耳其军队的动向信息。他本人的政治观点是：英国应该帮助阿拉伯民族从奥斯曼帝国的统治下解放出来，一个独立的阿拉伯对英国人也是有好处的。

1916年6月，他真的得到了命令，在阿拉伯的酋长中寻找能够将争执不休的各部落联合起来、领导他们对土耳其发动起义的合适人选，用劳伦斯的话说，就是"能将沙漠置于战火之中"的人。他找到了哈施密特恩（Haschemiten）的侯爵费萨尔（Feisal），麦加酋长、王公贵族的儿子。

英国为贝都因人提供金钱和武器，给他们制造独立的希望。当时的劳伦斯是否知道，英国另有计划，而他只是其中一个工具？穆斯林人感谢他给了他们建立独立的泛阿拉伯的统一国家的希望，他们赠予他特别的荣誉：一件白色的只有先知穆罕默德的后代才有资格穿的斗篷（Scherife）。"阿拉伯的劳伦斯"从此只穿贝都因人的白色拖地长袍（Dschellaba）。

费萨尔率军攻打被土耳其占领的麦地那。在劳伦斯的建议下，他们对具有重要战略意义的大马士革-麦地那段铁路发动了多次小规模袭击，切断了土耳其人的供应。劳伦斯因此赢得了"阿米尔炸药"（Amir Dynamit）的美誉。

> "短裤之父"成了"亚喀巴的英雄"。

不过劳伦斯还有更大胆的行动计划呢。1917年夏，他亲自带领一队阿拉伯部落战士挺进沙漠，前往阿卡巴（Akaba）。土耳其人的估计是如果阿拉伯人来袭击，那一定是从海上袭击这个重要的港口。贝都因战士们恰恰不这么做，他们在6月12号黎明时分出其不意地从陆上发起了进攻，占领了阿卡巴。穿着长袍的劳伦斯亲自快马加鞭，骑行50个小时，穿过沙漠赶回开罗，将胜利的消息带给人们。现在他成了"阿卡巴的英雄"！两个月后阿拉伯军队攻进至约旦。

然而，生命中第二次，劳伦斯被谎言的诅咒击中：英国和法国协定瓜分抢占的地区，而不是交给阿拉伯人。忠诚的劳伦斯失望地默默回到了家乡。

　　为了英格兰，他险些搭上了自己的性命。1917年11月，他深夜潜入土耳其人的交通要塞、叙利亚城市德拉（Dera）行使间谍任务，被发觉并逮捕。士兵们撕掉他的衣服，刑讯逼供之后竟然将他强暴。这是童年的私生子阴影之外，劳伦斯遭遇的又一个噩梦。他几乎羞愤致死。这份耻辱的折磨他自始至终无法摆脱。后又几乎自残成瘾。是一名土耳其人帮助他逃走的。

　　一年之后，1918年10月，英国和阿拉伯的军队进驻叙利亚首都大马士革。劳伦斯和费萨尔王子第一个进入攻下的城市。"阿拉伯的劳伦斯"做这一切的时候，是带着怎样悲壮的心情啊！他知道，不久之后，他"欺骗"这位阿拉伯朋友的事实就要真相大白了。

　　"阿拉伯的劳伦斯"带着难以言麦的苦楚回到了英国。1919年凡尔赛谈判的时候，他穿着阿拉伯服装，站在了战友费萨尔一边。但是他们无能为力。欧洲最终不同意阿拉伯独立。近东被瓜分：法国吞占了叙利亚和黎巴嫩，英国占领巴勒斯坦、约旦和伊朗。劳伦斯不仅失去了一个朋友，也失去了自己的政治设想。

　　英国却开始拥戴他们的"阿拉伯的劳伦斯"。报纸开始大肆登载沙漠之子的故事。不过沙漠之子却不善于当明星，谢绝了荣誉和勋章。他隐居起来，将他的探险经历写进了《智慧的七根柱子》（Die sieben S？ulen der Weisheit）一书中。这本书成了畅销书。1926年，劳伦斯试图以约翰·胡姆·罗斯（John Hume Ross）的假名加入皇家空军，作为一名普通士兵隐匿起来。一年后他又改名T.E.肖（T.E. Shaw），成为坦克分队的一员。他被戳穿了，并再次被扣上了间谍的帽子。

　　1935年，化名肖的46岁的劳伦斯将制服彻底束之高阁。他想写作和沉湎于他的新爱好——骑摩托车。这个爱好带走了他的生命。"阿拉伯的劳伦斯"在一次事故中头部受重伤，1935年5月19日去世。

劳伦斯在被欺骗后写道，他感觉自己"就像奥德修斯，来到伊塔卡岛，却发现这是错误的地方"。

● 阿拉伯的梦

我们不知道,如果没有欧洲的阻挠,劳伦斯的设想——成立统一的泛阿拉伯大国能否成为现实。法、英、国际联盟在第一次世界大战后对阿拉伯世界的分裂和利益版图的划割为以后的战争和流血冲突埋下了伏笔,这种战争和冲突直到今天还在上演。

叙利亚和黎巴嫩在法国主权下与阿拉伯其他地区成隔离状,直到1946、1941年才相继独立。约旦1946年独立。被国际联盟控制的伊朗1932年独立。巴勒斯坦地区1948年成为犹太人的国家——以色列,从此,巴勒斯坦人为本国的独立进行着不懈的斗争。

寻找吸大麻者

这个女人还有救吗？巴格达的不列颠俱乐部给她找了合适的住处，她不住，非要借宿在阿拉伯鞋匠家，还说是为了提高语言水平！这个英国小姐真是不放过任何一个吓唬规规矩矩的不列颠俱乐部成员的机会。

她压根看起来更喜欢当地社会，而不喜欢与她的同胞一本正经地谈话。好不容易在俱乐部露个面，她又会与拉车的、赶骆驼的凑到一块，跟人家商量去东方最刺激的地方转转。总之，与她本来惊艳优雅的穿衣打扮形成明显反差就是了。如果说今天我们还把这看做有点疯狂，那么在20世纪30年代，这纯粹就是一个丑闻了。

更不要说她的那些冒险计划了：她一定要去瘾君子和杀手的荒谷！虽然那个嗜杀成性的帝国在几百年前就衰落了，但是先祖的野蛮血液说不定还流淌在后代的身上。

这个女人一定是疯了，尤其她本身还是个自小体弱多病的人。更让人惊讶的是她的顽强：虽然痢疾、疟疾、麻疹、心脏衰弱多种疾病缠身，她也坚决不取消劳神伤身的旅行，还任由当地医生胡治乱治。她活到了100多岁。

弗莱娅·斯塔克：杀手谷

1893年1月31日生于巴黎
1993年5月9日卒于阿索罗（Asolo）

头发啊！美丽的头发！弗莱娅哭得很伤心，为避免发生更危险的事，她的头被硬生生地从钢辊中间拽出来，拽掉了一块头皮，右耳朵也破了。就是有一秒过于靠近了机器，这缕头发就卡在中间了。13岁的她不得不在意大利都灵的医院里待了4个月，才从这次在妈妈的纺织厂的事故中恢复。医生从她的大腿上移植了一块皮到她的头上。以后她都灵巧地把周围的头发绑在伤疤上面来遮盖它们。而作为女士，弗莱娅·斯塔克对于自己不能有美丽的外表是感到有些痛苦的。所以她试图用抢眼的服装来转移自己臆想中人们对她的瑕疵的注意力。

生在巴黎、拥有英国护照的弗莱娅完全有一套自己的方式来弥补身体上的不足。弗莱娅·玛德琳·斯塔克1893年1月31日出生，父亲是雕刻家、画家罗伯特·斯塔克（Robert Stark）。她是一个柔弱的、心脏先天不足的孩子，经常生病。她最大的愿望就是能强壮一些、健康一些。如果当时有人预言，说她有一天会因为去了人迹罕至的东方进行冒险旅行而出名，那他一定会被当作疯子。不过弗莱娅小小年纪已经感觉有必要向自己和其他人证明，她比人们想象的有能力多了：她可是喜欢骑马和爬山。

安安静静地坐在家，弗莱娅做不到。从小时候开始，她就习惯了一种不安定、经常搬家的生活："我一岁前，我们在巴黎附近的乡村住了10天后，去了英国的贝辛斯托克（Basingstoke）和托基（Torquay），然后搬到达特穆尔（Dartmoor）近郊住了

年轻的弗莱娅·斯塔克登上过4478米高的瑞士的马特洪峰。

一个夏天。我9个月大的时候,我们又动身去了巴黎,又在基钮阿(Genua)和奶奶度过了我的第一个圣诞节,然后一岁半的时候,我跟家人在威尼斯附近的小城阿索罗(Asolo)安顿了下来。"幼小的弗莱娅已经会用好几门外语跟人谈话了。(还是个小孩子的弗莱娅就掌握了数门外语。)第二个女儿出生后不久,父母离开了意大利。靠画画和雕刻,父亲无法养活一家,所以他想去英国碰碰运气,买一些地。

母亲对当地主不感兴趣,她抛弃了丈夫,1903年带着两个女儿回到了意大利,在都灵附近的一个生产织物和篮子的小工厂工作,弗莱娅的头皮事故就是在这里发生的。

弗莱娅是一个求知若渴的孩子。在意大利能学到的东西无法满足她的求知欲。所以她征得父亲同意,来到英国读书,1911年进入伦敦贝德福德学院学习历史。一战的爆发终止了她的学业。1914年弗莱娅在博隆尼亚(Bologna)安身,当了护士。她跟一位医生订了婚。可惜爱情没有守住它的诺言,弗莱娅1916年告别爱情回到了伦敦。在伦敦她凭借出色的德语、意大利语和法语能力,在英国情报局得到了一个审查国外信件的职位。战争结束后,父亲送给她一小片地,在利古里亚海边的里维埃拉地区(ligurische Riviera,意大利——译者注)。她在这里种植葡萄、蔬菜和鲜花。

她跟随一个曾在黎巴嫩生活过很长时间的老僧侣开始学习阿拉伯语,另外还定期去伦敦东方语言学校提高自己的语言水平、加深国情了解。不久她确立了目标:她想自己去阿拉伯,因为"世界上最有趣的事将最有可能在石油的附近发生"。一个未婚妇女,去东方?这像什么话呢?弗莱娅·斯塔克信心十足地给伊拉克巴格达投递了简历,想得到一个宫廷教师的职位。她没有成功。那么,她就得靠自己的运气去了。

1927年11月,她坐上一艘船,来到了黎巴嫩。虽然她的身体状况一点也不良好。她也没钱——所以借宿在贝鲁特附近一个阿拉伯人家庭里。家里的医生警告过她，绝对不要步行超过一千米，她的身体吃不消。怎么可能！弗莱娅游览了大马士革、开罗和耶路撒冷。

她的同胞很惊讶，她居然非要去叙利亚德鲁兹地区（Drusen/Druze）。那里实行战时法规！可她意志坚定。德鲁兹是从伊斯兰教分裂出来的一个宗教民族。她从那里回来后，发表了一篇关于这种信仰反叛的文章，引起了广泛关注。这是她以后记者、作家职业生涯的开始。

> 她去了叙利亚，虽然那里实行战时法规。

她从这第一次的旅行中确定：她要过这样的生活！接下来的几个月弗莱娅住在父亲那里，他当时搬到了加拿大生活。同时为下一次旅行目的地——伊拉克和波斯（今伊朗）——做着准备。她还学了一些考古方面的知识，阅读了伊斯兰民族的教义书《可兰经》。另外她学习了波斯语。1929年她来到巴格达，住在一户阿拉伯鞋匠家，并在此间做了去阿萨辛山谷（阿萨辛，法语assassin，意为刺客或杀手——译者注）的决定和计划。

阿萨辛派掌握北波斯有200多年了，他们的势力还发展到了叙利亚。阿萨辛这个名字的来源是一个神秘的、有着不同版本的传说习俗。这些传说听起来就像《一千零一夜》中的故事一样。其中一个说，11世纪末，波斯人哈桑·阿斯·萨巴（Hasan As Sabah）——阿萨辛的创建者，把他的部下用大麻迷醉后运到了他位于卢里斯坦（Luristan）的阿拉穆特（Alamut）的神秘城堡。这些部下醒来的时候以为到了天堂，从此都效忠于他。另一个传说是，吸大麻的人在波斯语中叫做"阿萨辛（Haschaschun）"，这些阿萨辛吸大麻是为了变得更凶狠、对待敌人可以越来越残忍。法国人把阿萨辛写作"assasins"，这个单词今天还用来称杀手。

37岁的英国小姐弗莱娅坐着骡子，从里海南边的加兹温（Qazvin）出发，带着几名"护卫"和行军床、蚊帐这些"武器装备"，向厄尔布尔士山脉（Reshteh-Ye Kuhha-Ye Alborz）行进。中途曾遭到当地警察的怀疑。弗莱娅·斯塔克在费力的旅行中不忘将这个地区的地形地貌画下来，她记录了沿途村庄的名字，绘制了该地区的地图。

"我收集着地名，观赏着风景，告诉伊斯曼（一个阿拉伯陪同）他是一个骗子，让阿斯茨（Aziz，为她赶骡子的人）对碰到的每一个可能给我们信息的人作详细询问。这样我渐渐得到了旅行路线上的标志性地点，并且赢得了好奇的女地理学家的称呼，以至于经常有陌生人主动跑来，给我提供地名。"

当地居民好奇地打量着这位陌生女士，因为他们从来没见过拿着手掌、戴着帽子的女士。

他们最后登上了阿拉穆特城堡，弗莱娅在上面找到了大量阿萨辛时期的遗迹。从这里也可以望见神秘的"杀手谷"。弗莱娅很兴奋——为景色，也为她的发现。只是卢里斯坦的人她无法用很好的词来点评他们："卢尔人诡计多端、凶残，做坏事的时候也不侠义"，总之："人们能想象的最欢乐的无赖。"至于她自己——古墓掘宝，难免触碰法律，但这事嘛，因为"波斯人不讲道德"，所以——无可厚非啦。

她的冒险旅行沿着阿拉穆特河继续。在一个村庄里，居民告诉她山岩上面有一个内维撒沙（Nevisar Shah）城堡，他们讲到，还没有一个欧洲人登上过它，连当地也鲜有人敢去走那陡峭的山路。这能说不是一个挑战吗！在一位猎人的陪同下，弗莱娅·斯塔克费力地登了上去，在上面，她发现了比阿拉穆特城堡晚300年、但形式却一模一样的遗迹。她远远地望见了"所罗门宝座"（Thron des Salomon），一座4805米的山峰。第二年，1931年，她来到了所罗门山脚下，却没有登上去，她的领路人欺骗了她。她还攀上了拉米亚萨（Lamiasar）遗址，在那里发现了一个精巧的灌溉系统的遗迹。

回到巴格达之后，她成了众人瞩目的焦点。人们终于承认她是一个应该被认真对待的研究者。甚至伦敦皇家地理协会都表示对她、她的发现、尤其是她的卢里斯坦地图感兴趣。

1931年弗莱娅·斯塔克从巴格达出发前往所罗门宝座。不幸的是在一个小村庄她的心脏再次出现问题，身体状况糟糕，不得不待在床上。她几乎要放弃了。但是6天后她感觉有好转。终于决心攀登"宝座"。路途是辛苦的，弗莱娅的身体是虚弱的。她用温热的鸡蛋和白兰地补充着体力。可惜最后还是不得不在舒土尔汉（Shutur Khan）村寻求医生帮助。医生诊断后确定她是患了痢疾和疟疾。他给她打了"超大剂量的卡姆弗（Kampfer）、依米丁、奎宁"，还真把她从病床上拉了起来。

大家一定都知道，这个英格兰女人一旦确定目标就绝不会回头：当她再次尝试征服所罗门宝座的时候，她的向导把她带到了一面绝对不可能攀上的峭壁前，告诉她，这是上山的唯一道路。弗莱娅·斯塔克认输了。后来她知道了一条舒服的多的马骡小道。之前的向导没有告诉她，因为一个匈牙利旅行家恐吓他，如果把她带到那，就将有严厉的惩罚……

《穿越杀手谷》一书让她成为了炙手可热的专家。

弗莱娅·斯塔克将她的经历写成《穿越杀手谷》一书，1934年得以出版并畅销。41岁的她成了近东问题的专家。她先后供职于巴格达时报、路透社和英国广播公司。她的旅行也在继续：她去了库尔德斯坦、也门、埃及，并第二次去了伊拉克。二战期间她被英国殖民政府聘任做宣传工作，用阿拉伯语播送广播。受殖民主义优越感的影响，她曾将英国和阿拉伯之间的关系比喻成父母和子女的关系。

40年代初，她去了印度，在代表英国女王的印度副王的府邸做客。1945年7月回到意大利的阿索罗，她的童年故里。在那里，54岁的她与一位46岁的英国人斯图尔特·比罗恩（Stewart Perowne）结了婚。在冒险事业上成功的弗莱娅·斯塔克，在爱情上却不太走运。这段婚姻只持续了5年，弗莱娅就又开始了不安定的生活。

现在她来到了美洲。在60岁的高龄还学习了土耳其语，游览了小亚细亚和北非，写了30本书。1972年，79岁的她被英国女王授予贵族称号。格拉斯哥大学授予她名誉博士。86岁的时候，这位老太太攀登了喜马拉雅山。由于先天心脏不好，小的时候没有人对她的寿命打过一便士的赌。但弗莱娅·斯塔克却活到了100岁，1993年5月9日她在阿索罗结束了惊险的一生。

● 旅行，出于真正的兴趣爱好

弗莱娅·斯塔克的游记很受欢迎，不仅因为她的经历丰富，可以讲述很多新鲜的异域的人和事，还因为她的笔触十分调皮轻松。人们读她的书，可以感到她是真的喜爱旅行，而这在她那个年代是不太正经的事情。所以她说："出于娱乐做某事，这听起来不说是不道德，也得说是不负责任。所以我建议那些比较看重跟海关警察的和谐关系的人，不要在没有昆虫学家、人类学家或者什么什么学家的头衔的情况下出去旅行。"

粗心大意的狂热登山爱好者

岩石险峻地挂在悬崖上面。从高3822米的内斯特峰（Nesthorn）下来时，要从这里下去。他小心地把脚放在岩石上。然后，意外发生了。这个23岁的英国人脚下一滑，笔直地摔了下去。自由落体12米后才终于被伙伴用绳索拉住。年轻人在绳索上不受控制地晃荡着，身下数丈深处，凌厉的石头在张牙舞爪。现在只有一个办法了：用冰斧抠着岩壁上去。冰斧？他倒把这事忘了！其他人都紧张得透不过气了。没有人事后能讲出来，他是怎么回到上面的。他接着又下山了，好像刚才什么都没发生似的。

三天后，从瑞士高4274米的芬斯特拉峰（Finsteraarhorn）返程。又是他领路。这次，他忘了系登山绳！多么要命的疏忽啊！蓝色的冰川在下面闪闪发光。领头的他，站在一个极小的、冻着冰凌的岩石上——没有任何安全措施。一个年龄大些的队友，怕吓着他，用轻轻的耳语似的声音对他说："别动！"

但是突然，有个声响……虽然脚下只有立锥之地，但见他脚尖一转，梦游一般安安稳稳地拽住了队友掷下来的绳索。总算又有惊无险！不可思议啊，怎么平时还算靠谱的他能这么粗心呢！

第一个登上阿尔卑斯山所有4000米以上高峰的奥地利人卡尔·布罗迪克（Karl Blodig）评价这位鲁莽的队友："这个年轻人活不长！"

乔治·雷·马洛里：珠穆朗玛峰的真人冰雕

1886年6月18日生于莫伯利（Mobberley）

（据推测）1924年6月8日死于珠穆朗玛峰

"乔——治——！天哪，乔治！"老太太惊慌不已，她看到外孙正站在大海当中的岩石上，而潮水已经飞快地涨起来了，快扑到他身边了。海水先是舔着岩石，随即第一波浪潮高高地拍到了它身上，海水已经在冲打这个8岁的小男孩的脚了。他的外祖母完全是跑着过去找附近旅馆的人帮忙的。"我的外孙，快！把他拉过来！"

这个顽皮的孩子！他总是要"尝试"个什么！越危险越好。这年夏天他想感受一下，作为浪花中的一个山崖是什么感觉。所以他跑到了这个退潮时被带到海中的大石头上。现在他像一个统率三军的将领一样站在那，完全没想卷土重来的潮水马上就会将岩石和他一起吞没。在最后时刻，旅馆负责洗浴的工作人员将他从海水里捞了上来。

这样的冒险故事对乔治·马洛里来说是数不胜数的。这个牧师的儿子1886年6月18日出生于奇彻斯特（Chichester）的莫伯利（Mobberley），是4个兄弟姐妹中从小就经常让全家透不过气来的一个。他的姐姐维多利亚回忆说："没错，跟乔治在一起总是有很多有趣的事！"害怕对他来说是一个陌生的词，他为每一个冒险心动。对他来说，没有什么树是太高的，没有什么山崖是太陡峭的，没有什么棱角是太锐利的——甚至父亲的教堂的屋顶，他也要爬一爬——那个高度足以把脖子摔断。同样，8岁那年，和父母、外祖父母一起在海边度假时，他也没能抵挡住那个惊险

胆大的乔治从小就为危险的事感到兴奋。

的岩石的诱惑……

对于学生乔治，没有什么可挑剔的——除了有一次，他12岁的时候，离家出走过。不是因为父母或者别的人对他管教太严，让他感到不爽，而仅仅是因为他的朋友想离家出走，又没有独自离家出走的胆量。乔治带走的唯一一件"行李"就是他的数学课本。

1905年，19岁的乔治·马洛里进入剑桥大学学历史。这个年轻人喜欢穿着另类的服装，在衣冠楚楚的其他人面前，用他的政治观点语惊四座。其实他因为仪表堂堂，在学生团体中还是挺受欢迎的。他尤其喜欢用来刺激人们神经的是对妇女选举权的热情洋溢的演说。当时的英国妇女还被排除在选举之外，她们直到1928年才开始享受这个权利。

> 马洛里没有接父亲的班成为牧师，他对尘世的愉悦更感兴趣。

他最好的朋友包括经济学家约翰·梅那德·凯恩斯（John Maynard Keynes），以及著名自然科学家查尔斯·达尔文（Charles Darwin）的孙子。马洛里还热衷于运动，他的最爱是爬山。他还是个中学生的时候，就多次被温彻斯顿学院的书院长带去瑞士爬阿尔卑斯山。其中一次旅行中，他因为马虎大意得到了"激情有余、心眼不足"的评语。

毕业后，1910年，马洛里曾考虑过当作家，不过很快就放弃了，觉得还是教师的工作更稳定。1914年7月，乔治·雷·马洛里娶了一位建筑家的女儿茹丝（Ruth）。蜜月旅行本来打算去阿尔卑斯山，结果因为战争，他们去了英国西南部露营，在卿卿我我的时候还遭到警察的打扰，被认为是德国间谍。之后马洛里应征入伍。俩人育有三个孩子：弗兰西斯·克拉尔（Frances Clare）、比瑞吉·茹丝（Beridge Ruth）和1919年出生的约翰（John），第三个孩子出生的时候马洛里来晚了30分钟，因为他在阿尔卑斯山，下山的速度没达到那么快。

同年，1919年，英国皇家地理协会决定组织登山队去珠穆朗玛峰探险。英国人在南极、北极的探险中分别输给了美国人罗伯特·佩里和挪威人罗阿尔德·阿蒙森，现在他们绝不想在征服地球的另一极——世界最高峰方面再被别人抢先了。

这比较适合乔治·雷·马洛里！不过能被吸收为英国队队员，还是靠了一位朋友的帮忙。他们之前一起登过山，是一条登山绳索上的战友，这位朋友向英国高山俱乐部（Alpin-Club）推荐了这位"异常顽强的登山员"。虽然马洛里在登山界也有粗心大意的名声，不过他是一个在任何情况下都能保持冷静的人，可能也是因为这样，他才经常转危为安。

1921年第一次探险开始，探险队要去位于尼泊尔和西藏之间的喜马拉雅山脉，探明征服珠峰的路径。虽然35岁的马洛里自己也并不是队里最年轻的，他还是提出了有些候选人可能年纪太大的意见。单是去珠峰的路途就很有挑战性，他们要持续数周在锡金的原始森林里和干燥的西藏高原上行进。一名队员得了痢疾，死在路上。剩余的人花了4个月来测量、绘制珠峰周围地区的地图。

马洛里决定从西藏绒布冰川（Rongbuk）经北脊攀登珠峰。他在给家人的信中急切地报告着他的激动心情：他要"从地图上走出来了"。就这样，虽然天气不怎么好，力气也没有恢复，他们还是勇敢地进行了第一次尝试，攀登到了7000米的高度。这次失败以后，马洛里试验了多种呼吸技术和仪器，以便一年后的第二次尝试更有把握些。

一位登山队友后来说过，马洛里对珠穆朗玛峰的痴迷程度几近着魔。虽然每一次跟妻儿的告别令他痛苦万分。在第二次去往喜马拉雅山的路上他说："再次踏上去珠峰的征程，心情确实有一些懊恼，成功的几率是那么小，而生命中比这更值得做的事情又那么多。"

虽然这次有呼吸器，但是马洛里拒绝带这种沉重的东西。他和另外三名队友在没有借助氧气瓶的情况下，攀登到了8200米的高处，然后才筋疲力尽、元气大伤回到基地。另一组人带着氧气

高处稀薄的空气对人体的影响如何在当时还不明了，而氧气瓶还是一个未经测试的器材。

罐比他们多走了150米，也由于其中两名队员的力竭而宣告失败。

马洛里发动了第三次进攻，队伍由两名欧洲人和14名雇来作挑夫的尼泊尔夏尔巴人组成。这次进攻出师不利：他们的头顶忽然一声爆炸似的巨响，然后是连绵不绝的隆隆声。"我知道，这样的声音意味着什么！"，马洛里说。几秒种后，巨大的雪球不偏不倚地砸向他们，雪崩狂卷着一切。

"我从没有见过那么大量的雪，现在一股无比猛烈的雪浪向我袭来。我举起胳膊挡住身体来保护自己"，马洛里讲述他免遭死难的过程。七名夏尔巴人没有存活。为此英国国内有人指责马洛里在天气状况不好的情况下做出的登山决定。不过也有人为他说话，认为是探险委员会期望过高，逼使这些队员进行了此次冒险。

即便如此，1924年的第三次尝试，马洛里也没有缺席。（在第三次尝试之前，马洛里做好了赴死的准备，"我们不希求珠穆朗玛的仁慈"。）当一位美国记者问他，为什么一定要登上珠穆朗玛的时候，他给出了那个著名的答案："因为它在那里。"他这么说是不是为了阻止别人继续纠缠不休的提问呢？在朋友面前，他吐露过，他不希求能活着回来。但是他知道，这是他最后的一次机会了，他已经38岁，想要第一个站在地球最高的最高峰，他没有更多的时间了。他在日记中写道："我们不希求珠穆朗玛的仁慈。这次，要么成功，要么彻底失败。"

1924年5月时机成熟。但是这次登山一开始就并非吉星高照。他们一行13人，队长杰弗里·布鲁斯才开始向珠峰行进就因为高山病倒下了，两名夏尔巴人被先行派出去在北脊竖立营帐，结果被珠峰永远地留在了山里。

霍华德·索莫威尔（Howard Sommervell）和布鲁斯的接班人爱德华·诺顿（Edward Norton）想不带呼吸器登峰。他们确实登到了8573米的高处，但之后就不得不对稀薄的空气举手投降了。时间变得紧迫起来。南亚的季风随时都可能从天而降，带来不可预知的暴雪，将珠穆朗玛峰变成一个无法行走的冰漠。

现在要看马洛里的了。这次他甚至接受了讨厌的呼吸器。但是在队友的选择上又"不明智"了：他挑了才22岁的大学生安德鲁·欧文（Andrew Irvine），即"桑迪"做绳伴。欧文虽然年富力强，但是登山经验是最少的。不过他对沉重的呼吸器、氧气瓶比较了解，这是马洛里所需要的。

一位登山队友说："马洛里在寻求已经破灭的希望。"

1924年6月6日，天刚蒙蒙亮，马洛里和欧文就从7066米高处的北脊向着珠峰顶点出发了。天气很好，阳光明媚。他们的随身装备不多：除了20公斤重的呼吸器，他们只带了冰镐、木楔、麻绳和一架可折叠的柯达相机。登山鞋、粗呢灯笼裤、绑腿、滑雪镜和皮头盔是他们登珠峰的装束。马洛里里面还穿了多层棉毛衣服。他的胸前装着几封私人信件和一张妻子的照片——他想留在山峰上的东西。

他们登上了西北脊。第二天从五营派了4位挑夫，送信给下面四营等待他们的队友："上面无风。事情有望。"6月8日，马洛里和欧文到达六营。同日，地理学家诺埃尔·奥德维尔（Noel Odwell）动身去五营，以便在他们下山的时候做个接应。

奥德维尔后来讲述：6月8日，中午12点50，"我的目光被一个很小的小黑点吸引，可以看到这个黑点在一条短短的雪脊上，上面是一块岩石。又一个小黑点出现了。是马洛里和他的伙伴，他们正以相当快的速度行进。"

奥德维尔估计，两人的高度在8500米，离山顶还有3个小时的距离。再有5个小时他们就可以回来了。如果可以的话。奥德维尔是最后见到他们两个活着的人。后来，朔风凛冽，零下40℃的低温，加上不可冲破的暴雪，使一切救援行动都失败了。

直到75年后，乔治·马洛里才被找到。他像一个洁白的冰雕一样，趴在8240米的高处。他的胳膊和头被结结实实地冻在了岩石上。"桑迪"欧文一直没有被找到。

珠穆朗玛峰的秘密

马洛里和欧文发生了什么事，这可能将是珠穆朗玛峰的一个秘密了。同样不可知晓的还有下面这个问题的答案：他们两个人是登上了山顶而后在返回的路途中倒下的，还是登上山顶之前就倒在那儿了？

1975年，中国登山员王洪宝称，他发现了一具被鸟儿啄烂了的"英国人尸体"。估计可能是欧文。王还没来得及给出确切的地址，自己就在雪崩中遇难了。

又过了24年，1999年，一支由英国、美国、德国人组成的30人的队伍前往寻找"英国人尸体"。他们找到了马洛里，他的腿是断了的。从衣服上绣的图案可以判断是他，茹丝的照片还在他身上。大家期待的证据、能证明他们是否到过山顶的柯达相机，没有被找到。人们用石板掩埋了他。

幸运林迪的谜团人生

这个相貌英俊、体格健壮的男人出门的时候经常戴一副墨镜，帽檐拉得低低的。希望别又被人认出来！有时候他甚至需要隐姓埋名来躲避注意力。那个时候他就变成了"鲁宾·劳埃德（Rubin Lloyd）"。

他的美国同胞有另外的称呼给他：他们叫他"幸运的林迪"，或者"孤独的山雕"。有的人甚至热心地把他跟耶稣或者哥伦布相提并论。他讨厌这样。虽然他对自己的成绩也是颇为满意的，但是，他现在几乎不能在公共场合露面了，他的粉丝甚至对他的妻子的一举一动都非常关心，这让他无论如何接受不了。

把他投射到世界焦点中心的是1927年的33小时32分钟30秒。从此他成了明星，第一个真正的受到人们追捧的媒体明星。他的故事被拍成电影的时候，他拒绝出演男主角。他的出名给他带来了一个惨痛的代价：他的第一个孩子被绑架、谋杀。案件的真正缘由永远无法彻底揭开。

去世后近30年，他再一次成为了话题中心。我们的英雄的"二号家庭"突然在慕尼黑浮出水面。此前没有任何人知道它的存在。这一次，公众被噎着了：原来，美国的航空先锋、民族英雄过的是双重生活……

查尔斯·奥古斯图斯·林德伯格：单人直飞大西洋

1902年2月4日生于底特律
1974年8月26日死于夏威夷

在那儿！这是他在地面灯海里寻找的：7个字母，每一个字母有20~25米那么高，从地上向黑暗的空中发着耀眼的光。这些由20万只灯泡组成的字母拼起来是一个法国汽车品牌的名字。这种新型的广告将埃菲尔铁塔装饰一新。在巴黎的标志性建筑物的引领下，查尔斯·林德伯格辨明了方向，朝目的地——布尔歇机场飞去。

他身后站着一架飞机，他坐着它半盲一样浮在天上。他的装备只有指南针和地图，没有无线电设施，所以他有时候都不知道他是在航线上，还是已经偏离出去很远了。一连数个小时，下面能看见的只有海。上面和四周是无边无际的天空。有时候他会闭上眼，有时像梦游一样，又有时他在过度疲劳的情况下怀疑自己看见了鬼怪，非常害怕自己是失去了理智。

看见埃菲尔铁塔的前一天，1927年5月20日，当地时间早上7点52分，25岁的他驾驶按他的要求订制的单引擎飞机，从离纽约不久的罗斯福机场出发。现在，巴黎时间5月21日22点24分，在航行33小时32分钟后，他开始在法国首都降落。

这使他成为首个从纽约到巴黎、单人不着陆横跨大西洋的飞行员。现在不仅美国饭店老板雷蒙德·奥特格（Raymond Orteig）预设的25000美元奖金到手，查尔斯·林德伯格还赢得了航空先锋的荣誉。此前已经有一些竞争对手尝试过这个高度危

美国人林德伯格乘坐"圣路易斯精神号"于1927年5月。

险的项目，均以失败告终。他的两位同胞为此付出了生命。两名法国人以相反的方向——从巴黎到纽约——进行试飞，他们无声无息地消失在了天空中。而他做到了，驾驶单引擎"圣路易斯精神"号，而且是独自一人！

15万人等候在布尔歇（Le Bourget）机场。查尔斯·林德伯格的飞机接触到跑道的时候，人们已经按捺不住了。他们激动地有喊有跳。数千人冲破阻隔跑向飞机。林德伯格还没打开舱门，就从驾驶座上被拽了下来。几位警察将他举在肩上，越过人们的头顶，抬到了人群外面。

这才只是开始。回到纽约后，新的美国英雄受到了更高级别的待遇：400万美国人将街道挤得水泄不通。林德伯格3个月内跑了49个美洲国家、92个城市，做了147场演讲。他被授予勋章，被夹道欢迎，每一步都被相机跟着。自从独自飞越大西洋后，他好像成了媒体和大众的专属品。

虽然有自豪感，但是这不是这位有些腼腆的年轻人喜欢的，一直不是。幸运的林迪、孤独的山雕更喜欢独处。最好是在高高的天空中，在那里，他有时候会觉得自己"逃脱了生老病死，如上帝一般俯视着众生"。

查尔斯·林德伯格是一个瑞典移民的儿子，1902年2月4日出生在底特律。父亲（老）查尔斯·林德伯格是位律师，后来当选美国国会议员。母亲伊万杰琳是化学教师。查尔斯在明尼苏达州小瀑布市长大。他还是个孩子的时候，就对一切马达推动的东西感兴趣。但是他抛弃了威斯康星大学机械制造专业的学习。这个20岁的年轻人更喜欢待在飞机上或飞机边上，而不是坐在的教室里，这当然让老师们很不高兴。

在不喜欢的学校呆了两年，查尔斯终于结束了这个人生的间奏曲，进入飞行员、机械师培训学校。他的学费是他随后靠当"跳伞演员"挣来的：跟"搭档"兼"难友"从高空跳下，以此赚取眼球。他最让观众惊心的拿手好戏是站在机翼上随飞机着

> 十年飞行抵得百年过活。

陆。1924年，他买了自己的第一架飞机。现在他开着自己的柯蒂斯"杰尼号"（Curtiss Jenny）在空中作客串演出。"如果在机毁人亡之前能够飞满10年，那么比起寿终正寝，我觉得前者不亏本"，一贯沉默寡言的小伙子如是说。

之后林德伯格成为航空兵，参加了陆军航空团。他是以本届第一名的成绩结束此间的训练的。此后供职于罗伯森航空公司，做空邮飞行师，飞圣路易斯/密歇根——芝加哥往返线。

5年前，饭店老板奥特格曾悬赏25000美元给无着陆直接飞越大西洋的飞行员。从此林德伯格就梦想着能摘此桂冠。只是他该从哪儿弄到进行这样的冒险所需要的造飞机的钱呢？幸运来帮忙了。在圣路易斯他认识了九位热衷于飞行的商人，他们为他提供了建造一架合适的飞机的资金。林德伯格做了计算和设计，最后瑞安航空（Ryan Airlines）按他的计划制造了一架飞机。

1927年4月28日，查尔斯进行了第一次试飞。"圣路易斯精神"号飞的十分不错！现在没有什么障碍了。5月20日，这只大鸟载着坐在驾驶杆旁的林德伯格从纽约罗斯福机场起飞，开始了它的创纪录之行。出发前一位记者问道，他只带4个三明治、两瓶水，怎么能撑到最后呢？林德伯格回答："如果能到达巴黎，那么我不需要更多的东西；如果到不了，那么根本没必要带更多的东西"。他到达的时候疲惫不堪，但是并没有饥肠辘辘。

> 幸运林迪和安妮·莫柔：美国人心中新的完美一对。

成功之后的圣诞节是在美国驻墨西哥大使德外特·莫柔（Dwight Morrow）家度过的。查尔斯爱上了他的女儿安妮·丝本瑟·莫柔（Anne Spencer Morrow），1929年与之结婚。查尔斯带妻子学习飞行。现在美国人不仅有一位英雄，而是有一对郎才女貌的夫妻来供他们八卦了。如果林德伯格夫妇想出去，那么他们得从位于新泽西普林斯顿附近的家中悄悄地溜出去，以躲避闪光灯的追捕。1930年6月22日，他们的儿子小查尔斯·奥古斯图斯（Charles Augustus junior）出生的时候，美国广播电台甚至中断了他们的节目。

安妮也是热爱飞行的人。1929年她就完成了个人的首次单飞。她是第一个拿到飞行驾照的美国女性。不过大部分时候她都作为导航员坐在丈夫旁边。1931年，她与查尔斯一起驾驶单引擎飞机完成了从加拿大经阿拉斯加到达日本、中国的"环球飞行"。

然而，林德伯格夫妇接下来就遭遇了命运的严重打击：1932年3月20日，他们还不满两岁的儿子被从家中拐走。林德伯格被要支付5万美元的赎金。林德伯格绑架案成为第一个被全球媒体疯狂追踪报道的犯罪事件。人们对小林德伯格的命运的关注不断地膨胀着。飞行英雄林德伯格最终在一个墓地与陌生绑架者进行了秘密会面，将钱交了出去，但是没能把孩子活着带回家。小查尔斯的尸体案发73天后在离家不远的森林里被发现。两年后，德国移民布鲁诺·理查德·豪普特曼（Bruno Richard Hauptmann）被判为凶手并于1936年处决——虽然他直到最后都没有承认罪名。林德伯格夫妇又生了5个孩子：约恩（Jon），兰特（Land），斯科特（Scott）以及两个女儿安妮（Anne）和瑞芙（Reeve）。1935年他们逃离了无休止的媒体纷扰，搬往英国居住。

林德伯格从英国为美国军队打探德国飞机厂的情况。阿道夫·希特勒和他的社会民族党在柏林夺了权，美国人需要有关德国空军力量强弱的信息。林德伯格的到来正合纳粹的意，他们可以利用他达到宣传目的：他们得意地向他展示他们的飞机。林德伯格夫妇为此须出席1936年在柏林举行的奥运会开幕式。

让美国同胞惊诧不已的是，林德伯格居然同情纳粹。虽然他在信件中强调："说我不认同犹太人的处境是于事无补的"，但是他同时也赞扬"德国的形势"，称希特勒为"伟人"。（林德伯格赞扬纳粹和希特勒。这种态度使美国人大感诧异。）1938年10月他喜气洋洋地接受了帝国元帅赫尔曼·戈林给他戴的"德国之鹰"十字功绩勋章，甚至有意迁往柏林。

不过1938年11月9日作为纳粹消灭犹太人运动开端的所谓"帝国水晶之夜"发生后,林德伯格还是回到了家乡。让美国人无法理解的是他居然出言反对美国参加二战。他的理由尤其引起众怒:比起苏联的"半亚细亚民族",他比较喜欢德意志民族。同时他攻击美国政府"和英国人、犹太人一起将德国推向了战争"。当曾经的明星、飞行英雄拒绝将他的十字勋章归还给纳粹的时候,美国人对他的崇拜完全转成了厌恶。

直到日本袭击美国在太平洋上的据点珍珠港,林德伯格才志愿为美国空军效力。官方谢绝了他加入飞行员队伍的意愿,只是把他安排在了空军参谋部。他做顾问一直到二战结束。

1953年查尔斯·林德伯格将他的人生经历写成了《圣路易斯精神》(The Spirit of St. Louis)一书出版,获得了著名的普利策奖。之后他致力于动物保护,为世界野生动物基金会工作。他的女儿这样回忆她的父亲:"我最了解他的时候,晚年的他又回到了空中,像年轻时那样。不过这次是为了保护珍稀物种,发现未知世界和民族。"

这并不是全部的事实。瑞芙不知道,从20世纪50年代起,在父亲飞行于世界各地的时候,有一个经常着陆的地方是慕尼黑。在那里他有一个秘密的情人。德国的制帽商布里吉特·海斯海莫(Brigitte Hessheimer)跟他生有三个孩子,这些孩子在他们的父母死后多年才知道父亲的真实身份。他们迪尔克(Dyrk)、阿斯特里德和大卫,没有想到,这个自称卡鲁·肯特(Careu Kent)的美国父亲、这个母亲所深爱着的金发男人,就是大名鼎鼎的查尔斯·林德伯格。直到2003年,即布里吉特·海斯海莫去世后两年,女儿发现了父亲写的信,真相才得以大白。

幸运的林迪,真名查尔斯·林德伯格,化名卡鲁·肯特,在那个时候已经进行了人生的最后一次飞行:1974年飞去夏威夷毛伊岛。他得了癌症,想在那里死去。8月26日,他永远地闭上了双眼。

谎言构造的一生

　　世人不敢相信,2003年引起轰动的林德伯格德国子女的故事太过离奇。虽然林德伯格绑架案发生后,不断有人冒出来说是他的儿子。但是一下子出现三个?还有儿有女?后来发现,林德伯格在欧洲还藏有更多的子女。正式妻子安妮·莫柔·林德伯格对这些事毫不知情:她于2001年去世,比丈夫的人生秘密曝光早了两年。

和地球船长一起去探索海底世界

差不多30年前，有个皮肤晒成古铜色、头戴一顶红色毛线小帽、有着鹰钩大鼻的人，每当他出现在客厅里的时候，家家户户、大人小孩就一声不吭了。他讲的东西、带的图片，能把人们都牢牢地拴在电视机前。在长达13年的时间里，他给德国观众呈现陌生、迷人的世界，这个世界在他之前还没人进入过那么深。他找到了使人们能够接近海洋甚至探索海底生物的途径。

老、中、青三代人都屏着呼吸，随他进入"海洋的秘密"——这也是他的节目的名字——和水下生物世界。那个世界在他的镜头前无比斑斓多姿。他把不愿为人知地深藏着的神奇事物曝光在人们面前。他可以讲述数千年前沉入海底、现在被他和他的"渔夫们"捞上来的船只和珍宝的故事。他还演示怎样在水下生活，起码一段时间。

他的法国同胞最想看到的是当总统的他。不过这位冒险家不愿意当总统，在1992年的巴西里约热内卢联合国环境峰会上，他投入了"保护后代生存权利"的地球环保运动中，为该斗争收集了500多万人的签名，由此被称为"地球船长"。

雅克—伊夫·库斯托：潜水运动论

1910年6月11日生于圣·安德烈-德-屈布扎克（Saint André-de-Cubzac）

1997年6月25日死于巴黎

让他开车太快，出事了吧？骨折12处，现在他躺在石膏床上不能动了。单是左胳膊就骨折5处，医生差点想把它截掉。幸好还是保住了。更幸运的是，医生们将他从死亡线上拉了回来，这个25岁的年轻人心里一直怕着呢。

那是凌晨两点，黑灯瞎火之中，这位海军士兵开着父亲的"Salmon"跑车，从婚礼上回家。他开得很快，轮胎发出尖锐的吱吱声，经过弗格森山脉（Vogesen）的一个个叉形拐弯时，突然，前照灯掉了出去，雅克-伊夫赶紧踩油门，但是太晚了！车从弯路上飞了出去。"这回死定了！"，这是他在车的残骸和自己的血泊中醒来后能回忆起的第一个念头。仿佛过了一个世纪那么久，人们才终于把他从车里弄出来。

听起来很不像话，不过这次车祸将雅克-伊夫领入了另外一个世界，这个世界是新鲜的——不仅对他个人来说。他本来想从布雷斯特（Brest）航海学院毕业之后当一个飞行员，现在呢，不能上天，必须下水：为了恢复受伤变僵的骨关节的活动性，他每天必须游两次泳。这是医生的盼咐。一位朋友教他学会了潜水和用镖枪捉鱼。——恰恰是镖枪捉鱼！几年后，雅克-伊夫·库斯托可是要成为镖枪捉鱼这种做法的坚决抵制者。

大病初愈的库斯托在土伦港（Toulon）附近的穆里隆（Le Mourillon）潜水。这里的水才埋住他的头而已，但是他已经被迷住，找到了一个另一个天堂。他比任何人都更深地投入了它的怀抱，并用自制的水下相机将它展现出来。为了深潜，他发明了"水肺"，一种带有呼吸阀的压缩空气瓶，并因为这项发明被称为"潜水运动之父"。（库斯托发明了水肺，因此有"潜水运动之父"的称号。）他曾说："如果想研究鱼类，那么最好自己变成一条鱼。"水肺帮他变成了"鱼"，而且使他和他的合伙人——工程师埃米尔·加尼昂（Emil Gagnan）发了财。

雅克1910年6月11日出生在波尔多附近的小镇圣安德烈-德-屈布扎克，父亲是法官。他喜欢手工，11岁的时候做过一个起重机模型，13岁的时候做了一辆电池驱动的玩具汽车。虽然是这样的"心灵手巧"，不过他在学校里并没有因此扬名。为了使这个贪玩的孩子拿到毕业证，父母甚至还把他送到了寄宿学校。中学毕业后，雅克-伊夫进入布雷斯特航海学院，1933年起成为校船"圣女贞德号"上的军官。后来在一艘巡洋舰上当炮兵军官。直至那次车祸将他的飞行员梦想打碎。

借助套在玻璃管里面的相机，他拍下了在水下看到的一切。潜水在当时是一个体力活，潜水者得穿上沉重的潜水衣，上面挂一根管子接收空气，因此潜不了多深。库斯托不满足、不想满足于"靠一个肺过日子"。他开始做人造肺实验。

他和一位伙伴一起制作了一个小氧气瓶。试用这个氧气瓶的时候他差点丢了性命：先是撞见"血盆大口、目露凶光"的食肉鱼——互相害怕的他们也不知道后来是谁先吓跑的谁——然后，更要命的是，拴在这个氧气瓶上给他的身体带来的伤害："我的嘴唇开始不受控制地发抖，眼皮跳动不止，身体弯成了一张弓。我用力扯掉重力腰带。然后昏迷了过去。"上面船上的人赶紧把他拉回来。以后几周库斯托都是在头疼、肌肉疼的折磨中度过的。

在个人生活方面雅克比较走运：他认识了西蒙娜·梅尔基奥（Simone Melchior），27岁时与之结婚，生有两个儿子：让-米歇

他离开公立学校是因为打破了学校的17扇玻璃窗。

尔（Jean-Michel）和菲利普（Philippe）。库斯托的岳父给他的实验提供了支持。梅尔基奥先生有一个生产气体的工业企业，他兴致盎然地听取了女婿关于"呼吸机"的报告，介绍他认识了他的企业里一个最好的工程师，即埃米尔·加尼昂。

埃米尔·加尼昂正在研制燃气汽车用的减压阀——这种减压阀同样可以用来控制水下氧气呼吸嘛！仅用了三周，一个"水肺"样机就诞生了，并在同名公司——"阿克瓦隆（水肺的读音——译者注）"投入生产。

第二次世界大战期间，库斯托作为在伍军人参加了保卫法兰西、反抗德国侵略者的战斗，他的身份是水下间谍。不过相比战船残骸，他对海底的文物遗迹更感兴趣。当时的潜水记录是70米，他成功地潜到了这个深度。1948年他被提拔为驱潜快艇艇长，战争结束后被提拔为一个扫雷司令部的长官。他的潜水员们的工作是将滴滴答答走着的定时炸弹从水里打捞出来，或者有计划地引爆。这是一个艰巨的任务。库斯托还开发了一艘类似小型摩托车的可用于研究的潜水艇以及一架深海相机。

他的成就渐渐被人们认识，在1950年给他带来了一份大礼：来自爱尔兰酿酒厂厂主、亿万富翁诺埃尔·吉尼斯（Noel Guinness）的一笔赠款，供他选购一艘扫雷艇。库斯托将买来的扫雷艇改装成了科考船，给它起名为"卡里普索（Calypso）"。卡里普索是古希腊的神话中的人物，就是将英雄奥德修斯（Odysseus）困在奥杰吉厄岛（Ogygia）7年的女神。"卡里普索"号的科考活动也像神话一般传奇。这艘船将库斯托送到地球各个海域，包括南极洲水下冰山。他当时已开始担任法国海洋学协会会长一职，所以同行人员中有很多生物学家、地理学家、考古学家。

"卡里普索"号的第一次重大行动是在沙特阿拉伯海岸。库斯托的"渔夫"们在没有任何保护措施的情况下勇敢地下水探险，直到有一天一条4米长的鲨鱼对一位潜水员表示出了"鲨库斯托潜水时拍下的鱼在此之前还没见过人类是什么模样。

视眈眈的兴趣，攻击了他的腿部。库斯托一直以为这种动物是胆小鬼，自此以后，在鲨鱼出没的水域，他倾向于把潜水员保护在特制的笼子里。第一次航行，库斯托就带了很多吸引人的彩色照片，有珊瑚、有人们没见过的鱼等。

在马赛近海，库斯托发现了一只古老的、2200年前沉入海底的希腊运酒船。借着新型水下照明灯的光，在多部特制相机的跟拍中，库斯托的队员将船中的宝贝从水下运了上来：那是数千只古希腊双耳陶罐，有的甚至还密封着。库斯托亲尝了一口远古的佳酿——他品味到了"一整个世界的霉味"。

库斯托1953年出版了第一本畅销书：《寂静的世界》（Die Welt der Stille）。该书两年后被电影艺术家、导演路易·马卢（Louis Malle）搬上大荧幕，荣获电影界最负盛名的奖项之一——"戛纳金棕榈奖"。获得金棕榈奖并不是未被逾越的高峰，1964年奥斯卡最佳纪录片授予库斯托的《没有太阳的世界》。

《没有太阳的世界》是他的新的、激动人心的系列实验"Conshelf"的结果。Conshelf意为"大陆架"。库斯托想通过这次实验证明在水下生活对于人类是可能的。为此他建构了一个可容两人居住的"水下空间站"。Conshelf 1号于1961年在马赛水域入海。两名"海洋宇航员"在水下12米深处生活了一个星期。

Conshelf 2号于1963年在红海入水，载人5名，其中有一位厨师。（在水下，库斯托只吃鱼。）他们在海底进行了一个月的研究，把自己在这个黄色匣子中的生活安排得很好——有时候借助于红酒和雪茄。只是香槟不太配合，库斯托开玩笑说，泡沫不丰富。像样的香槟酒稍后他们才能享受到：Conshelf 2号被拍成电影获奖之后。

Conshelf 3号肩负的则是这样的艰巨任务：用5位科考人员、三周时间，在蓝色海岸（C·te d'Azur，或称法属里维耶拉）近海100米深处建立一个石油井架。

20世纪70年代，库斯托从事的活动包括南极考察、在爱琴海地区寻找传说中的阿特兰蒂斯（Atlantis）等。1974年他成立了库斯托协会，旨在保护海洋。早在1960年他就曾对放射性垃圾扔进地中海这种做法进行过抗议并且起到了一定的作用。后来他在纽约联合国总部呼吁将南极洲定为国际保护区，也得到了认同。

库斯托说的话是有分量的。他于1957年被任命为摩纳哥海洋博物馆的馆长，1961年被当时的美国总统肯尼迪授予"国家地理勋章"——这是负有盛名的美国国家地理协会的最高荣誉勋章。1985年，75岁的他获颁美国"自由勋章"，1989年当选法兰西科学院院士。

不过使这位法国人着迷的不仅是海底世界。他最大、最惊险的一次探索旅行是在亚马逊河，一行50人，历时15个月。这次探索使巴西以外的人们第一次了解到"帕若若卡（Paroroca）"这个自然现象："帕若若卡"是土著人所称的有破坏力的巨大噪声，指的是每年雨季结束的时候从海中来的推使河流逆向冲刷雨林的大浪潮。这种大浪潮有4米高，65千米宽，气势凶猛，不可阻挡。1982年的帕若若卡差点毁灭了库斯托的整个队伍。在帕若若卡上冲浪对于今天世界各地最勇敢的冲浪者来说仍是一个极致的刺激。

通过约150部影片、60本书，雅克-伊夫·库斯托给水下的不明世界打了一束光。但是他的私生活里的"不明世界"却暗藏了15年。一直到1990年他的妻子西蒙娜去世，他们的儿子让-米歇尔才发现父亲有第二个家庭。让-米歇尔的哥哥、库斯托的得力助手菲利普1979年在深海潜水时发生意外。但失去了哥哥，得到了一个妹妹一个弟弟的让-米歇尔对父亲的花招无法表示感激，他们断绝了父子关系……

库斯托与空姐弗兰西娜·特里普莱（Francine Triplet）的暧昧关系是1975年开始的。他比她大35岁。两人1991年结婚。弗兰西娜给库斯托的电影写过剧本。跟儿子闹翻以后，探险家库斯托把自己的协会托付给了弗兰西娜。弗兰西娜也是1997年6月25日从巴黎向世界发出他去世的消息的人:"雅克-伊夫·库斯托船长于本周三走向了寂静的世界。"一年前,"卡里普索"号在新加坡沉入海中。

● 图片的力量

雅克-伊夫·库斯托是世界上最著名的潜水家和海洋生物学家。在87年的生命中,他总共下水近5000次。他最大的贡献是,第一个向人们展示了人类在不完整的生态系统中是不能存活的。

当然库斯托也有批评者。一些人指责他拍摄影片时会对动物加以驯养,认为他只是一个老练的商人和公关策略家。对于后一个名分他坦率接受:他认同图片的说服力,认为电视是"一种可以把环境问题带到千家万户,进而对大众的观点产生正面影响的手段"。他的工作现在由库斯托协会在他的妻子弗兰西娜带领下继续完成。同样继承这份事业的还有跟他闹翻的儿子让-米歇尔的"海洋未来协会"。

从小怕水的航海家

这个挪威人特别怕水。也难怪，他儿童时期跟水有过两次不愉快的经历：5岁的时候掉进了冰窟窿里，7岁的时候差点淹死，"从此以后，我在岸边远远地看见海就够了"，他喜欢这么跟人讲述。他长大的地方恰恰是挪威最美丽的海湾之一，但是他不能、也不想游泳。

他更愿意舒舒服服地坐在家里看印第安人和南洋民族的图片。如果当时有人告诉他，有一天他会在6米高的海浪中间翻腾，会亲手去抓鲨鱼，还要坐着一艘纸莎草船不远千里万里横渡海洋、成为20世纪最著名的"海上英雄"——他听了一定会笑破肚皮。

但故事就是这样上演的。他的游泳是33岁的时候在太平洋中学会的，不过是在被迫无奈的情况下：他当时站在一叶扁舟上，因为腿上爬了几只蜗牛而吓得掉进了水里，他游了起来，而且奇怪地发现自己"还真的成功地游到了岸边"。而尤为传奇的则是：他和他的妻子为了逃离人类文明而在一个小岛安了家。他们梦想能像亚当、夏娃一样生活。

虽然没有回到亚当、夏娃的时代，不过将时光倒转几千年他是做到了。他想用自己的冒险证明：我们的祖先比今人想的要能耐的多。远方的大陆是哥伦布、詹姆斯·库克他们发现的？怎么会！他要证明，可能完全不是这回事。

托尔·海尔达尔：孤筏重洋

1914年10月16日生于拉尔维克（Larvik）
2002年4月18日死于阿拉西欧（Alassio）

两周？纽约的科学家先生们说，最多两周，就会和他的小筏子一起沉入太平洋。不信就等着见证奇迹吧！1947年4月28日，风急海怒，船帆鼓鼓，托尔·海尔达尔的"康提基"号从卡亚俄（秘鲁港口）出发了。卡亚俄的海军军官认定他会遇难。

在秘鲁首都利马的港口，航海局官员们请他签字声明：他为自己和5位船员负责。政府和海洋局向他指出，他这么做有很大风险，两周内他的轻木船就会吸满水，连同他和他的队员一起悲惨地沉入大海。好啊！他乐于签这个字。这些人就等着瞧好吧！

5位队友和海尔达尔一样都是内陆长大、没有出过海的人。他们知道自己做了什么样的决定。时候已到，从4月28日这天起，6个大男人外加一只绿鹦鹉就开始了茫茫海上之旅。他们乘坐的小筏子是新伐下的白塞木做的——这种树木被自身的汁液浸过，不易（吸水）下沉。船由9根用麻绳绑在一起的树干构成，竹子和席子是甲板，遮阳挡雨的只有一个盖了香蕉叶的小竹舱。他们就乘坐这样一只没有跟上时代的船，从南美西海岸出发，驶向波利尼西亚群岛。

就像2000年前的秘鲁人可能做过的那样，从安第斯山脉出发，去南太平洋中的天堂般的岛屿居住。这位33岁的挪威人想证明，当时的秘鲁人有这种能力。就是这个理论把他变成了学术界和航海界的众矢之的，它与一直流行的学术观点相悖。大家都认为波利尼西亚岛居民来自西边即东南亚，他却断定他们同样有可

白塞木质轻，很适合用来造船或木筏。

能是从东边即南美洲迁过来的，就乘坐"康提基"这样的船只。

是什么促使托尔·海尔达尔进行这次冒险的呢？

1914年10月16日海尔达尔出生在挪威拉尔维克，父亲从事啤酒酿造。他小时候就已经开始对陌生国度和异域文化痴迷了。这种兴趣是当博物馆馆长的母亲唤起的，儿子的求知欲让她无法满足，再多的关于印第安人、印加人、太平洋诸岛的书也不够他读。

动物学、地理学、人类学也是海尔达尔在奥斯陆上大学时所学的专业。在奥斯陆他最喜欢躲在克罗佩林（Kroepelien）图书馆，一个人安逸舒适地享受这里关于波利尼西亚的最大的私人收藏文献。在奥斯陆，他还认识了丽芙·库车伦·托普（Liv Coucheron Torp），并于1936年与之结婚。

使这对年轻夫妇走到一起的首先是对大自然的热爱。两个人都厌恶城市生活的喧嚣，人们对于进步的追求和盲目崇信使他们感到反感。丽芙和托尔渴望简单的生活，渴望平静和悠闲。在今天他们会被称为避世者。避世，正是这两位的打算。因此海尔达尔夫妇新婚一年后就向太平洋进发了。托尔想在南太平洋的马克萨斯群岛研究跨洋动物的起源。此外他也想与新婚妻子像亚当与夏娃一样过天堂般的生活。

在最南部的法图伊瓦岛（Fatu Hiva）上他们找到了他们的伊甸园。人类需要什么，大自然就提供什么。一间小茅舍就够了，他们在土著居民的帮助下搭建了这样一个小屋。拜访塔希提岛时，托尔·海尔达尔，这位来自北方的高大金发男子甚至被当地酋长泰里禄（Teriio'o）"收养"。酋长给他取了一个新名字：Te Rai ma te ata，意思大致相当于"天空的镜子"。

在马克萨斯群岛山崖上，海尔达尔发现了一些壁画图形，身为人类学学者的他好奇起来。尤其是其中一个船形图使他感到惊疑，这艘船看起来更像埃及的芦苇（指纸莎草——译者注）船，而不像波利尼西亚人的独木舟或者木筏子。在别的地方（下文提到的复活节岛——译者注）他发现了一些石雕，它们跟秘鲁的印加神像非常相似。难道几千年前，太平洋此岸和彼岸的人有过来往吗？

当地土著居民的神话中有个太阳神提基（Tiki），传说他生活在海的那头。他们还传说自己的祖先是从东方，即南美来的。印加人的太阳神不是也叫康提基吗？法图伊瓦岛上的甜薯是从哪里来的？这种植物的故乡在南美洲啊！作为一名地理学学者，海尔达尔意识到，洪堡洋流使秘鲁海域的海水向着太平洋的方向漂流。那时候的人们应该可以借助这一洋流，到达波利尼西亚，这完全是有可能的……我们要亲身尝试一下……

一年以后，海尔达尔一行返回挪威。那时候，欧洲正在打仗，海尔达尔自愿当兵入伍。但是他从来没有放弃他的设想。1941年，他将这一设想作为理论发表在了一本美国科学杂志上。战争结束后，他在欧洲和南美洲四处奔走，为自己的计划寻求资助。但是专业人士们认为他在胡言乱语，都对他不屑一顾。那就靠自己吧！

1947年4月28日从秘鲁出发的6个人中，没有任何一个人懂得如何驾驶帆船。海尔达尔故意组建了一支由完全不懂航海的人组成的船员队伍。他说道："我不想以后听到这样的反对意见，即我们在造船航海方面比古代秘鲁人优秀……我们只依靠木筏和洋流。"

海尔达尔的康提基实验之旅证明了他的理论，即波利尼西亚人来自南美，不是无稽之谈。

在航行了大约7000千米、101天以后，"康提基号"到达了目的地。中间快到塔希提岛的时候船触礁搁浅了，一行人不得不像鲁滨逊·克鲁索一样在一个孤岛上待了几天。后来一艘法国轮船将这些探险家和他们的康提基一起运到了塔希提岛，他们从那里跟随一搜货轮回到美国。海尔达尔一举成名。他根据此次探险写的《孤筏重洋》（Kon-Tiki. Ein Floß treibt über den Pazifik）一书被翻译成了67种语言，热销2500万册。1952年，以他为原型的电影荣获奥斯卡大奖。

但是科学界官方仍然不愿听取他的论点，所以他需要继续寻找证据。1953年，他在加拉帕戈斯群岛（Galapagos）发掘出130件陶质小船，这些小船经华盛顿有名的史密斯·索尼安（Smithsonian Institute）学院鉴定来自前哥伦布时期。这难道不是证据吗？三年后在复活节岛屿，海尔达尔不仅发现了一批高达4.5米的的神奇石像，它们的头部、耳朵、身形尤其大而突出，而且还发现了一尊塑像，它跟"蒂华纳科（Tihanuanaco）文化"中的史前塑像接近，这种文化在今天玻利维亚的的喀喀湖的南部。另外复活节岛上的草船壁画跟秘鲁人的也明显地有很多相似之处。

1961年在火奴鲁鲁举行的一个关于太平洋海域的国际学者大会第一次向海尔达尔承认，除了东南亚之外，南美地区也可能是太平洋诸岛居民和文化的一个"极佳的信息来源"。无论如何至少是承认了。

这位挪威人又开始关心另一件事情了：他渐渐认定，人类有共同的过往，地球上曾出现大迁徙。他发现秘鲁的先印加时期陶器碎片上有类似古埃及草船的图形。这与在法图伊瓦岛遇到的情形不是一样的吗？法图伊瓦岛的石刻图形他认为来自秘鲁。那么，如果秘鲁陶器上的图形又有东边的"祖先"呢？也就是说，也许南美居民的祖先在埃及！

海尔达尔的考古研究——人们称之为"实验考古学"——翻开了一个新的篇章。现在他想从非洲出发坐芦苇船横渡大西洋。这次，不管各路科学家、学者们怎么说、怎么看，他们无法再影响到海尔达尔了。自从康提基成功跨越太平洋，海尔达尔已经成了一个媒体宠儿。即使专家们还是不愿倾听、不愿注目，媒体和大众的注意力反正是站在他这边儿的。

这位冒险家已经很会跟媒体打交道了，懂得造势。1969年，他专门从乍得湖请来的造船师在埃及吉萨城（Gizeh）金字塔脚下为他打造了一艘长15米、宽5米的草船。只有乍得湖的非洲人

海尔达尔因其一系列冒险航行而成为"实验考古学"之父。

还懂得这种船的造法。造船用的20万根纸莎草是专门从埃塞俄比亚运来的。造船的样板是古时的壁画。这艘船的名字仍然取自一位太阳神，这位有幸入选的太阳神是"拉（Ra）"，是埃及人的天神。

1969年4月28日，距康提基号在卡亚俄启航整整22年，重15吨的"拉号（Ra）"（或称"太阳神号"）竣工。一家特别的运输公司将它拉到了摩洛哥港口城市萨菲（Safi），四艘小划艇将它牵引到了25千米外的洋面。船上没有什么现代化仪器，只带了一个无线电和一个导航设备。海尔达尔连美国航天局的面子都驳了：NASA于首次登月前几周往摩洛哥（Marokko）寄了一套特别的无线通讯设备，他们设想登月成功后让宇航员阿姆斯特朗跟考古航海学家海尔达尔通个话。海尔达尔没答应。

人类学家研究人类的进化史。

他想和他的6名队员树立另外一种形象。他特意组建了一支国际化的团队，其中有一名来自墨西哥的人类学家、一名来自乍得的木匠、一名美国地理学家兼导航员、一名埃及人、一名苏联医生和一名意大利摄影师兼潜水家。这个队伍可以代表他的"一个世界理论"：地球人类本同源，天下居民是一家。不管每个个体来自何方，只要我们团结在一起，那么我们将无往而不胜。

不过这次行动未能完全成功。虽然"太阳神号"在56天内行驶了5000多千米到达加勒比海，但是原定计划没有完成。试航不充分。船尾系的不够牢固，以致被折断冲走；船身负荷不平衡，其中一边的缆绳承受拉力太大，最后扯断了；而海中的鲨鱼又让修船成了不敢想的事。他们在距离目的地1500千米的地方被一艘公海快艇搭救，他们被英国报纸戏嘲为"纸糊的哥伦布"。不过赢得瞩目的目标完全达到了。

海尔达尔没有放弃。1970年"太阳神二号"从非洲启航，57天内航行了6100千米，到达巴巴多斯。

正如当年孤筏重洋时无惧无畏的气概一样，现在他又将时间倒转几千年，投身于人类迁徙历史中。"太阳神号"的航行证明了埃及人可能在4000年前曾远渡美洲。现在，20世纪70年代末，他想验证公元前3、4世纪的美索不达米亚苏美尔文明，比如印度河流域的摩亨佐-达罗（Mohenjo-daro，又称死丘）是否曾与埃及神秘的蓬特（Punt）古国（关于蓬特的记录只有从古埃及人那里能找到。他们记述了公元前3世纪在非洲蓬特，购买乳香和黄金的经历。）有过联系。

仿照古苏美尔时期的图画，他改装了一只芦苇船，命名为"底格里斯号"。1977年11月从古尔奈（Al-Qurnah）出发，沿底格里斯河而下，穿过波斯湾，进入印度洋，直至卡拉奇，然后转向索马里，传说的蓬特的所在。

也门和埃塞俄比亚的交战使得航行5个月后无法继续向前。为了表示对战争的抗议，海尔达尔在吉布提海岸外的大海中烧掉了底格里斯号，同时向联合国递交了如下呼吁书："我们的星球比载我们横渡重洋的芦苇体积大，但是如果我们还不能认识到，我们需要理智合作才能守护我们自己和我们共同的文明免遭毁灭，那么地球就脆弱得还不如几根芦苇。"

海尔达尔用烧掉底格里斯号的方式来表示对战争的抗议。

"底格里斯号"是托尔·海尔达尔的最后一次有轰动效应的航行，但是这位享誉全球的名人并没有停下他的脚步。1983年他在马尔代夫群岛上寻找并找到了一个远古先进文化的废墟。从1986到1988年，已是70多岁高龄的海尔达尔重新回到复活节岛，进行他的人种学研究，之后又重新到秘鲁进行了挖掘，并在安第斯山脉土库美（Tucume）附近发掘了截至当时南美最大的金字塔群，这其中的26座金字塔都是他发现的。

1995年，托尔·海尔达尔被吸引到特内里费岛（Teneriffe，亦译丹娜丽芙岛）。在那里他发现了6座加纳利群岛原住民——这些最初的居民在当地语言中叫"Guanchen"——时期的6米高的金字塔。1995年对他来说还有一件幸运的事：与第三任妻子、好莱坞女演员杰奎琳·比尔（Jacqueline Beer）结婚。他与"爱娃"丽芙·库车伦·托普的婚姻在法图伊瓦天堂生活之后10年告终。他们有两个儿子,托尔(Thor)和布约恩(Bj·rm)。第二任妻子伊凡·德德卡姆-西蒙森(Yvonne Dedekam-Simonsen)为他育有三个女儿。

87岁的时候,海尔达尔进行了一个最后的探险。他在黑海海岸寻找北欧神话中的战神奥丁(Odin)的线索,这也是他最后一次旅行。之后他隐退到意大利里维埃拉(Riviera,度假区),2002年4月18日死于脑瘤。

"总有前人到过那里……"

不管是不是"胡说八道",首先,他的理论质疑了欧洲人自认为是新大陆的发现者的想法,仅此一点,就让很多科学家感到受到了挑衅。对于托尔·海尔达尔来说,远古人民的探索精神和创造天赋丝毫不亚于所谓"文明开化的"国家的人。"由于我们欧洲人自认为是旅行的发明者,所以我们干脆忽略了近在眼前的东西。其实我们没有发现任何新大陆,可能连一个小岛也没发现过。总有前人到过那里……"

海尔达尔虽然研究的是过去,但是他是着眼于地球的未来的。他在驾驶太阳神号航行的时候,第一个发现国际来往船只对海洋的石油污染破坏,并将这个问题带到公众面前。前苏联国家元首戈尔巴乔夫在出席1992年在里约热内卢举行的联合国峰会的时候,曾就提议建立"绿十字会"即"环保界的红十字会"一事询问托尔的建议。一年之后,这个国际组织开始运营。

有个胆小鬼叫帕西法尔

偏偏叫帕西法尔！他的父母给他起名字的时候是怎么想的？帕西法尔是保护圣杯的圆桌骑士。骑士都是勇猛坚强的。可他呢，有时候害羞得连话都说不出来。班上的其他男生下课后都想方设法地捣乱，只有瘦瘦弱弱的他，会耷拉着肩躲到墙角，悄悄地啃自己的三明治。

真是无地自容，新班级体育评估的时候，老师在他前面停下，摇着头说："上帝，给我分的都是些什么学生啊？"他被分到了最差的一组。其实这个小伙子还是很顽强的。数年来他每天早晨跑着来学校。只不过由于跳了两级，所以他在班里个头是最小的。

他的身体内蕴藏的能量，直到他16岁那年才被同学们认识到。那是他们去鲁阿佩胡山（Ruapehu）郊游。这座山高2797米，是新西兰诺德岛（Nordinsel）的最高山峰。在这次爬山和滑雪的时候，他把同学们都远远地抛在了后面。这次郊游成了他生命中重要的一次经历，他第一次见到了雪。从此凡是冰雪覆盖的高山都像有魔力一样牵引着他。

他依然害羞：虽然已年过30，他连向自己的心上人求婚都不敢。还得拜托给他未来的岳母办。但他还是成了举世闻名的人。今天他还被看做是新西兰的民族英雄。

埃德蒙·帕西法尔·希拉里：珠穆朗玛峰的征服者

1919年7月20日生于奥克兰（Aukland）

照片？没有照片。什么？你跟夏尔巴人丹增·诺尔盖（Tensing Norgay）第一个登上了世界最高峰，都没有照一张照片？

照片是有的。在其中一张照片上，丹增高举着冰铲，上面飘着四面小旗：一面联合国的，一面印度的，一面尼泊尔的，一面小号的英国国旗。另外的照片再现了他们两人1953年5月29日，在海拔8846米的珠穆朗玛之巅所看到的激动人心的景象。但是没有一张照片能看到新西兰人埃德蒙·帕西法尔·希拉里。

"丹增没有照相机"，希拉里耸耸肩说。"他从来没有照过像。珠峰顶上又不是教他照相的地方。"所以没有他本人在这一历史性时刻的影像。假如问谁是最先踏上地球"第三极"、世界最高峰的，那又有的争论了。俩人会一致回答："我们是差不多同时到达的。"

但是埃德蒙·希拉里并不是无欲无求、不在乎名利。在后来的探险中，比如穿越南极，或者坐喷气艇沿印度恒河而上的时候，他是不轻易让人的。尤其当他认为自己比别人更优秀的时候。但是丹增·诺尔盖对他来说首先是伙伴，不是对手。艰险的登珠峰过程不容明争暗斗。从心底来说，他是一个谦逊的人。

埃德蒙·帕西法尔·希拉里出身并非显贵。他1919年7月20日生于奥克兰，有一个姐姐朱恩（June）和一个弟弟雷克斯（Rex），在图阿考（Tuakau）长大，离新西兰最大的城市有60千米。他们的父亲很严厉，在教育孩子时有时会动用"武力"。

埃德蒙·帕西法尔·希拉里：珠穆朗玛峰的征服者

他的职业是记者，有一次跟老板发生争执，自此就放弃了这种工作，当起了养蜂人。埃德蒙和雷克斯要帮父亲干活，并且从来挣不到零花钱。埃德蒙从养蜂场的工作中获得的唯一一项益处是在搬运蜂巢蜂箱的过程中锻炼了肌肉，这是不可避免的。对于父亲的"吝啬"，埃德蒙曾施以"报复"：有一天晚上，他从父亲的裤子口袋里偷了几便士，用来买漫画书……

上了大学，埃德蒙总算会得到一点每天上学所需的公交钱。但是他宁愿跑步去学校，把车费用来打拳击。但是自从在一次拳击比赛中被击倒之后，他就放弃了这项运动。同样因受挫而放弃的还有学业。在度过两个不成功的学年后，希拉里离开了他的大学，终究落到了父亲的1600个蜂群中，以养蜂安身立命。直到1944年，他不顾父亲反对参了军，成为新西兰空军的一名士兵。在部队里他学习了导航。

飞行很让希拉里着迷，但是他更喜欢靠自己的双脚走到云雾缭绕的高处。只要有机会，他就溜出部队，把空闲时间用来爬山。

1945年二战结束后在斐济岛的一次搜救行动，差点要了他的命。在一次摩托艇事故中，他40%的表皮被烧伤，情况非常严重，送往医院的时候医生们都非常担心他的生命能不能保住，但是埃德蒙"辜负"他们的期望，三周后就站起来了。这次他心甘情愿回到图阿考家里的小蜂场养蜂了。

冬天，蜜蜂活动期过了的时候，埃德蒙·希拉里就去爬山。他结识了新西兰最著名的登山向导哈利·艾尔斯（Harry Ayres）。艾尔斯教他如何只靠一个冰铲攀登最陡峭的冰坡。希拉里和艾尔斯一起攀登了库克山（Cook）。库克山高3764米，是新西兰最高的山峰，它的南脊一直无人敢挑战。1948年2月，希拉里和艾尔斯从南脊征服了库克山。

埃德蒙·帕西法尔·希拉里那时已经有这样一个梦想：攀登珠穆朗玛峰。已经有数十支队伍在它面前铩羽而归了。其中13人

新西兰人希拉里出身小户人家。父亲是养蜂的。

爱运动的希拉里梦想着能够攀登珠穆朗玛峰。

被永远地留在了冰封雪藏的高处。最著名的献身者有乔治·马洛里、大卫·欧文，直到今天都没有人确切地知道，他们两人，或者哪怕其中一人，遇难前有没有到过山顶。

三年后，身高1米92的小巨人希拉里真的跟朋友开始了第一次喜马拉雅之旅。随行的4名挑夫中有一名叫丹增·诺尔盖。没有人猜得到，他们两人不久就要成为最著名的登山组合。这一次，希拉里攀登了6000米以上。

从这时起，希拉里的人生在各方面都开始走上坡路。回到新西兰后，他生命中的另一半终于出现了。露易丝·罗斯（Louise Rose）是当地登山协会的一位会友的女儿。两年后，她在23岁生日那天成为34岁的希拉里的妻子。求婚意图是希拉里通过电话向岳母说明的。埃德蒙没有勇气求婚——他觉得自己大她11岁，已经是个小老头了。

露易丝注定成为英雄的妻子。20世纪50年代初，一个瑞士登山小组宣布将出征珠穆朗玛，引起了各国争夺世界屋脊的新一轮热潮。英国组建了一支探险队，寻找从尼泊尔进军的可行道路。1953年这队英国人开始了他们的行动。此行共有13人，其中有埃德蒙·帕西法尔·希拉里和丹增·诺尔盖。对于夏尔巴挑夫来说，这已经是第三次随这种队伍冲锋了。不久前他们还陪伴了瑞士登山队的"撤退"。

1953年3月，两支登山小队从尼泊尔高原出发，共带了350名挑夫、13吨装备物品。队长是英国人约翰·亨特。在5500米高处，他们建立了基地。在7900米高处，他们吃力地准备了生存必需的食物、睡袋、装备设施以及最要紧的氧气瓶。亨特选出了4名队员组成两组，来进行最后的冲刺：医生查尔斯·埃文斯（Charles Evans）和科学家汤姆·鲍迪伦（Tom Bourdillon）是第一组，埃德蒙·希拉里加上夏尔巴、丹增·诺尔盖是替补小组。

首先是埃文斯和鲍迪伦的冲刺。他们于5月26日出发。希拉里和诺尔盖做着准备，如果第一组失败，他们将于次日在8500米

1953年3月，有希拉里和丹增·诺尔盖参加的一支英国登山小组开始了攀登世界最高峰的探险。

高处搭建最后一个帐篷。果不其然：在珠峰南脊8751米高处，离世界最高点不到100米的地方，埃文斯的氧气告罄，半步也走不动了。鲍迪伦也陷入危险状态。他想不顾危险坚持到顶端，但是这样一来他所剩无几的氧气绝对不够支持他从峰顶下来。两人不得不返回。鲍迪伦回到南脊山口的时候只能手足并用地前进。队长亨特和埃文斯费了很大力气才把他从死亡禁区运到下面。

现在要看诺尔盖和希拉里的了。5月28日，他们在8500米高处的第四营度过了登峰前最后一个夜晚。这个营帐建立在他们用冰铲挖的一小块平地上。丹增煮了鸡汤面条。作为饭后水果，他们享用了杏罐头，就这样度过了决定一切的前一天寒冷的夜晚。

氧气够吗？希拉里算了算，上山、下山的储备只有五个半小时的。这太少了。不过还有一瓶新的。但是连接两个瓶子的转接器去哪了？找不到了！怎么办？难道一切都完了吗？不仅仅是他们自己的一切，还有整个英国的梦想！英国珠峰委员会把他们派到这里来，他们却因为找不到转接器而让一切告吹？

不！所以他们要用比较少的氧气度过这个夜晚。登顶的时候每小时用3升，而不是计划的4升。第二天，1953年5月29日，早上7点半，他们出发了。天气晴朗无风，温度"只有"零下27度。

一个半小时以后，希拉里和诺尔盖站在了南脊最高点。还有垂直距离100米，直线距离350米就到顶了。前面挡路的只有一面陡峭得近乎竖立的崖壁。这个崖壁后来被命名为"希拉里陡阶"。埃德蒙现在要挑战的正是这个冰封雪盖的台阶。两个小时。每一口呼吸都是疼痛的折磨。埃德蒙快感觉不到自己的胳膊的存在了。他们吃力地向上爬着，一步一个脚印。

时间是11点30分，这一刻，他们四周只剩下了广袤无垠的空间，全世界所有的山峰都向他们俯首称臣。他们成功了！希拉里向丹增·诺尔盖伸出手——标准英国方式。丹增却想将他拥抱，"我张开双臂，拥抱蓝天，拥抱希拉里。我们相互拍着对方的

> 在决定一切的那天的前一天晚上他们享用了杏罐头。

背，直到我们自己因缺氧而喘不过气"，诺尔盖这样描述这一生命中的美妙时刻。

两个人没戴氧气面罩在上面待了15分钟。希拉里给他的伙伴拍了那张著名的照片。丹增在雪里挖了一个小洞，里面放了一点巧克力献给天神。希拉里往雪中插了一个十字架。这是亨特队长拜托他做的。然后他们下了山。

下山的时候希拉里的朋友兼登山伙伴乔治·洛夫（George Lowe）给他送上了一瓶热腾腾的番茄汤。"我们使那个混蛋就范了"，希拉里咧着嘴对他说。对说出这句乏味的话，他后来在自传中承认，他感到很不好意思。

不过两位登峰英雄下来，回到正常的世界中的时候，等待他们的东西却一点也不乏味。由于他们登珠成功的消息传到英国的那天正好是女王伊丽莎白二世加冕的日子，所以人们的热情更为高涨。"冕上加冕——世界的王冠被成功摘取了"，5月30号的英国报纸头条这样写道。

女王授予埃德蒙·帕西法尔·希拉里贵族身份。他可以以"男爵"自称了。曾经瘦小的帕西法尔真的成了一位骑士！丹增被授予"乔治勋章"——大不列颠王国最高的非军事荣誉勋章。不仅是高山，全世界都在他们脚下。希拉里在做演讲的时候游历了各个公国。不过每次登台只能得到25美元的出场费：因为他的登珠队之前就约定好了，收益要给所有成员平分。

1954~1959年，希拉里先后得到三个孩子：彼得、萨拉和贝琳达。他的家庭主要依靠他出书挣的钱生活，一本关于珠穆朗玛的书。后来他在一个美国露营用品生产厂商做顾问。但是他的探险生涯并没有结束。1958年埃德蒙实现了他的另一个童年梦想：他参加了一个南极探险队，以拖拉机代步去往南极。

喜马拉雅他不止去了一趟：1960年希拉里随一个科学家小组去寻找传说中的Yeti（雪人）。他们没有找到。而因为年岁渐长，他也不再能很好地适应高处的稀薄空气。再次登顶是不可能

丹增·诺尔盖在珠穆朗玛峰顶留了一块巧克力给天神们。

不过他的兴趣本来也就从山转移到喜马拉雅的人了。以喜马拉雅为家的人缺少那些对于希拉里和他的孩子来说自然而然的东西，尤其是学校，同时也包括医疗设施，甚至水和把生活用品运到那里的道路。所以，1961年，希拉里成立了"喜马拉雅基金会"，不知疲倦地为此募集资金。在此后的40年中，该基金会用所筹到的钱建立起了30余座中小学、两个医院和12个基础医疗站。

然而他取得人生最大成就的国度——尼泊尔也将成为他遭遇人生最大悲剧的地方。1975年，希拉里的妻子露易丝和他们当时16岁的小女儿贝琳达所乘坐的飞机在尼泊尔发生事故，双双离世。希拉里的世界崩塌了。他觉得她们的死是他造成的，她的妻子有严重的飞行恐惧症，她是为了他才登上的那架飞机。

希拉里开始酗酒。他费了很大力气才戒掉酒瘾，开始另一种崭新的探险。1977年，他乘摩托艇从孟加拉湾——印度恒河的入海口——出发，逆流而上，追溯它的源头。1985年新西兰政府将这位民族英雄以大使的身份派往新德里。1989年希拉里找到了新的人生伴侣：朱恩·穆格鲁（June Mulgrew）。他的一位登山朋友的遗孀，成为他的第二任妻子。

他的登山事业的接力棒转到了他的儿子彼得手中。他曾两次踏上父亲留在喜马拉雅的足迹，并且跟登月第一人尼尔·阿姆斯特朗一起去过北极，还登上过南极最高的山峰——4897米的文森峰。

登珠峰的英雄希拉里把精力全部放在了人道主义事业上。1991年，希拉里成为联合国儿童基金会（UNICEF）喜马拉雅办事处的特使。从1992年起，他的头像被印在了新西兰5元面值的纸币上，还没有任何在世的新西兰人得到过这种荣誉。在80多岁高龄的时候，希拉里回到了家乡奥克兰。医生禁止他去任何海拔高于3000米的地方。83岁的时候，他又一次进入尼泊尔，"登

1961年，希拉里男爵建立了喜马拉雅基金会，一个造福喜马拉雅地区居民的募捐机构，主要给该地区建造学校和医院。

上了海拔1340米的尼泊尔首都加德满都。这一天，距离他首次攀登珠穆朗玛峰整整50周年。

笨骆驼也登世界屋脊

如果重新回到33岁，他会做同样的事情吗？在庆祝征服珠峰50周年的活动上，埃德蒙·希拉里被问到这个问题。他的答案是一个干脆的"不"！自从第一次登顶成功之后，已经有1200余人成功到过山顶。希拉里不想被归入这个群体。

他更不愿意被归入的是每年去世界屋脊乱踩乱踏、随手扔垃圾的两万游客群。他骂这些人是笨骆驼，说他们玷污了曾经圣洁的地方。唯一让他稍感欣慰的是，"他的"尼泊尔人能从这些游客每年在此花费的6万~7万美元中分得小小的一杯羹。

放牛娃的梦想

这些疯子！他们特地千里迢迢赶来，只是为了在这乱石狰狞、冰雪莽莽的山间吃力地跋涉。不过不管怎样，这些先生们能使喜马拉雅夏尔巴人挣到可观的外快。因为要这些欧洲人、澳洲人和美洲人自己拖着他们沉重的行李登上那些6000米、7000米甚至8000米的高山，他们肯定做不到。

这些陌生人带的东西令夏尔巴挑夫摸不着头脑：睡袋、冰铲、绳索、沉重的氧气瓶，甚至还有装在铁罐子中的食物。这些东西都要由他们夏尔巴人背着。不过他们很高兴，只要能尽快回家、回到他们的牧群中就行。对于他们来说，这只是一个工作，没有别的意义。

但是他却相反。小时候赶着牦牛在5000米以上的高处放牧的时候，他就时常充满向往地仰望大地之母"珠穆朗玛"——他们的语言这样称呼这座在喜马拉雅众山间巍然耸出、亭亭玉立的高峰——外来的先生叫她"Mount Everest"。他可以理解，他们为什么想去山顶——因为他也想。他多么乐意给他们背行李啊！

曾经有一次，13岁的时候，他从家里溜出去，试图在尼泊尔首都加德满都找一份登山挑夫的工作，但是没有成功。第二次在印度大吉岭也没有成功，不过他注定会成功——成为他的民族中走得最高的人。

丹增·诺尔盖：登上珠穆朗玛峰顶的雪山之虎

据推测1914年生于塔美（Thame）
1986年5月9日于大吉岭（Darjeeling）去世

丹增·诺尔盖这个名字意为"将带来幸运的人"。

关于他的出生地点有一些传说。他的官方出生地是位于昆布山谷（Khumbu-Tal）的塔美（Thame）。人们说，他的母亲生他的时候正在从塔美去往尼泊尔东部的广喇（Ghang Lha）的朝圣路上。他被起名为纳木吉尔·汪第（Namgyal Wangdi）。后来一位高僧喇嘛给他起了丹增·诺尔盖这个名字，意思大致是"将带来幸运的人"。

很多年以后，当他连带他的民族世界知名的时候，丹增·诺尔盖又获得了另外的称呼：人们充满景仰的目光相传他是"神人"下凡，还有人把他当做湿婆（Shiva）的阿凡达（Avatar）——印度神灵转世的附体称为阿凡达，湿婆是印度教最高的神灵之一——更有的人认为他身上有佛陀的印迹，因为成为佛陀、觉者并创立了佛教的王侯之子悉达多就是在母亲行路途中出生的。

夏尔巴人把世界最高山峰叫做"珠穆朗玛"，意思是"神母"。

不管夏尔巴人信不信这样的神话，丹增·诺尔盖不仅在尼泊尔，而且在印度也备受崇敬。由于他一生大部分时间住在大吉岭，所以印度人也把他当成自己人，为他感到自豪。他是他们中第一个足迹到过珠穆朗玛峰顶的人。当时他应该是39岁，人们无法确切知道他的出生年月，很多证据证明他生于1914年。

"我必须去。没有任何事物比它更吸引我。我一生只有一个目标：到达珠峰最顶端"，丹增·诺尔盖说。在1953年5月29日这个历史性的一天，他和新西兰人埃德蒙·帕西法尔·希拉里成为登上珠峰的第一批人。

诺尔盖对喜马拉雅很熟。还在小的时候，他就在家乡昆布山谷登上过6000米高处，和他的大多数同龄人一样在那里放牦牛。

不过与大多数夏尔巴人不同的是，珠穆朗玛对他来说并不仅是一个存在。他对这个冰多雪厚、崖陡壁峭的巨人的向往随着他进山次数的增加而越来越强烈。成年以后，他靠给那些专门来到喜马拉雅的外来人当挑夫为生。这个小伙子甚至曾经两次从家里偷跑出去找他们同行。其中15岁的时候，他甚至跑到了印度大吉岭——他后来生活的地方。大吉岭女孩达娃·普提（Dawa Phuti）于1935年成了他的第一个妻子。19岁的时候，他终于在印度找到了一份给英国登山队员当挑夫和陪同的工作。

现在他也成了一只"雪山虎"——外地人这么称呼夏尔巴人，因为他们像虎一样机智、强壮，即使空气越来越稀薄，高度令人晕眩，他们也不会倒下。很多外国登山者首先由于其体重关系，到了一定的高度就会呼吸困难。没有这些挑夫的帮助，他们有些人在登山一开始就不行了。

丹增·诺尔盖特别受欢迎，因为他是一个细心周到的好登山员。在当挑夫及登山的生涯中，他还从他陪同的外国人那里学了7门外语，这使得他更为抢手，但是他一生都没有学认字。

在大吉岭，丹增1935年遇到了艾瑞克·希普顿（Eric Shipton），英国最著名的登山员之一。与他一起，丹增做了征服珠穆朗玛的第一次尝试。在此过程中他给希普顿留下了非常深刻的印象，以至于他得以于1936和1938年再次成为英国人的助手。虽然这三次没有一次成功，但是丹增成长为了一位"小司令"（Sirdar），他现在不仅仅是一个挑夫了，而是承担着自主为登山活动组织物资运输的任务。

他的第一位妻子达娃·普提在给她生下两个女儿后，于1944年去世。一年后，丹增娶了另一个夏尔巴女子安·拉穆（Ang

牦牛善于攀登和负重，可贡献奶、肉和毛，其粪便还可以作燃料。

丹增·诺尔盖还增加攀登过印度的楠达德维山和嘉华山，巴基斯坦的蒂里杰米尔峰和喀什米尔的帕尔巴特山，还陪同过一个考古小组的西藏之行。

Lahmu）。安·拉穆死后，他的第三位妻子，来自他的家乡尼泊尔塔美村的达库（Daku），于1964年嫁入诺尔盖家，当时他已经享誉全球。达库给他生了三个儿子。

不过说回主题珠穆朗玛峰：1951年中国和平解放西藏后，北脊路线不再通行。所以一个瑞士登山小组想从南脊尝试登顶。丹增也在其中。这次他更不仅是调度物资的"小司令"，而是压根儿成了一名与他们平起平坐的队员。这个瑞士登山队的队长，日内瓦人莱蒙·兰贝特（Raymond Lambert）是他最愿意无私地祝福其成功的人。虽然他只会说法语而诺尔盖不懂法语，但是两人的默契度达到了一个外国人和一个夏尔巴人能达到的最高程度。兰贝特和诺尔盖在登顶的最后一程是四肢并用爬着走的，仍没能走完。在离峰顶仅150米的地方他们向寒冷和氧气不足投了降。在相互告别的时候，兰贝特把他的红色围巾送给了诺尔盖。这个友谊的象征成了诺尔盖的幸运物。一年后跟新西兰人埃德蒙·希拉里成功征服珠穆朗玛的时候，他就戴着这条围巾。胜利之后，丹增将它还给了兰贝特，因为围巾替他到了他没能到达的地方。

丹增·诺尔盖实现了他的人生目标。他为此付出了比任何人都更大的努力。没有一个夏尔巴同胞比他在珠峰上花的时间更长。他第一个从上面看到了他的民族最神圣的两座庙宇：楚布寺（Thengbache）和绒布寺（Rongbuk）。那种视觉体验在他的感受中是"可怖、狂野和美妙"的。生命中还有比这更大的刺激吗？

凯旋的丹增受到了英雄般的礼遇。10万人站在机场跑道边，等候他和希拉里来到印度德里。还没有任何一个夏尔巴人碰到过这样的事。甚至印度总理尼赫鲁都为他们安排了接见。诺尔盖接受了总理赠送的印度护照。这件事使他一直没有得到尼泊尔官方的原谅。不过尼泊尔家乡的人民也崇拜着他。一年之后，1954年，诺尔盖成为位于印度大吉岭的第一所登山学校"喜马拉雅登山学院"的院长。这个位置他坐了22年。印度人送给他一所住宅。丹增将这座房子称为"广喇"，就是他母亲生他的时候经过的地方。丹增·诺尔盖于1986年5月9日去世，享年72岁。他的儿子杰姆令（Jamling）重走了父亲的道路，于1996年登上大地之母珠穆朗玛峰的顶端。

● 6美元一天的挑山工

丹增·诺尔盖可能从未知晓，自己登顶成功会给亲爱的神女母亲带来怎样的影响。对于他来说，更重要的是，由于他的成功，夏尔巴民族会有一个登顶的开创者。后来他还跟意大利人莱因霍尔德·梅斯纳尔（Reinhold Messner）一起从意大利南部蒂罗尔（Tirol）出发不借助氧气征服过珠穆朗玛峰。

他也看到，1953年以来，来登山的游客给他的民族——世界上最贫困的民族之一——带来了收入，虽然这份收入很有限。但在一个教师工资每月才40美元的国家，每天能挣6美元对于一个挑夫来说已经是很多钱了。

不仅陪同游客登山的人能挣到钱，珠峰四周开旅馆饭店的夏尔巴人通过给山上送饭，每人每天也可以挣到2美元，其中半数人通过捡拾登山者沿途丢的垃圾，包括人粪便，带到山下处理埋好，又可以挣到更多。在登山淡季，这些夏尔巴人还会被其他国家和地区的登山员雇去当陪同。

懂规矩的小伙子

现在不能再犯错了！现在关键是连不成文的规定都不能触犯。毕竟这是在为世界上最激动人心的任务做准备，对待教导员不能嘻嘻哈哈的。这一点19名竞争对手已经有14名体会到了，他们不得不因为一次愚蠢的错误而离开"太空之城"。其实他们都并非在编军人，但是触犯了不成文规定还是受到了惩处。

这些年轻人被开除，官方给出的解释听起来都很让人难为情——"纪律问题"。真正发生的事情就更使他们羞愧难当了：他们庆祝的时候伏特加喝高了。这是极品的不着调。这个工作要的可是时刻保持百分百可靠。喝酒是严格禁止的。现在只剩5个真正的竞争对手了。

从5名竞争对手中最终脱颖而出，原因是一个很小的细节：他在第一次踏入太空舱的时候，先脱下了自己的鞋。这个原因他过了10年才从教导员口中问出来。他能细心地考虑到不往崭新的太空飞船内带入一丝灰尘，这使教导员们相信，他就是最佳人选。"我感到满意的是，这是一个非常整洁的年轻人"，最高长官得意洋洋地告诉编写传记的人。我们的英雄自己可能从来没能了解到这一点，因为他在完成探险任务后不几年就去世了。

尤里·阿列克谢耶维奇·加加林：太空第一人

1934.3.9生于克卢希诺镇（Kluschino，或译克鲁西诺，克鲁什纳）
1968.3.27死于诺沃索罗沃（Nowosolowo）

站在敞开着的飞机门里，他的腿有点发软。怎么这么高啊！从这跳下去？尤里·加加林在舱舱后面迟迟动不了地方。"别发抖，尤里，姑娘们都看着哪！"教导员给他打气。尤里鼓起所有勇气，跳了下去。

几年以后，在另一个要求更多勇气的任务中，成功的最后一步的也是跳伞。1961年4月12日，在太空旅行了108分钟的苏联小伙子从蓝天晃晃悠悠回到了地面。他乘坐"东方一号"宇宙飞船在人类历史上首次进行了绕地飞行。到达轨道出发点后，"东方一号"返回大气层，然后将这位宇航员抛了下来。10点55分，尤里·加加林的双脚重新踩到了地面。

从这天开始，27岁的加加林变得家喻户晓，甚至远方的美国也知道他。这个让他尤其感到骄傲，因为苏联和美国两个超级大国互相对立，在航空事业方面你追我赶，加加林代表苏维埃取得了胜利。

他被誉为苏联的英雄和工农苏俄的象征。他最初学的是铸造工，接受过工业技师培训。1957年成为军队飞行员。

二战中的亲身经历使得当飞行员成为他的理想职业。他亲眼看见一个歼击机飞行员是如何在一个旷野迫降的。更令他印象深刻的是另一架飞机上的同事赶来协助这位飞行员脱离德国魔掌的过程。

加加林返回地球的地点恰好是他的家乡克鲁什纳村所在地区。1934年3月9日，他在这里出

早在1957年，俄罗斯的"斯普特尼克号"太空行动就震惊了西方，并在美国之前将一颗人造卫星发射升空。

尤里的兄弟姐妹在战争中被德国人拉去强制做工。

战争结束后，加加林学习了飞行，这里发生了刚才说的跳伞的时候腿发软的事。1957年在奥伦堡（Orenburg）飞行学校被提拔成少尉。（尤里·加加林的父亲是木匠，母亲是农民。这非常好：也就是说，他本人是真正的工农国家的孩子。）同年，他与女医生瓦莲京娜·戈亚乔娃（Valentina Gorjatschowa）喜结连理。1959年，他们的女儿叶雷娜（Jelena）出生。1961年加加林成为太空第一人的时候，二女儿戈雅（Gaja）4个星期大。他们一家当时已经住在离莫斯科不远的太空之城斯韦德尼克（Swednyk Gorodok），俄罗斯宇航员们都住在这里。

在斯韦德尼克，加加林学习适应失重状态。他会被塞进高温室，被飞行条件模拟装置头下脚上地翻过来，以及被训练如何在极度紧张的状况下保持头脑清醒、注意力集中。紧张状况是不能撼动尤里的，他总是心情很好，很放松。

当太空飞船"东方一号"被一个改装后的核火箭发射升空的时候，全世界都听到了加加林喊的那句"泼耶哈力！"——"出发！"。全球很多业余的无线电接收者都收到了信号。听到加加林无比坦率的声音，一向内敛的俄罗斯人的疑心全消失了，现在他们知道，确实有一个同胞升入太空了。

在莫斯科红场，数十万群众向凯旋的航天英雄欢呼喝彩。加加林在飞行途中被提拔为少校，之后成为宇航员总指挥官。只有他最大的愿望——再次进入太空——没有实现。俄罗斯人不想失去他们航天成功的活证据——太空飞行总是有危险的。

实际上人们压根就不允许加加林再飞行了。不过他终于获准可以给战斗机当试飞员。但是他工作了没几次：1968年3月27日，加加林驾驶的一架MIG-15在诺沃索罗沃附近坠毁。原因至今不明。有传言说，苏联秘密警察局谋害了他，因为他们怀疑他在政治上不再是百分百对党忠诚。作为一个英雄、太空先锋，加加林还是享用了相应的国礼告别仪式，骨灰被安葬在克里姆林宫壁龛里。

宇航员们要接受这样的训练：在震耳欲聋的噪声中做困难的数学题。

太空度假

加加林成功后23天，1961年5月5日，美国将他们的第一名宇航员送入太空。艾伦·谢泼德（Alan B. Shepard）在太空停留了15分钟。10个月后约翰·格林（John Glenn）成为第一个绕地飞行的美国宇航员。第一次太空行走是1965年由另一位俄罗斯人完成的。美国于1969年启动登月计划。

在航天竞赛时期，没有人相信有一天国际上会有16个国家联合起来在国际空间站（ISS）进行科学研究。这在1998年成为事实。从2000年10月起，ISS上总有3名宇航员。人员会更替。

2001年4月，国际空间站上的宇航员迎来了第一个来访游客，一位美国富翁为他的这次旅行支付了2000万美元。

骑铁皮大鸟的孩子

  小家伙兴奋地一颠一颠地跑着，小手指着天空，但是眼睛能追随那些飞机的移动，手却跟不上。这是1932年的夏天。爸爸史蒂芬这天一定在儿子身上获得了很多乐趣。小家伙才两岁大，就被爸爸带到克利夫兰来看俄亥俄州一年一度的飞行表演了。这里有双翼飞机、空气螺旋桨飞机，还有水上飞机。勇敢的飞行员们在飞机上做着各种最刺激的表演。其中还有女飞行员。地上的小不点紧紧抓着爸爸的手，惊讶得都没法合上嘴了。

  没过几年，他自己也坐上了这种"铁皮大鸟"飞上天空。这不是稚气的幻想哦，6岁的他真的和父母坐在一架有8个座位的飞机中，第一次体验了飞机旅行。那个时候，起码对于一个孩子来说，这可是完全非比寻常的事。

  飞行！这种代步方式对他的吸引力永远不会消退。他在学会开车前就坐上了飞机驾驶座。16岁生日的时候，他终于可以考运动型飞机的驾驶证了。其后，他驾驶着当时世界上速度最快的飞机，创造了一个速度纪录。不过，他飞行的高度是不会停止在这样的水平的，他注定要比前人都飞的更高。

尼尔·奥尔登·阿姆斯特朗：登月第一人

1930年8月5日生于瓦帕科内达（Wapakoneta）

糟糕！怎么回事？"双子星8号"开始剧烈晃动，随后又开始旋转。阿姆斯特朗和大卫·兰多夫·斯科特被晃得颠上倒下。该死！迄今为止一切都挺完美的，两位宇航员的座舱完全按照预定计划跟无人自动飞行体"阿金纳（Agena）"完成了对接，两个合二为一的飞行体相安无事地在轨道上飞行了20分钟，现在却突然面临失去控制。它旋转的速度已经达到每秒1圈了。两个宇航员已处在失去理智的边缘。

发生了什么事呢？原来是一个短路把稳定喷嘴激活了，以致控制方向的推进器自动点燃。赶快向反方向转方向盘！赶紧！两位宇航员用尽最后一丝力气将对应的另一个喷嘴开启，使"双子星8号"两个飞行体重新互相脱离，手动将所有仪器调好，准备提前返回大气层。

他们本应在太空待三天，并进行出舱活动，现在计划没法完成了。为了将失控的座舱稳住，他们用了三分之二的推进剂储备，剩下的可能刚刚够回到地球。希望够用。

两个人准备迫降。1966年3月16日，在福罗里达州肯尼迪角启动的"双子星8号"在航行10小时41分钟16秒后，坠入太平洋。坠入地点在日本冲绳岛东南800千米处。救助直升机已经行动起来，机门打开，潜水员跳入海中，确保飞行舱和两位宇航员的安全。被浮体支撑的"双子星8号"在大海的波涛中跳动了3个小时，才等到了美国 "USS Leonard F. Mason" 号驱逐舰的到来。吊车将飞船和筋疲力尽的宇航员捞上甲板。任务结束，虽然

金属座舱长5.5米，直径3米。

突然出现的短路给双子星8号的行动划了一个不圆满的句号。

并非圆满。

3年零4个月后，还是16日，尼尔·阿姆斯特朗与另外两名同事开始了另一个更惊险的太空任务。这次，能不能到达目的地的问题更牵动人心了。返回前的对接动作会顺利吗？如果不顺利，那么三名宇航员中的两名将必死无疑，他们将不得不永远地待在太空里。"双子星8号"任务完成后3年，阿姆斯特朗要进行这样一个此前从未有过的探险：人类的首次登月行动。

当6岁的尼尔·奥尔登·阿姆斯特朗在美国俄亥俄州坐着3个发动机驱动的"铁皮大鸟"航行天空的时候，上天摘星星还是天方夜谭。来自瓦帕科内达的阿姆斯特朗小的时候就已经习惯了长途旅行。爸爸史蒂芬·阿姆斯特朗是一名会计师。他的职业决定了这个由他和他的妻子维奥拉（Viola）以及3个孩子尼尔（Neil）、朱恩（June）、艾伦（Alan）组成的家庭要经常搬家。从沃伦（Warren）到杰弗森（Jefferson），从拉韦纳（Ravenna）到圣玛丽斯（St. Marys）和上桑德斯基（Upper Sandusky），直到一家人最终又回到尼尔的出生地定居下来——尼尔于1930年8月5日出生于俄亥俄州瓦帕科内达市祖父的农场。

这个很早就有机会嗅到煤油味和体验高空空气的小男孩热衷于造飞机模型。后来他学了滑翔飞行，16岁的时候获准考取了他的运动型飞机飞行执照。为了支付这里的训练费用，他的空闲时间全部用来打工。他最喜欢的工作地点是在家乡瓦帕科内达的机场。这个机场后来还被以他的名字命名呢。

高中毕业后，尼尔·阿姆斯特朗成为海军飞行员学校的一名学生，接着进入印第安纳州拉法叶（Lafayette）的大学学习航天技术，其后被海军分配到东南亚当飞行员。东南亚正为战事笼罩，南北朝鲜发生冲突。美国是联合国外派士兵的主要组成来源。阿姆斯特朗曾78次从航空母舰上起飞去执行任务。1952年他脱下军装，以航天工程师的学位毕业，成为美国航天局NASA的试飞员。

现在阿姆斯特朗真是如鱼得水了，他有机会测试200多种不同型号的飞机。更占便宜的事情是，他得以驾驶最新高速飞机——传奇的X-15在6万米的高空飞翔。他甚至和这架飞机创造了一个新的飞行速度纪录——6700千米/小时。

这些成就使他顺利进入航空界。1958年，美国空军收录9名试飞员进入美国第一个太空小组，其中包括28岁的阿姆斯特朗。这一项目有个宏伟的目标——登月。

毕竟美国已经落后了：苏联于1961年4月第一个将人送入了太空。苏联宇航员尤里·加加林完成任务回到地球的时候，当时的美国总统约翰·F·肯尼迪宣布了雄心勃勃的计划："就在这个10年内，会有个人飞往月球并安然无恙地返回。"而这个人必须是美国人。

1962年，双子星计划进入紧张的训练阶段，为登月做准备。尼尔跟其他8名宇航员住在离德克萨斯州航空中心休斯敦不远的厄尔拉戈（El Lago）。4年后，他作为"双子星8号"的指令长执行了第一次太空任务。虽然与"阿金纳"对接后出现故障不得不迫降太平洋，不过阿姆斯特朗将失去控制的座舱重新扳回了正常状态，这使他成为登月的最热人选。

1969年7月16日，在地球上享用了最后一顿丰盛的早餐——其中有肉排、油煎蛋、肥肉，当地时间4点15分，尼尔·A·阿姆斯特朗、迈克尔·科林斯和"巴兹"小埃德温·E·奥尔德林齐步走向位于肯尼迪角的"土星5号（Saturn-V）"运载火箭的发射台。阿姆斯特朗是"阿波罗11号（Appolo 11）"的指令长。"阿波罗11号"就是要将首批人类送往月球的宇宙飞船。3人中并不是每个人都会在月球上行走，科林斯负责将指令舱维持在轨道上，等另外两人完成在月球上的工作，再把他们收进来。奥尔德林的任务是驾驶"鹰号"登月舱。阿姆斯特朗则被安排为第一个站踏上月球表面的人。

当地时间9点32分，伴随着震耳欲聋的响声，高111米、重

用6700千米/小时的速度冲云驱雾：作为美国航天局的的试飞员，阿姆斯特朗驾驶X-15飞机创造了一个新的飞行速度纪

在通往月球的赛道上，美国人一定要当第一。

1969年7月16日，数百万人守在电视机前观看阿波罗11号的升空。

3100吨、功率为1亿5千5百万马力的"土星5号"运载火箭在滚滚烈焰中从发射台升空，将3名宇航员带上了去往月球的路途。全世界都屏住了呼吸。全球各地数百万人守在电视机前。单是美国东海岸就聚集了150万人，他们专程来到这里，想亲眼看看火箭升空的场面。

现在宇航员们跟地球唯一的联系就是无线电。他们都穿着白色的、布满电缆的太空服和造型不佳的头盔，裤子里装有收集身体排放物的袋子，这身装束使他们看起来不像人而像笨拙的机器人。他们在失重状态下像羽毛一样飘来飘去。在德克萨斯州休斯敦的宇航控制中心，其他宇航员轮班与上面的同事保持着联系。

绕地球运行1.5周后，时间就到了7月19号，"土星5号"三级运载火箭的最后一级自动点火。由"哥伦比亚号"控制舱和"鹰号"登月舱构成的"阿波罗11号"宇宙飞船脱离绕地轨道，以39 000千米每小时的速度飞向月球。4点12分，"阿波罗11号"与地球的距离已达到325 000千米，与月球的距离"仅"剩70 000千米。12个小时后，飞船进入登月轨道，通过点火将速度先降到9200千米，再降到5800千米每小时。3位宇航员在距离目标110千米的时候，一边让飞船绕月球飞行，一边打了个小盹。

7月20日，第四天。阿姆斯特朗和奥尔德林现在跟科林斯也说了"Good bye"，离开"哥伦比亚号"，换乘他们的登月舱。18点45分，"哥伦比亚号"刚好绕月第十三圈的时候，阿姆斯特朗向科林斯报告："鹰有翅膀"，"The eagle has wings!"。然后乘登月舱离去。现在科林斯是太空和地球之间最重要的联络员，他继续向休斯敦汇报情况，一切信息都会得到检测。现在，休斯敦发来消息：——"允许出舱！"（You have a go for landing）

奥尔德林点燃减速火箭，手动控制登月舱。"鹰"号于1969年7月20日21点17分，首先将它的"触角"（检波器，传感器），然后轻轻地将"四肢"（有望远镜功能）落在了月球表面。阿姆斯特朗发出报告："这里是平静基地，鹰已登陆！"

（Tranquility base here, the eagle has landed!）

此时，在远隔40万千米的地球上，爆发出无以言表的欢呼声。40万千米外的阿姆斯特朗透过窗户看到的只有砾石和灰尘。鹰号站在一个巨大的环形山中，四周一片荒凉。两位宇航员休息了一会儿，简单吃了顿饭，然后才穿上笨重的舱外宇航服。

3点40分，指令长阿姆斯特朗打开了鹰号的出舱门。他踩着小梯子下来，在月球表面踩出了第一个脚印，也踩出了一个永久的印迹。人类第一双月球靴样式比较笨重，靴底是条纹图案。6岁开始"飞行生涯"的阿姆斯特朗其后说了那句著名的话："这是个人的一小步，人类的一大步！"阿姆斯特朗捡了一些石头，从粉尘状的地上抓了一把土，为安全起见，先放入口袋。如果他们的行动不得不提前终止，那么他至少从月球上带了些东西回去。

"巴兹"奥尔德林也踏上了月球表面。他支起相机，用无线电给地球传送了令人惊叹的照片。在地球上，5亿人守在电视机旁，简直不敢相信自己的眼睛。电视观众们可以观看宇航员们一举一动的实时画面。他们看到两个庞大而不成形的人在月球表面不知害怕似地一蹦一跳。月球，它一时间变得好近。上面的人也很近。

人类注视着奥尔德林将美国国旗插在月球表面的过程。他先插了一根小棍，然后将绑在一根横棍上面的国旗固定在上面。这样避免星条旗由于无风而耷拉在那里。阿姆斯特朗用同样的方式竖起了一面太阳风箔屏，希望能捕捉到太阳粒子以便进行分析研究。他还安设了一个激光反射器以及一个用来收集月球震动变化信息的测震计。此外阿姆斯特朗还留下了一个纪念碑，上写："1969年7月，太阳系的行星——地球上的人类第一次在月球上留下足迹。我们代表全人类，来这里做一次和平的旅行。"然后两人又收集了一些岩石。

两个小时零13分钟后，工作结束，他们回到鹰号登月舱中，

"The eagle has landed!"——"鹰已登陆！"阿姆斯特朗这样宣告成功着陆月球。

"这是个人的一小步，人类的一大步！"阿姆斯特朗说着这样的话，在月球上踩上了人类的第一脚。

先休息了8个小时。18点52分，奥尔德林发动了推进器，鹰号重新飞起，加速到6643千米每小时，去与等待在绕月轨道上的科林斯会合，一起返回地球。

在太空193小时50分钟后，"阿波罗11号"太空飞船重新回到了地球大气层。美国中部时间7月24日11点50分，"阿波罗11号"牵着降落伞坠入太平洋夏威夷附近。"大黄蜂（Hornet）号"航空母舰和美国总统尼克松已在这里等待。3位宇航员要先接受隔离检疫——人们不知道月球有没有派危险的细菌或病毒护送他们回家。

任务圆满结束后，阿波罗11号于1969年7月24号安然返回地球。

尼尔·阿姆斯特朗在太空中共计旅行了150万千米。他一生中有8天13小时59分钟51秒是在太空度过的。这位宇航员被授予美国最高非军事奖章"和平奖章"以及其他多种荣誉称号。此后他生活在地面，为美国航天局未来的项目做科研调度工作。从1971年到1979年，他在辛辛那提航空航天技术大学当教授。后来他进入工业领域，曾任职于在弗吉尼亚一家计算机公司和纽约一家电子公司。阿姆斯特朗有两个儿子艾瑞克和马克以及一个女儿卡伦。不幸的是女儿在两岁半的时候夭折。

美国航天局后来还找阿姆斯特朗帮过一次忙，是在美国发生最大空难的时候：1986年1月28日，"挑战者号"航天飞机在发射后不久爆炸。机上7名宇航员全部罹难。其中包括一名女队员。阿姆斯特朗的任务是帮助解释这起事故的原因。阿姆斯特朗和他的家人一直住在俄亥俄州。

去火星？

在阿姆斯特朗之后，美国宇航局向月球派出过另外6艘宇宙飞船。最后一艘是20世纪70年代初的"阿波罗17号"。

人类对太空的探索目标已经发展到更高层次：他们想去火星，一个离地球最近5580万千米，最远39990万千米——位置不同距离不同——的星球。与火星相比,离我们40万千米的月球可以用近在咫尺来形容。美国人计划在月球上设立一个平台,作为登陆火星的跳板。因为直接去火星再回来的路程将需要两年多的时间。没有一个宇宙飞船可以装载这么多燃料,所以月球是一个中间站的选择。

地球的使者已经在火星上活动了。2004年,美国航天局在那里派放了两个小型机器人,它们正在寻找火星表面的生命痕迹。

孤独的森林女人

她有时候在灌木丛四肢着地行走,以此试图接近动物。这位"尼娅马哈贝莉"(Nyiramachabelli)——卢旺达人对这位美国人的称呼,意为"孤独的森林女人"——想学习动物的语言。真是另类。她隐居在卢旺达山区长达18年。她为了猩猩留在非洲雨林,跟猩猩生活在一块,像猩猩一样生活,有时候甚至跟猩猩一样吃树叶。这一切都只是为了成为它们的知己。人类对于她来说越来越陌生了,她对于人类来说也越来越陌生了。

以前在美国的时候,她就喜欢离人远远的。除了小孩,她不亲近任何人。对于肯塔基州路易斯威尔儿童医院的残疾儿童来说,这位经过正规培训的康复医生是一个耐心的倾听者。但是在成年同事们之间她是一个怪人。连她的邻居对她的了解都不多。她一个人住在一个小房子里,很少出门,如果在街上看到她,那几乎只有一种情况:她在照顾本社区的流浪狗。"她更喜欢动物,不喜欢人",人们说。人们说的没错。

在雨林生活的年月里,人类干脆成了她的敌人。有时候,她会打扮成巫婆晃过森林,用这种方式把这些敌人从她的动物的地盘上驱走。这位女子最后为她对人的这份憎恨付出了生命代价。有一天人们在她的住处发现这位"尼娅马哈贝莉"的时候,她的头骨已碎。不多的几个朋友把她埋在了森林里她最爱的动物旁。

戴安·弗西：与山地大猩猩在一起的生活

1932年1月16日生于圣弗朗西斯科
1985年12月26日夜死亡

眼见两个大猩猩怒吼着向自己奔过来，戴安吓得扯起了最大的嗓门喊叫。她鼓起全部的勇气使自己在两只野兽面前站直，对它们的挑战予以气势上的回击。这一雄一雌两只猩猩可不是闹着玩的，但是自己的虚张声势又完全没法迷惑到它们……说时迟那时快，戴安·弗西一侧身歪到了旁边的灌木丛里，长着银背的雄猩猩和它的配偶就这样从她身边飞奔了过去。

吁！好险啊！她的心还在砰砰跳动，不过这次膝盖没有抖。第一次遇见这种事情的时候她甚至吓得尿了裤子，抱住离自己最近的树一动不能动。现在自己的反应已经让她满意多了。现在的结果也让她满意多了：那对猩猩不是从自己身边跑过去了么？

可惜路易斯·利基（Louis Leakey）没有看到这一幕。下封信里她要给他好好描述一下。他会为她感到骄傲的！不久前他还把她当成傻学生呢。她知道，这位男科学家总是在找女助手。他盛赞戴安的耐心和建立良好亲子关系的才能，很懂得利用她的敏感来帮助自己对灵长目动物的研究工作。异性的帮助总是比同性的帮助使男人感觉轻松一些。

戴安·弗西在这一点上与他志同道合。对于她来说，异类的动物总是比同类的人带给她的感觉轻松一些。所以1966年在路易斯威尔听完他的报告之后，弗西与这位著名的人类学家、动物学家搭了话，并递给他一份非洲经历报告。当时他的眼中只有一个问题：你就是我要找的人吗？之前他曾和另一位女士在非洲共度

那是谁
探险家和发现家

戴安·弗西想知道，"金刚"到底是谁、是怎样的生物。

过美好的时光：英国人简·古道尔（Jane Goodall）在坦桑尼亚贡贝（Gombe）谷帮他研究过黑猩猩。

戴安·弗西决心已定，要跟这位古道尔做出同样的事业。她来到刚果，研究起山地大猩猩。对于她来说，猩猩跟电影中的"金刚"没有任何关系。拍电影的人将它们塑造成了只会拿拳头捶胸、爱炫耀蛮力的粗笨动物。而弗西想要通过研究展示一个真实的类人猿物种。

这种好奇心唤醒了戴安·弗西心中行走非洲的意识。她花了7周时间来参观各大国家公园，靠自己的力量在刚果和乌干达接壤处的未开发的维龙加山脉（Virunga）进行了探索。在这里她认识了琼（Joan）和艾伦·茹特（Alan Root），他们是摄影家，正在尝试拍一部有关类人猿的影片。

原本有些怯人的戴安跟他们成为了朋友。他们给她展示了雨林。这是她第一次看到这种令人肃然起敬的动物。这只猩猩的样子在她脑海中挥之不去。但是让她无法忘怀的还有另外一个画面：砍下的猩猩头颅或手掌被挂在市场上出售。游客们觉得带点这样的"纪念品"回家很有意义，可以当烟灰缸，很别致。

她更惊讶的是猎人们砍掉这些猩猩的手脚后就让它们那样躺着流血而死。更惨绝人寰的是对幼年猩猩的捕捉：把活的幼年猩猩卖给动物园可以使动物贩子得到数万美元的收益；但由于大猩猩会拼命保护自己的子女，所以猎人们为了得到幼年猩猩，需要先把成年猩猩无情地杀死⋯⋯戴安把这些也报告给了路易斯·利基。利基和她一样感到忧虑，担心过不了多久这些本来就已经稀少的灵长目动物可能会完全灭绝。最后他答应戴安·弗西，在雨林跟山地大猩猩们度过3年时光。

1966年12月，戴安来到了刚果。没几周就碰到了文章开头提到的"雌雄双煞"事件。利基在自己的猩猩研究项目上没有更好的选择。没有人如此在大自然中接近过这种动物。山地大猩猩成了戴安的好朋友。她一共与它们在森林中共同生活了18年，几乎成了它们的一分子，她在它们那里找到了自己童年缺少的东西——"家"。

戴安·弗西1932年1月16日生于圣弗朗西斯科。她的父亲乔治·弗西是个酒鬼。家里除了吵架拌嘴没有别的声音。戴安3岁的时候，父母离了婚。但是在时装公司当模特的母亲基蒂并没有时间照顾她。戴安由姨母芙洛西和姨父伯特照顾。

离婚两年后，戴安的母亲嫁给了企业老板理查·普莱斯。这位后爸一点也不掩饰自己对戴安的嫌厌。青少年时期的戴安因为身高1米85，跟漂亮的母亲站一起的时候会觉得自己很丑，其实她并不丑。她的梦想是学兽医学，但是由于分数不够而破灭。因此她成了一名运动疗法医生，这样就算没法做跟动物有关的工作，至少也能为儿童工作。1955年，她在路易斯威尔的儿童医院找到了一份工作。

31岁的时候，戴安用借来的钱完成了她最大的心愿：去非洲旅行——最好永远不再回来。当她听说动物学家利基正要来路易斯威尔的时候，她看到了机会。

带着利基托付的任务，戴安·弗西从美国彻底搬到了刚果。在雨林深处，卡巴拉（Kabara）草地上，她支起了一个小小的帐篷。摄影师艾伦·茹特给她提供了帮助，然后把戴安独自留在了猩猩的王国。陪伴她的只有一个在厨房做事的非洲小男孩和一个狩猎打柴的人。一开始她几乎不敢从帐篷里出来。原始森林的各种响动太陌生太吓人了，包括那倾盆大雨，洪水泛滥让她感到害怕。她独自跟她不信任的非洲人坐在原始森林里，远离了任何文明和援助，这就像连走几小时的路一样使人感到疲劳。这些黑皮肤能感觉到她不喜欢他们，所以经常一连几天不见人影，而这只能更加深这位不友好的女士对他们的不信任。

弗西要为利基记录，野蛮的杀戮对大猩猩种群产生了什么样的影响，农牧人口侵入它们的生存空间产生了哪些后果。她每月给这位科学家寄去厚厚的报告。半年以后，由于刚果内战，戴安

她在大猩猩中间找到了自己所缺少的：朋友和家。

猎人、牧民和农人闯入大猩猩的世界会给它们带来什么样的后果？

不得不离开此地。她来到了卢旺达。

在比苏奇火山（Visoke）的山崖边，她建起了新的观察站，"卡里索克（Karisoke）观察站"。这里的工作使她后来举世闻名。在这儿，她成了猩猩们的伴侣。美国女猩猩研究员戴安·弗西成了"猩猩的女人"。在《雾中猩猩》（Gorillas im Nebel）一书中，她写道："我有一个深切的愿望，就是跟野生动物共同在一个还没有被人类破坏的世界里生活。"

戴安连续几个月在敌视人类的雨林中克服种种困难试图接近山地大猩猩。她循着它们的足迹，数它们的数量。不久她开始能够通过它们的鼻子来区分辨认它们。她给每个猩猩都取了名字。有个和气的雄性被她称为"伯特姨父"，因为它让她想起她自己的姨父；它的贪玩的同伴被她称为"皮纳茨"（Peanuts，花生；微不足道的小事）；还有"迪吉特"（Digit，脚趾），那个"有着明亮的眼睛、好奇心强的、毛茸茸的球"，戴安第一次见它的时候，这个小猩猩5岁，它有个残断的脚趾，因此得名。

第一个跟她建立起较亲密关系的是"皮纳茨"。不过"迪吉特"是她公开表示最喜欢的一只，她和它，或者说它和她的关系近得多，有一天这个小毛球甚至抓了她的头发。

能够建立这样的信任的原因，是戴安·弗西自己渐渐地开始像猩猩一样举止：她四脚并用地在森林地面上爬，捶胸挠体、折树枝吃树叶，模仿猩猩发出的打嗝等声音。不久她对于猩猩们来说就不再陌生了。它们甚至把她当成了同类。现在戴安可以更仔细地观察野生山地大猩猩的种群生活。它们的首领总是由最强壮的"银背"担任。她看清了的猩猩家族内部的地位结构。

她的观察不仅对于动物学者来说是个轰动的事情。给她提供过资金支持的著名自然地理杂志《国家地理》派了一名摄影师，鲍伯·坎贝尔，来拍摄一部她和她的动物们在卢旺达的影片。当坎贝尔1969年来到卡里索克的时候，"猩猩的女人"正在照顾两只受伤的幼猩猩，"可可"（Coco）和"普克"（Pucker）。它们是孤儿，两个猎场看守人想把它们捉住卖给动物园。戴安把它们照料到恢复了健康，想把它们留在身边。但是卢旺达政府不顾她的反对下令收走这两只猩猩。

坎贝尔成功地拍摄了一些戴安和猩猩们的令人惊叹的照片。1970年1月，《国家地理》将其中一张作为了封面图片。戴安·弗西一下子出名了。她终于有了一个平台来抗议猎捕大猩猩的行为，告诉人们这种动物多么濒危。4年后，她因为研究工作得到剑桥大学授予的动物学博士学位。

然而，之后却出现了戴安生命中最黑色的一天：在与迪吉特，她最心爱的玩伴，结识10年后，有一天，这只动物无头、无手呈现在她面前——它被偷猎者残害并顺手丢弃，直至流干最后一滴血。不久后，"伯特姨父"也被杀害了……

在《国家地理》的帮助下，戴安启动了反对偷猎者的运动。她建立了一个以"迪吉特"的名字命名的基金会，用募集来的钱雇佣了一些武装人员，意图使偷猎者放下这门营生。对于戴安来说，这还远远不够，气愤之下，她甚至持枪狂奔，一旦看见游客过于接近她的猩猩的地盘，就往他们头上方开枪。她装扮成巫婆，以便引起当地人的惧怕。据说有一次她逼迫她逮到的一个偷猎者脱光衣服，让她的"雇佣兵"用荨麻枝条抽打他。不久她就成了卢旺达山间最招人恨的人。1979年戴安·弗西被驱逐出境，4年内不准踏入卢旺达。

位于纽约州的康奈尔大学给了戴安·弗西一个教学任务，这使她得以顺便写作自己的《雾中猩猩》一书。虽然她可以在1983年回到卢旺达，但是国家地理协会停止了对她的资助，而且卢旺达也不欢迎她。卢旺达政府提出想通过发展生态旅游给当地人创造一个偷猎以外的营生选择，她对此完全不认同。对于他们来说，她真的成了一个可恨的巫婆。1985年10月的一天早晨，她在门上发现一个记号，一个死亡符号。两个月后戴安·弗西死亡。1985年12月27日，一位同事发现她头骨被敲碎，死在她的小屋

偷猎者夺走了戴安·弗西最心爱的东西：Digit和Uncle Bert。

中。

人们把她葬在了猩猩陵园"迪吉特"、"伯特姨父"和她的其他好朋友旁边。墓碑上写着:"尼娅马哈贝莉——孤独的森林女人"。这是她生前所希望的写法。旁边还写着:"现在你回家了。"

● 雾中的一束光

1988年戴安·弗西的一生和她的工作被拍成了电影。剧本根据她的《雾中猩猩》一书编写。这部电影的主演,美国影星西格妮·韦弗(Sigourney Weaver),在拍完后是如此迷恋大猩猩,以至于她本人投入了这种动物的保护行动中。西格妮·韦弗成为了"DFGF——戴安·弗西大猩猩基金会"的名誉主席。这是戴安·弗西建立的"迪吉特基金会"改名后的称呼。由于这个基金会的努力,山地大猩猩的数目在戴安·弗西逝世后翻了一倍,达到了400只。世界范围内这种濒危动物的数目估计在700只左右。